U0497803

“双对接 四合作”人才培养模式的研究与实践

—— 以广西工业职业教育集团化办学为例

韩志刚 等 著

中国·成都

图书在版编目(CIP)数据

"双对接　四合作"人才培养模式的研究与实践:以广西工业职业教育集团化办学为例/韩志刚等著.—成都:西南财经大学出版社,2019.1
ISBN 978-7-5504-3753-1

Ⅰ.①双…　Ⅱ.①韩…　Ⅲ.①职业教育—人才培养—培养模式—研究—广西②职业教育—办学模式—研究—广西　Ⅳ.①G719.2

中国版本图书馆 CIP 数据核字(2018)第 227682 号

"双对接　四合作"人才培养模式的研究与实践——
以广西工业职业教育集团化办学为例

"Shuangduijie　Sihezuo" Rencai Peiyang Moshi de Yanjiu yu Shijian——
Yi Guangxi Gongye Zhiye Jiaoyu Jituanhua Banxue Weili

韩志刚　等 著

责任编辑:杨婧颖
助理编辑:张春韵
封面设计:张姗姗
责任印制:朱曼丽

出版发行	西南财经大学出版社(四川省成都市光华村街 55 号)
网　　址	http://www.bookcj.com
电子邮件	bookcj@foxmail.com
邮政编码	610074
电　　话	028-87353785　87352368
照　　排	四川胜翔数码印务设计有限公司
印　　刷	四川五洲彩印有限责任公司
成品尺寸	170mm×240mm
印　　张	19.75
字　　数	355 千字
版　　次	2019 年 1 月第 1 版
印　　次	2019 年 1 月第 1 次印刷
书　　号	ISBN 978-7-5504-3753-1
定　　价	98.00 元

作者简介

韩志刚，教授，现任广西工业职业技术学院党委书记，担任中国职业技术教育学会高等职业技术教育分会副会长、全国高等学校教学研究会理事、中国化工教育协会常务理事、中国统计教育学会常务理事、中国高等教育博览会产教融合（高职）专家委员会副主任委员、全国统计专业行业指导委员会委员、全国职业院校教学工作诊断与改进专家委员、全国职业教育集团化办学工作专家委员会委员、广西壮族自治区人民政府督学、广西职业院校教学工作诊断与改进专家委员会主任委员、广西工业职业教育集团理事长、广西高等教育学会副理事长。

从教 30 多年，撰写专业及教改论文 30 多篇，主编主审《高等数学（全国高职高专教育“十一五”规划教材）》《级数与拉普拉斯变换》等教材 12 部，编写论著《基于校企合作的高职院校专业与课程一体化建设的研究》《高职院校校企多元化合作机制的研究》2 部，有 2 项课题研究成果获广西自治区教学成果一等奖，有 1 项课题研究成果获广西自治区教学成果三等奖，有 1 项课题研究成果获广西自治区社会科学优秀成果三等奖。

前　言

大力推进现代职业教育体系建设，深化校企合作、产教融合，是新时期职业教育改革发展的方向。“十二五”以来，广西为此出台了《关于深化职业学校合作办学的意见》（桂教〔2012〕14 号）、《广西壮族自治区现代职业教育体系建设规划（2015-2020 年）》（桂教规划〔2015〕14 号）、《广西职业教育校企合作促进办法（试行）》（桂政办发〔2015〕42 号）、《广西壮族自治区职业教育集团化办学指导意见》和《广西壮族自治区职业教育集团建设工程实施方案》（桂教职成〔2015〕9 号）等系列文件，特别是围绕着力解决校企合作、中高职衔接的普遍问题，提出了中高职“七个衔接”和校企合作“七个共同”的要求。

集团化办学是实现校企合作、中高职衔接的有效途径。为探索广西集团化办学在推动校企合作、中高职衔接等方面的有效方法和途径，2014 年自治区教育厅立项广西教育科学“十二五”规划广西职业教育集团化办学研究专项课题，组织全区 11 家职教集团进行专题研究和实践。广西工业职业教育集团是全区首批备案的职教集团之一，承接了专项课题的子课题《广西工业职业教育集团“双对接，四合作”人才培养模式的研究与实践》（立项编号：2017JD307）。广西工业职业教育集团子课题组通过 4 年来的研究和实践探索，形成了典型的经验和做法，并且将理论研究和创新实践的新成果汇编成本著作。

本书主要汇集了广西工业职业教育集团通过学校和企业对接、中职和高职对接，强化集团内部的利益驱动，探索构建中职、高职、企业三方协同的融合体，促进教育链、人才链与产业链、创新链有机衔接，实现“合作办学、合作育人、合作就业、合作发展”的研究。其中，重点介绍了依托广西工业职业教育集团平台，推进中职、高职、企业三方一体化人才培养模式的创新实践。通过共建专业、共建师资团队、共建课程资源、共建实训基地、共同开展职业素质教育、共同开展岗位培训与技能鉴定、共同开展技术研发及推广、共同开展招生就业、共同开展国际合作与交流等方面的有效方法和途径，深入推进中高职专业人才一体化培养、中高职课程体系一体化改革和建设等，促成“高职带动中职发展，中高职服务企业发展，企业助力中高职提升，学生卓越成才”的职教发展良好生态。提供了解决校企合作、中高职衔接具体实际问题的思路和方法，分享可借鉴、可推广、可复制的相关专业人才培养模式案例，具有一定的理论意义和较高的实用价值。

全书由韩志刚教授统稿，其中，第一章由王娟撰写，第二章第一、二节由韩志刚、贾明祖撰写，第二章第三、四节由韩志刚、张良军撰写，第三章第一、二节由韩志刚、贾明祖、陶权撰写，第四章第一节由陶权、李盛福撰写，第四章第二节由杨铨撰写，第五章由李民撰写，第六章为课题组成员撰写的7篇研究论文。在撰写过程中，得到了教育部职业技术教育中心研究所、自治区教育厅职业教育与成人教育处、广西教育研究院领导和老师们的指导和帮助，在此表示衷心的感谢！

由于水平有限，书中难免出现错漏，敬请读者不吝指正。

韩志刚

2018 年 9 月

目　录

第一章　职业教育集团化办学人才培养模式的背景／ 1

第一节　国外职业教育集团化办学人才培养模式发展现状与趋势／ 1

一、国外职业教育人才培养模式及启示／ 2

二、我国高职教育人才培养模式现状及存在的问题／ 3

第二节　国内职业教育集团化办学人才培养模式发展现状与趋势／ 6

一、制度构建／ 6

二、集团化人才培养模式／ 8

第三节　职教集团化办学人才培养模式存在的问题／ 9

一、传统办学人才培养模式的缺陷／ 9

二、国家出台的政策支持集团化办学人才培养模式的效果／ 10

三、高职人才培养目标与企业人力资源的需求契合度／ 10

四、职教集团化办学人才培养模式面临新改革／ 10

第四节　职业教育集团化办学人才培养模式研究的意义／ 11

一、职教集团化办学模式是对大学生人才培养价值的重要体现／ 11

二、集团化办学是扩大校企合作广度和深度的重要途径／ 12

第二章　职教集团平台下“双对接、四合作”发展模式的理论研究／ 15

第一节　校企对接、中高职对接的内涵及现状／ 15

一、校企对接的内涵及现状／ 15

二、中高职对接内涵和现状／ 20
第二节　职教集团平台下“双对接、四合作”发展模式的内涵／ 24
一、职教集团平台下“双对接、四合作”发展模式提出的背景／ 24
二、职教集团平台下“双对接、四合作”发展模式的内涵／ 25
第三节　职教集团平台下“双对接、四合作”发展模式的理论基础／ 29
一、教育公平理论／ 29
二、利益相关者理论／ 29
三、终身教育理论／ 30
四、教育生态学理论／ 30
五、教育产权理论／ 31
第四节　“双对接、四合作”的动力机制／ 33
一、动力机制内涵／ 33
二、职教集团化办学的动力机制／ 34
三、校企对接合作动力机制／ 36
四、中高职对接合作的动力机制／ 41
第三章　广西工业职业教育集团“双对接、四合作”人才培养模式创新实践／ 44
第一节　广西工业职业教育集团概况及管理运行／ 44
一、广西工业职业教育集团概况／ 44
二、广西工业职业教育集团的管理体制和运行机制创新／ 46
三、广西工业职业教育集团主要建设成效／ 49
第二节　广西工业职业教育集团“双对接、四合作”人才培养模式创新实践／ 52
一、广西工业职业教育集团“双对接、四合作”人才培养模式内涵／ 52
二、广西工业职业教育集团“双对接、四合作”人才培养模式创新实践／ 53

第四章　广西工业职业教育集团“双对接、四合作”人才培养模式创新实践典型案例／ 57

第一节　创新实践典型案例综述／ 57

第二节　汽车检测与维修专业“双对接，四合作”人才培养模式实践探索／ 58

一、创新实践背景与思路／ 58

二、实践过程／ 60

三、实践探索成效／ 77

四、实践探索体会／ 85

四、应用与推广／ 87

五、附件：基于中高职衔接的汽车检测与维修技术专业现代学徒制人才培养方案／ 89

第三节　自动化技术专业群“双对接、四合作”人才培养模式的实践探索／ 99

一、实践探索的背景和意义／ 99

二、实践探索的思路／ 101

三、实践探索的具体步骤和措施／ 102

四、实践探索体会／ 122

五、应用与推广／ 124

六、附件：中高职衔接工业机器人技术专业教学标准／ 125

七、附件：中高职衔接机电一体化技术专业教学标准／ 180

八、附件：圆梦计划——金光自动化现代学徒班人才培养方案／ 227

第五章　关于政府部门加强校企合作和中高职衔接工作的政策建议／ 248

一、政府企业共建职业教育双轨制体系／ 248

二、加强校企合作，产教深度融合／ 249

三、做好“五年一贯制”试点，提升中高职衔接教育／ 250

四、招生制度的改革／ 252

五、推进职业教育集团化办学／ 254

六、推广“现代学徒制”试点／ 255

第六章　课题组研究论文／ 259

中高职对接的研究／ 259

广西中高职衔接工作中的问题与对策／ 264

基于职教集团的“双对接、四合作”人才培养模式创新实践

——以广西工业职业教育集团为例／ 271

浅谈职业教育集团化办学人才培养模式／ 278

中高职教育衔接体系构建的探讨／ 287

现代学徒制模式下校企合作共育专业人才的研究与实践

——以汽车检测与维修技术专业为例／ 294

校企深度合作，开展工业机器人技术专业现代学徒制人才培养模式的探索／ 299

参考文献／ 304

第一章 职业教育集团化办学人才培养模式的背景

第一节 国外职业教育集团化办学人才培养模式发展现状与趋势

近年来，各国都在国家战略层面上规划发展和改革职业教育，均认识到发展职业教育对推动社会经济发展和促进就业增长的重要性。世界经济和社会活动的全球化、信息和科学技术的快速发展，从业流动人口的不断增加，使职业教育面临着新的巨大的挑战。世界各国政府和产业界也采取了一系列应对的战略措施，来加快职业教育的改革发展，全面提高劳动者素质，提高国家面对新世纪挑战的竞争能力。

1999 年，联合国教科文组织在韩国召开第二届世界职业技术教育大会，联合国教科文组织副总干事科林·鲍尔在大会的报告中提出，每个国家不论发展状况如何，必须努力革新其职业技术教育与培训计划以解决 20 世纪的就业问题，必须重视教育、培训和就业政策的紧密联系。职业教育作为现代教育的重要组成部分，它的就业目标是：面向生产、服务、管理行业第一线，培养具有一定理论基础和较强产业技能，既能够适应国家和地方经济发展建设，又能够通过学习和运用现代科技知识，创造性地解决生产与管理的实际问题的高层次技术应用型人才。促进高职教育的改革与发展，我们必须关注两个问题：一是“培养什么人”的问题，二是“怎样培养人”的问题。第一个问题解决培养目标问题，是国家层面的整体规划要求和学校自身的教育要求，第二个问题解决人才培养模式问题，是实现培养目标的手段和方法。国外职业教育人才培养模式历经几个世纪的磨炼和沉淀，比较成熟，对不断完善我国高职教育人才培养模式具有良好的借鉴作用。但就目前资料显示，国外对于职业教育以集团化办学的方式的报道还不多见。

一、国外职业教育人才培养模式及启示

德国“双元制”（Double System）职业教育人才培养模式强调企业与职业学校合作开展职业教育。在校企合作中，企业占主导和核心地位，基本特征主要表现为：一是学习者既是学徒又是学生，首先成为企业的学徒，然后才能成为职业学校的学生，在“双元制”培养模式中，企业和学校都为教育主体；二是法律为企业和学校提供保障；三是开设的实训课主要在企业内进行，理论课主要在职业学校中进行；四是教学管理严格规范；五是具有明确的以企业为主的培训目标；六是企业重视职业教育，让职业教育有了坚实的经费基础和保障。

英国“三明治”人才培养模式是采取企业实际技能训练与各类职业技术学院职业基础知识、技能训练交替进行的方式，为企业和社会培训合格的技术工人，采取职业教育与工厂实习时间各半的几种不同的排列组合方式。

以加拿大、美国为代表的 CBE（Competency Based Education）职业教育人才培养模式的实施方式大致可以分为四种：一是工读轮换制，即把同专业同年级的学生分为两半，一半学习，一半去企业劳动或接受实际培训，按学期或学季轮换；二是半工半读制，也就是说，同班学生每天部分时间上课，部分时间劳动；三是劳动实习制，指参加工读计划的学生每学年最多有一次到校外劳动实习的机会；四是全日劳动、工余上课制，即学生被企业全日制雇佣，顶班劳动，利用工余进行学习，通过讲课、讨论等方式把学习和劳动的内容联系起来。在具体组织实施上，坚持突出以学校计划组织为基础，教师根据学生的专业和兴趣寻找适当的企业雇主，确定学生的劳动任务、职责、时间和报酬等，开展与企业的合作。

澳大利亚 TAFE 职业教育人才培养模式的主要特点是政府重视职业教育体系构建，专业多样化，考核过程化，更注重以能力为基础进行教育和培训，争取全国统一的资格标准体系和能力本位的国家职业资格证书制度。

日本的“产学合作”人才培养模式是以企业技能培训为主、学校教育为辅，学校的教学多半是利用工余时间，重点多放在科学研究的合作方面。

俄罗斯的“学校—基地企业制度”是利用企业的物质技术基础，聘请企业有经验的专家开设各类专业课程，让学生按所学专业参加企业的生产劳动，同时根据专业教学大纲实施“技术—生产培训原理”理论课及专业课程的教学。

综上所述，国外职业教育人才培养模式主要体现在：

一是建立有关职业教育的法规体系，以法令形式保证职业教育的实施。以德国为例，立法是德国职业教育健康发展的前提条件，德国职业教育的各个方面均有详尽的法令规定。最早的法令起源于中世纪，它规定了入学条件和学校义务、师资培训和修业年限、每个工种的学科设置和具体培训办法等。这些法令使职业教育有了法律保障，使办学有法可依，有章可循。我们应借鉴国外针对职业教育的立法经验，根据我国职业教育的具体情况，尽快建立起符合我国职业教育发展实际的职业教育法律、法规体系。在完备的职业教育法律体系的保障下，以确保高职教育健康、有序地发展。

二是重视行业需求和岗位特点，依据此构建人才培养模式。这一点也说明我们高职院校应注重引进企业核心技术人才加入高职教育人才培养模式的创建中，吸引企业参与高职院校的课程建设中。注重分析产业、行业、企业的职业要素，并将这些要素纳入高职教育人才培养模式的创建中。

三是注重职业能力培养的课程体系的构建。我们高职院校也应优化专业设置，要以培养一线人才的岗位技能为中心，构建专业课程体系和教学内容，扩大实验和实训的比例，使校内学习与实际工作高度相关，注重学生职业能力的培养。

四是建立校企合作的长效机制。学校和企业要共同开发人才培养方案，共建具有企业文化氛围和真实职业环境的教学场所，将学校教师派往企业体验真实的工作环境，同时使企业骨干人员积极参与学校的教学活动。

五是建设生产性实训基地。学校和企业可以互为对方提供场地和管理，如企业提供设备和实训教师，由企业负责开展实训，学生以员工的身份在真实的生产环境中参加生产活动。而学校为企业提供企业不具备的实验设备和技术条件，以及相应的技术理论知识学习，共同构建二元化的生产性实训基地，培养行业企业所需要的生产技术应用型人才。

二、我国高职教育人才培养模式现状及存在的问题

我国对于高职教育人才培养模式的研究虽然还处于初级的探索阶段，但是我国学者也积极对高职教育人才培养模式进行研究。例如，刘福军、成文章主编的《高等职业教育人才培养模式》对我国高等职业教育人才培养模式的历史沿革、现状，高等职业教育人才培养模式类型及典型案例进行了研究，探讨了我国高等职业教育人才培养模式存在的主要问题，对国际上几种典型的职业教育人才培养模式进行了比较研究，提出国外高等职业教育人才培养模式的发

展趋势，分析了新时期我国经济社会发展对高等职业教育人才及人才素质的需求，提出了高等职业教育人才培养模式的主要建构类型。宋志伟、安利波编著的《高等职业教育人才培养新论》探讨了构建高等职业教育“三融合”人才培养模式的理论基础及现实基础，介绍了高等职业教育与人才培养模式的内涵、国内外高等职业教育人才培养模式的经验与启示、构建高等职业教育“三融合”人才培养模式的理论依据，探讨了高等职业教育“三融合”人才培养模式中校企深度融合、综合技能课程与资格证书融合、综合技能教育与人文素质教育融合的依据，探讨了高等职业教育“三融合”人才培养模式的课程体系、教学体系、师资体系、资源体系等保障体系的构建，提供了高等职业教育“三融合”人才培养模式的实践案例，为高等职业院校人才培养模式的构建提供借鉴和依据。李斯杰主编的《工学结合促发展》提出，“工学结合”是中外高等职业教育人才培养的共同经验和必由之路，我国高职教育要秉承以服务为宗旨，以就业为导向，以培养生产、建设、管理、服务第一线需要的高技能人才为目标，树立“工学结合”全新观念和价值观，推动高职教育科学发展。该著作介绍了漳州职业技术学院“工学结合”典型案例以及漳州职业技术学院“工学结合”优秀合作企业风采，为高职教育人才培养模式的探索提供了有价值的借鉴和启发。

（一）我国职业教育实践中，相对成熟的人才培养模式主要有：

1. 行业办学的人才培养模式

人才培养与行业结合紧密，学校根据行业发展需要设计人才培养目标和课程体系，行业参与教学过程管理，学生毕业后基本在行业内就业。

2. “订单式”人才培养模式

它是指学校与用人企业针对社会和市场需求状况，签订人才培养协议，共同制订人才培养计划，共同组织教学，学生毕业后直接到用人单位就业。该模式以就业为导向，针对用人单位的需要制订培养计划，利用学校和企业共同的教育资源，培养学生的综合职业能力，实现工作过程与学习过程的结合，实现学校、用人单位与学生的共赢。

3. 产学研结合的人才培养模式

它是指学校与企业合作，以培养学生职业能力和就业竞争能力为主，以合作开发和研究实际技术问题为辅，利用学校和企业双重资源，以学校教学为主，在企业以实践技能培养为辅。

4. 以就业为导向的人才培养模式

它是指以市场所需要的人才素质为出发点和归宿，建立与社会就业价值导向相适应的教学体系，采用科学的教学方式，使理论与实践紧密结合，以提高高职院校毕业生的就业率和就业质量为目标。

5. 工学交替的人才培养模式

它是指充分利用学校和企业两个办学主体和双重教学资源，学生在企业学习与学校学习交替进行的一种人才培养模式。工学交替的具体形式有先学后工再学、先工后学再工和工学多次交替的三种学习方式。

（二）当前我国高职教育人才培养模式存在的主要问题

从实践来看，我国高职教育人才培养模式的构建初有成效，但尚未形成一套成熟的、卓有成效的、能运用到具体人才培养实践中的理论体系，更多地体现为教学理论与实际需求脱节。

1. 高职院校尚未形成较为健全的“双师型”教师队伍

由于我国高职教育起步较晚，教师在教学上更多地沿袭了学历教育的教学方法，高职院校的教师对企业的生产实际了解不多，导致教学和实际脱节。另外，教师使用的教材也来不及根据市场的需求进行修订，使教学内容和生产实际相脱节。

2. 企业参与职业技术教育的积极性、责任感不强

在校企合作中，高职院校迫于生存和学生就业的压力，往往主动与企业加强联系，为学生寻找实习、实训的场所。企业不主动参与高职院校的学生实践技能培训，学校在校企合作办学机制的形成中显得疲惫不堪且较为被动。

3. 缺乏立法保障

我国虽然已颁布了《中华人民共和国职业教育法》，但总体上说，关于职业教育的法律法规还不完善，职业教育的发展缺乏强有力的法律保障。我国尚未通过立法来规定职业教育中企业、政府和学校各自应承担的法律责任和义务。例如，企业仅将高职院校的学生作为廉价的劳动力，而没有意识到参与高职学生的岗位培训是社会赋予他们的责任和义务。校企合作办学，需要政府起主导作用，学校与企业能建立良好的长期合作关系，并形成可持续的校企合作运行机制，这些都需要立法的保障。

4. 缺乏资金支持

对于工学结合、校企合作办学，国家没有专门的拨款，学校和企业的合作靠双方自身进行投入，因此很难调动企业的积极性。

5. 尚未形成完善的职业教育人才培养的运行机制

构建高职教育人才培养模式，需要建立完善的职业教育主体和职业教育行政管理部门之间的良好的运行机制，明确其各自的工作职责，理顺各因素之间

的关系，并制定相应的制度和准则，作为规范化运行的基本保障。目前，在我国职业教育人才的培养机制上，国家有相应的宏观角度的要求和规定，但是在具体实施的过程中缺乏制度保障，未形成良好的整体运行机制。

目前，针对我国高职教育人才培养模式现状和国外职业教育的经验，依托集团化办学的平台，能更好地进行校企的深度融合，实现职业教育的培养目标。

第二节　国内职业教育集团化办学人才培养模式发展现状与趋势

一、制度构建

（一）校企对接合作的制度构建

校企合作对接是职业教育发展的必由之路，国家从 20 世纪初提出校企合作，开展人才培养，至今已有近 20 年的时间，2018 年年初《职业学校校企合作促进办法》正式落地。

（1）教育部等六部门发布《关于实施职业院校制造业和现代服务业技能型紧缺人才培养培训工程的通知》（教职成〔2003〕5 号）首次提出建立校企合作、进行人才培养的新模式。

（2）《关于印发 2004 年职业教育与成人教育工作要点的通知》（教职成司函〔2004〕10 号）提出大力推进产教结合、校企合作，推广“订单”式培养培训模式。

（3）教育部发布《关于以就业为导向，深化高等职业教育改革的若干意见》（教高〔2004〕1 号）提出产学研结合是高等职业教育发展的必由之路，要积极探索校企全程合作的人才培养的途径和方式。

（4）教育部等七部门发布《关于进一步加强职业教育工作的若干意见》（教职成〔2004〕12 号）提出推动产教结合，加强校企合作，积极开展“订单式”培养。

（5）国务院发布《关于大力发展职业教育的决定》（国发〔2005〕35 号）。

（6）教育部关于全面提高高等职业教育教学质量的若干意见（教高〔2006〕16 号）提出要紧密联系行业企业，开展厂校合作，不断改善实训、实习基地条件。

（7）2008 年浙江省发布了《宁波市职业教育校企合作促进条例》。

（8）2011 年，北京市教育委员会、北京市交通委员会联合制定并下发了《北京市交通行业职业教育校企合作暂行办法》。

（9）教育部等六部门印发《职业学校校企合作促进办法》的通知（教职成〔2018〕1 号），职业学校校企合作促进办法正式出台。

（二）中高职对接合作制度构建

中高职对接是构建现代职业教育体系的“立交桥”，国家树立的是终身教育理念，学生践行的是终身学习。

（1）教育部关于推进中等和高等职业教育协调发展的指导意见（教职成〔2011〕9 号）中指出注重中等和高等职业教育在培养目标、专业内涵、教学条件等方面的延续与衔接，形成适应区域经济结构布局和产业升级的需要和优势互补、分工协作的职业教育格局。

（2）《国家中长期教育改革和发展规划纲要（2010—2020 年）》中明确提出要大力发展职业教育和终身教育。到 2020 年，我国的教育要体现终身教育理念，形成中等、高等职业教育和终身教育协调发展的现代职业教育体系。提出“搭建终身学习‘立交桥’”。促进各级各类教育纵向衔接、横向沟通，提供多次选择机会，满足个人多样化的学习和发展需要。”

（三）职教集团制度构建

2002 年，《国务院关于大力推进职业教育改革和发展的决定》中强调要“深化职业教育办学体制改革，形成政府主导、依靠企业、充分发挥行业作用、社会力量积极参与的多元办学格局”。在此之后，职教集团化办学的发展方向和思路逐渐得到了国家政策层面的明确和支持，中央和地方政府开始重视职业教育集团化发展，并介入了对职业教育集团化办学的宏观指导，将职业教育集团化发展作为新时期统筹城乡发展、实现区域合作、改善民生、促进国民经济又好又快发展、探索有中国特色的职业教育发展之路的重要战略。

2005 年，国务院在《关于大力发展职业教育的决定》中明确提出，要积极推进体制改革与创新，增强职业教育发展活力。推动公办职业学校资源整合和重组，走规模化、集团化、连锁化办学的路子。

2010 年，《国家中长期教育改革和发展规划纲要（2010—2020 年）》提出“支持一批示范性职业教育集团学校建设，促进优质资源开放共享”。同时，《中等职业教育改革创新行动计划（2010—2012 年）》提出，组建特色鲜明的职业教育集团，促进优势互补、以城带乡的合作发展，促进职业教育与产业的对接。国家政策的鼓励和扶持，使得职业教育集团化的办学模式在全国各地逐渐萌发并快速发展，以省级行政区域为主，各地开始大批量、规模化地组建和发展职业教育集团。

从我国职教集团的发展历程来看，职教集团的发展始于院校和企业合作的自发性意愿与办学模式探索，但主要推动力量则来自政府的政策导向，是一种基于自上而下政策推动与自下而上的职业教育内在发展需求相结合的改革实践活动，其可持续发展必然离不开政策与制度的保障。

二、集团化人才培养模式

国内职业教育集团化办学人才培养模式主要是“校企合作、工学结合、集团化办学”的人才培养模式。即：以合作办学、合作育人、合作就业、发展为主线，在地方政府统筹下，依托行业、企业，由职业院校牵头组建职业教育集团（以下简称职教集团）；并由校企政共同构建以就业为导向，以能力为本位，以企业中的职业活领域为学习内容，运用行为导向的教学组织教学，培养掌握现代服务技术的高端技能型人才的专业人才培养方式。该模式的实质就是通过职教集团搭建广阔的平台，让学生在仿真的职业性教学情景中参与学习、体验学习，在真实的职业情境中应用学习成果、检验学习效果、完善学习内容，在提高学习能力的同时提高学生的综合职业素质。其中，校企合作是工学结合的基础，工学结合是校企合作的有效途径和方法，集团化办学的最终目标则是促成校企深度合作、工学有效结合。

（一）校企合作职教集团化办学人才培养模式

高等职业教育是培养和提升受教育者职业素质的教育，以培养技能型、技术型人才为目标，以实践性学习为主要特征，以传授职业岗位所需的知识、技能、态度为主要内容。因此，对职业教育模式的探索和研究显得尤为重要。职教集团是职业院校、行业企业以及其他社会力量等既自主独立又相互联系的要素组合，形成院校之间、校企之间互补型的横向联结和人才培养链上的纵向联结。职教集团化办学提升了学生的职业素养和服务域经济、社会的发展能力，构建以职业能力为本位、学生为主体的工学结合体系，实现“产学研一体”“教、学、做”合一的人才培养新模式。有利于促进职业学校教育教学改革；有利于促进中高职衔接与沟通；有利于提高高等职业学院学生的就业率。

（二）工学结合的职教集团化办学人才培养模式

对于工学结合，世界合作教育协会的解释是：“将课堂上的学习与工作中的学习结合起来，学生将理论知识应用于与之相关的、为真实的雇主效力且通常能获取报酬的工作实际中，然后将工作中遇到的挑战和增长的见识带回课堂，帮助他们在学习中的进一步分析与思考。”

这种办学形式以增强学生的实践动手能力为突破口，以提高学生的职业素养，缩短学校教育与用人单位需求之间的差距，以提高学生的就业竞争力为根本原则，充分体现了“以就业为导向，以能力培养为核心”的职业教育理念，是适应社会发展变化的产物，也是我国职教改革与发展的核心领域。而我国工学结合的人才培养模式主要是在某一段时间学生参加工作的“阶段式”的结合，主要是以模块式组合为主要形式，其主要目的是提高学生的综合素质，尤其是职业素养，以冠名班、订单式等方式体现。

（三）产教融合职教集团化办学人才培养模式

产教融合是指职业学校根据所设专业，积极开办专业产业，把产业与教学密切结合，相互支持，相互促进，把学校办成集人才培养、科学研究、科技服务为一体的产业性经营实体，形成学校与企业浑然一体的办学模式。

2017 年 12 月 21 日，国务院办公厅发布的《关于深化产教融合的若干意见》中指出了目前人才培养的核心问题，即人才的教育供给和产业需求在结构、质量、水平上还不能完全适应，特别是随着劳动年龄人口增速下降，人才供需的结构性矛盾凸显。并将“服务需求、优化结构、教育与产业统筹融合”作为职业教育的发展目标和方向。“产教融合战略”是“校企合作战略”的创新升级，旨在加深产业界和高职院校联合的紧密程度，破除产教各方在各类界面上的壁垒，构建人才培养的“命运共同体”。

第三节　职教集团化办学人才培养模式存在的问题

一、传统办学人才培养模式的缺陷

在大众的价值观中，职业教育学校依然是家长和学生的无奈之选，职业教育学校的学生地位不如大学生高。但如果只从就业形势来看，职业教育学校的学生就业率是很高的，而且市场需求很大，很多用人单位招人困难。用人单位需要的是高素质、高技能的毕业生，而职业教育普遍存在着学生社会实践不足的问题，更多的是课堂上的理论学习，这也是无法避免的。实际操作的训练需要经费的投入，以及配备相关的教学设备，但许多职业教育学院很难承受这些开支，只能是纸上谈兵。学校将更多的精力集中在学生的就业上，把订单式培养作为人才培养的主要方式，培养出来的学生的知识结构单一，加之平时和企业沟通的比较少，很难适应企业瞬息万变的人才需求。

二、国家出台的政策支持集团化办学人才培养模式的效果

国家中长期教育改革和发展规划纲要（2010—2020年）明确指出："把提高质量作为重点。以服务为宗旨，以就业为导向，推进教育教学改革。实行工学结合、校企合作、顶岗实习的人才培养模式。建立健全职业教育质量评估。调动行业企业的积极性。建立健全政府主导、行业指导、企业参与的办学机制，制定促进校企合作的办学法规，推进校企合作制度化。制定优惠政策，鼓励企业加大对职业教育的投入。"《教育部关于推进高等职业教育改革创新引领职业教育科学发展的若干意见》（教职成〔2011〕12号）就集团化办学进一步提出："创新办学体制，鼓励地方政府和行业（企业）与高等职业学校、中等职业学校组建职业教育集团，发挥各自在产业规划、经费筹措、先进技术应用、兼职教师选聘、实习实训基地建设和学生就业等方面的优势，形成政府、行业、企业、学校等各方合作办学，跨部门、跨地区、跨领域、跨专业协同育人的长效机制。"这些制度的制定无疑给集团化办学指明了方向，但在实际操作中还未形成有效途径。国家出台的政策支持集团化办学人才培养模式的效果不明显。

三、高职人才培养目标与企业人力资源的需求契合度

高等职业教育以培养技术、生产、管理、服务的技术技能型人才为目的，是造就数以千万计专门人才的平台。这类人才的工作内涵是将成熟的技术和管理规范转变为现实的生产和服务，其工作场合和岗位是基层第一线。高职院校培养的这类人才正是企业需求的人力资源。这是一个企业赖以生存和可持续发展的源动力，是企业核心竞争力的有力组成因素。许多工业化国家的实践和研究已充分证实：企业的革新能力、生产发展机会和生产率方面的提高很大程度上得益于一线员工的贡献力。职业教育是提高企业人力资源质量，促进再开发的重要手段。因此，高职人才培养目标与企业人力资源的需求是相契合的，但契合度不高。

四、职教集团化办学人才培养模式面临新改革

国务院办公厅《关于深化产教融合的若干意见》提出逐步提高行业企业参与办学的程度，健全多元化办学体制，全面推行校企协同育人，用10年左右的时间，使教育和产业统筹融合、良性互动的发展格局总体形成，需求导向的人才培养模式健全完善，人才教育供给与产业需求重大结构性矛盾基本解

决，职业教育、高等教育对经济发展和产业升级的贡献显著增强。当前，我国正处于从经济大国向经济强国、人力资源大国向人力资源强国迈进的关键时期。在加快转变经济发展方式、发展现代产业体系这一经济社会发展的大背景下，需要职业教育培养一支规模宏大的高素质人才队伍。可以说，职业教育是社会经济发展的强大动力，是现代产业体系建设的支撑力量之一。

职业教育集团化办学的实质就是集团各个实体、各种资源的重组，各个个体相互协作，取长补短，资源共享，以学校为核心，校企合作、优势互补的集团化办学体制。利用高职院校的优秀师资力量和教学优势，共享优质的教学资源和学习训练基地，建立稳定的校外实习基地，提高人才的就业质量与数量。关注学生的全面成长和个性发展，建构新的职业学校教学模式，注重将知识与技能、过程与方法、情感态度价值观等有效整合，注重学生综合职业能力的培养和在实践活动中的经历、体验和感受。内涵的快速提升，急切呼唤“质”与“量”的协调统一。高等职业院校应该始终坚持“以服务为宗旨，以就业为导向”，以专业建设为纽带，积极推进办学模式的改革调整，变学校单一主体为学校、行业、企业多个主体，进一步推动集团内职业院校与行业企业的深度合作。

第四节　职业教育集团化办学人才培养模式研究的意义

集团化办学是一种以实现高等职业教育资源的最优化组合，促进城乡之间、地区之间高职院校的资源优势互补，实现纵向沟通、横向联合、资源共享、共同发展为目标的高等职业教育办学模式，能够快速而有效地集结社会资金、校舍、设备、实验基地等，以满足高等职业教育跨越式发展对办学资源的需求，研究职业教育集团化办学人才培养模式，对提高高职人才培养质量起保障作用，有利于使培养的高职学生成为具有良好职业道德的技能型高职人才。高等职业教育培养和提升受教育者职业素质的教育，以培养技术型人才职业教育集团化办学模式为其价值、特色。

一、职教集团化办学模式是对大学生人才培养价值的重要体现

高职人才的培养目标不同于普通教育，应该突显职业教育的特色。职教集团化办学的人才培养模式有利于高职院校培养的人才更加适应市场、企业的发展要求，按照用人单位对岗位人才的要求来确定专业设置、课程安排、教学内

容等，有利于高职院校人才培养质量的提高。职业教育集团内的学校、企业或行业，在资金、实训实习基地、校办产业、师资培训、学生就业等方面，通过合理分工，可以实现优势互补与相互拓展。职教集团化办学模式对大学生人才培养的价值体现在以下方面：

（1）构建资源共享平台，实现资源共享。合理调整高职院校内部教育资源，优化资源使用。在现代信息社会的背景下，高等职业院校之间应利用现代网络技术，建立资源信息库，实现高职院校之间的图书共享、教育管理共享、专业共享、专家共享和大型教学设备共享，充分发挥现有资源的作用，提高资源的利用率，缓解高职教育资源不足的境况。

（2）在培养学生综合素质的同时，注重学生实践技能的培养，给学生提供更多的实践机会，提高学生的实践技能水平，在竞争中保持优势，提高高职院校人才培养的质量，培养不可替代性人才。同时，依托企业优势，培养学生的职业能力，真正做到专业有特色，学生有特长，使学校教育功能与企业生产经营实际需求有效地结合在一起，使企业更愿意接收学生，并据此提高企业员工队伍的整体素质。

（3）高等职业学院与企业单位保持密切联系，学校技能型的教师到相关企业挂职、实习等形成长效机制，学校技能型教师的培养掌握企业单位的先进技术。这样一来，教师可以将现实中运用的职业知识和技能及时传授给学生，使学生学到的实践技能更符合当前用人单位的需求，为学生今后的就业做准备。这也是就业导向下高职院校人才培养的必然要求。

（4）高等职业教育的发展是由经济驱动的，它的根本任务就是要根据经济和社会的发展要求来培养技能型应用人才，这就是高职教育中所指的以就业为导向。现在无论是哪种类型学校的学生，都希望毕业后能够找到一份满意的工作。高职院校的人才培养只有满足了经济发展的需要，契合了岗位的技能要求，才能提高人才培养质量。因此，高等职业教育应该以就业为导向来培养人才。

二、集团化办学是扩大校企合作广度和深度的重要途径

经济社会发展对高等职业教育提出了新任务，为职教集团发展提供了新机遇。集团化办学促进了职教集团专业链与行业产业链的深度融合。首先，集团的组建使校企合作的方式由个别学校与个别企业之间的双边合作变成职教集团与多个企业多边、多相、集团式的全面合作，这种全面合作是职教集团的基本特征。集团式合作几乎可以满足行业内所有的技能型人才的需要，为行业提供

与产业发展需求相对应的人才培养模式以及行业内从业者全方位的培训与进修课程，最终形成行业与职教集团相互依赖、共生共存的局面。其次，有效地吸引社会资金，特别是企业的资金来兴办职业教育，更多地调动社会力量参与职业教育的办学，利用职业教育的优质资源。这将在很大程度上改变校企合作、工学结合过程中“学院热，企业冷”的现象。可以说，组建职业教育集团，形成职业教育办学联合体是校企有效合作的重要途径。

（一）政府主导、搭建平台是实现这一模式的助推器

政府以积极构建区域共享实训基地和职教集团等校企合作网络为平台，推动校企合作，共建共享职业院校人才资源和设备资源。职教集团各成员单位共同遵守《集团章程》，实施产学结合，形成跨地区、多功能、多层次的“自由联合体”，也是分工明确和资源互补的“利益共同体”。在市场经济条件下，利益机制是推动校企合作发展的动力和联系校企合作良性运转的纽带。政府要把职业教育纳入经济和社会发展的规划，要建立、完善有利于推动校企合作、工学结合发展的一系列政策法规，制定相应规范管理办法，使校企合作有法可依、有章可循。要引导、鼓励与支持企业参与职业教育，提高企业参与的主动性和积极性，形成多元化资源，实现投资主体多元化。规范劳动准入制度，立即制定和完善行业准入的法规和政策。全面推进和规范企业用工的职业资格证书准入制度。

（二）开展基于工作过程的专业课程体系改革是实施这一模式的突破口

突破传统学科课程体系中对课程设计安排的限制，以工作任务为线索确定课程设置，以职业能力为依据组织课程内容，以典型产品（服务）为载体设计教学活动，以职业技能鉴定为参照强化技能训练，以典型岗位工作任务为载体设计教学活动，整合理论与实践。

（三）校企共建共享型校内实（培）训基地与紧密型的校外顶岗实习基地是实施这一模式的支撑

依据职业技术领域典型工作任务的完整工作过程和职业岗位技能要求，建设校内学习型、生产性的实（培）训基地，以及紧密型的校外顶岗实习基地。把校外旅游企业的管理模式、工作任务和工作内容引入校内实训基地，使两者有机结合、互为补充，在充分整合优势资源的前提下，把教育、技术、就业有机结合，形成旅游人才培养产业链。这既是保障基于工作过程的项目化教学的前提，也是学生职业技能训练的平台。同时，要完善对校外基地实习过程管理的规范化制度建设与绩效考核，改变顶岗实习粗放式管理的现状。

（四）组建具有高职特色的专业教学团队是实施这一模式的保障

高职专业教师队伍建设不仅要形成在本专业（行业）中具有影响力的专

业带头人和骨干教师队伍，更重要的是要组建“校企互通”的专业兼职教师团队。“双师结构”和“双师素质”的师资队伍是提高高职院校实践教学质量的根本保证。为此，一方面要鼓励专职教师参加职业资格证书考试，或选派他们参与大中型旅游企业的实践和项目研究，努力使其成为“双师型”或“双师素质”教师；另一方面，通过正式引进、索性引进和与企业共享等方式，聘请企业技术骨干和能工巧匠来校兼职上课，充实师资队伍，建设一支素质精良、结构合理的“双师结构”师资队伍。“双师型”教师既能按照旅游管理专业的岗位标准指导学生实训，提升学生的实际操作技能；同时也能够提供旅游企业一线的典型案例，对于提高教学质量起到不可替代的作用。

第二章　职教集团平台下“双对接、四合作”发展模式的理论研究

第一节　校企对接、中高职对接的内涵及现状

一、校企对接的内涵及现状

（一）校企对接的内涵

1. 校企对接的内涵

校企对接即校企合作对接，它是一种以市场和社会需求为导向的运行机制，是学校和企业共同参与人才培养过程，以培养学生的全面素质、综合能力和就业竞争力为重点。校企对接是校企双方利用学校和企业两种不同的教育环境和教育资源，将课堂教学与学生实践有机结合，培养适合不同用人单位需求的技能型人才。

2011 年，教育部印发《关于推进高等职业教育改革创新引领职业教育科学发展的若干意见》，2017 年国务院办公厅印发《关于深化产教融合的若干意见》，2018 年教育部等六部门联合印发《职业学校校企合作促进办法》，都对职业教育提出了逐步加深企业参与的办学程度，深入推进校企合作、产教融合，全面促进协同育人等要求。深化产教融合，促进教育链、人才链与产业链、创新链有机衔接，是当前推进人才和人力资源供给侧结构性改革的迫切要求。推进高职教育的创新发展，必须以深化产教融合为着力点，完善校企协同、合作育人的机制。校企对接的内涵主要体现为“专业与产业、职业岗位对接，专业课程内容与职业标准对接，教学过程与生产过程对接，学历证书与职业资格证书对接，职业教育与终身对接（五对接）”的要求，推进校企在

办学体制创新、人才培养、科研开发、技术攻关、产品设计、产业服务、生产管理、技术培训、文化传承、推广工业文化、创业孵化、国际交流与合作等方面深度合作，实现校企共建、共治、共享，全面促进协同育人。

2. 校企对接主要内容

根据林润惠等著《高职院校校企合作——方法、策略与实践》对校企合作主要内容归为十大类49项，笔者在此基础上结合当前校企合作、产教融合的新动向，将其归为十二大类56项内容（具体见表2-1）。

表2-1 校企对接的主要内容表

序号	对接类别	对接主要内容
1	办学体制创新类	1. 合作举办具有混合所有制特征的二级学院、实训基地等；2. 共建企业高度投入或全面投入的生产性实训基地、技术协同创新中心、“厂中校”“校中厂”、仿真实训中心等；3. 合作建立企业工程师、学校教师互聘共享机制；4. 合作共建人才培养和技术研发所需的校企混编教师团队和科研团队。
2	培养人才类	1. 合作推动专业建设；2. 共同制定人才培养方案；3. 举办订单班、现代学徒制试点班等；4. 合作开发课程；5. 合作编写教材；6. 合作制作教具、仿真设备；7. 合作指导学生实践；8. 培养特定产品或岗位的人才。
3	科研开发类	1. 合作申报纵向科研项目；2. 合作申报专利；3. 合作开展横向科研项目。
4	技术攻关类	1. 合作进行工艺攻关，对配方、工艺条件等进行改进；2. 合作对原辅材料进行改进。
5	产品设计类	1. 合作进行技术设计；2. 合作进行产品工业设计；3. 合作进行广告设计；4. 合作进行影视产品设计；5. 合作进行装潢、包装等设计。
6	产业服务类	1. 合作进行服务外包；2. 合作进行市场调查；3. 合作进行网站设计；4. 合作推进电子商务发展；5. 合作进行财务运作；6. 合作进行外语服务；7. 合作进行营销策划；8. 合作进行帮助企业上市的相关工作；9. 合作进行商务运作；10. 合作进行物理仓储运作；11. 合作进行产品分析与产品鉴定；12. 合作进行企业发展策划；13. 合作进行企业宣传。
7	生产管理类	1. 合作进行规章制度制定；2. 合作进行企业管理；3. 合作进行生产过程中的工时、工序等研究；4. 合作推进先进生产技术和管理技术的提升。
8	技术培训类	1. 培训企业员工；2. 对学校的在校生进行专门培训；3. 面向包括其他员工在内的社会培训。

表2-1(续)

序号	对接类别	对接主要内容
9	文化传承类	1. 文化抢救；2. 传统文化的传承；3. 中外文化交流；4. 文化产业的推广与策划。
10	推广工业文化类	1. 将工业文化转变成另一种形式，由企业以不同的表现载体提供给职业院校；2. 学校通过研究、接纳并消化后形成育人环境的一种过渡形式；3. 校企互相介入对方的文化设计、宣传、推广、应用。
11	创业孵化类	1. 接纳学生在企业就业；2. 鼓励与帮助学生创业；3. 使学生的创意得以实现；4. 组织生活专才培训。
12	国际合作交流类	1. 服务国家"一带一路"战略，校企携同走出去，开展国际人才培养和培训；2. 合作引进国际职业标准、专业教学标准，以及合作输出中国标准；3. 合作开展国际交流活动。

（二）国外校企对接研究和主要经验启示

创新理论是国外校企合作理论的起源。最早是熊彼得（1912）在其《经济发展理论》中提出创新的概念。之后，罗斯伯格等学者于20世纪80年代初提出创新过程的三个特点：动态化、集合化和综合化。这些观点把大学、研究机构纳入创新的主体范畴，与企业共同成为创新的主体，进一步奠定了校企合作的创新理论基础。接下来的研究更广泛，涉及校企合作创新的激励与障碍因素、校企合作的宏微观层面、种类、动力机制、绩效评价等方面的研究。

英国弗里曼教授（1987）在《技术和经济运行：来自日本的经验》中提出校企合作是一种国家行为，并形成了"国家创新系统"概念中的大学-产业-政府关系的"三重螺旋（体）"，明确了政府在校企合作中的重要地位。埃茨科威兹和雷德斯多夫认为"大学和产业的触角已开始伸向了先前属于对方的领域"。奈斯比特也说"当今，大学越来越像是企业，而公司也越来越像是大学"，这些都为更深入地研究企业和高校间的合作奠定了坚实的理论基础。此外，吉本斯、加勒特等从宏观的角度对产学研合作创新进行了研究。

在实践层面，某些发达国家也成功地形成了适合本国的行之有效的具不同特色的多元化校企合作模式，德国的"双元制"、英国的"攻读交替"、日本的"产学合作"、澳大利亚的"TAFE"模式、美国的"CBE"模式、俄罗斯的"学院—基地企业制度"模式和新加坡的"教学工厂"模式等硕果累累，为世人所称道。这些都为我们研究适合中国国情的中国特色校企合作模式提供了可以借鉴的宝贵经验。

（三）国内校企对接现状

自1985年《中共中央关于教育体制改革的决定》正式提出高校与企事业单位、地方之间开展校企联合办学以来，校企合作逐渐成为高校改革实践中的一种新的办学模式。1991年，中国产学研合作教育协会在上海成立。1992年，国家经贸委、国家教委、中科院在全国范围内组织并实施了“产学研联合开发工程”。2004年，《教育部关于以就业为导向　深化高等职业教育改革的意见》（教高〔2004〕1号）中明确提出“高等职业教育要走以服务为宗旨，以就业为导向，走产学研结合发展的道路。”2006年，国家“十一五”发展规划中提出“大力发展以就业为导向，大力推行校企合作、工学结合的人才培养模式”的宏伟蓝图。《教育部关于推进高等职业教育改革创新引领职业教育科学发展的若干意见》（教职成〔2011〕12号）中提出：按照“到2020年，形成适应经济发展方式转变和产业结构调整要求、体现终身教育理念、中等和高等职业教育协调发展的现代职业教育体系”的要求，必须坚持以服务为宗旨、以就业为导向，制定产学研结合的办学方针，以提高质量为核心，以增强特色为重点，以合作办学、合作育人、合作就业、合作发展为主线，创新体制机制，深化教育教学改革，围绕国家现代产业体系建设，服务中国，创造战略规划，加强中高职协调，系统地培养技能型人才，努力建设具中国特色达世界水准的高等职业教育，在现代职业教育体系建设中发挥引领作用。

党的十八大以来，党和国家将对职业教育校企合作工作的重视程度提高到新的高度。党的十九大报告提出：“完善职业教育和培训体系，深化产教融合、校企合作。”正是在以上宏观政策的指引下，我国校企合作的探索和研究也越来越深入。2017年年底，国务院办公厅印发了《关于深化产教融合的若干意见》，文件包括7个方面的30项政策，这是国家发改委、教育部等部门共同深化产教融合的具体举措。2018年年初，教育部等6部门联合印发了《职业学校校企合作促进办法》，此办法试图解决校企合作中一直存在的企业参与校企合作积极性不高、参与程度不深等问题，破解校企合作运行机制不顺畅、合作协议不规范、育人效果不明显等难题。《关于深化产教融合的若干意见》和《职业学校校企合作促进办法》两个文件共同形成了职业教育领域把产教融合、校企合作引向深入的政策“组合拳”。

可以说，校企合作一直以来是我国目前职业教育改革和发展的重点，更是职业教育改革和发展的难点，是解决当前职业教育诸多问题的突破口和关键点。当前，各级政府和职业院校就如何破解校企合作的瓶颈问题，以及解决职业教育校企合作的体制、机制与模式问题纷纷进行探索与实践。从总体上而言，高职院校与企业在“订单培养”“顶岗实习”等方面进行了有效合作，但是高职院校的校企合作还处于初级阶段，合作的广度和深度远远满足不了高等职业教育的发展需求。这其中除了政府推进校企合作的政策法规与管理机制还不健全的因素外，也有校企双方自身的原因。具体体现在：

（1）职业院校的教育不能满足行业企业的需求，造成企业对校企合作兴趣不高。职业院校的专业设置、培养方式、课程设置、教学过程等方面与企业需求不符，校企联合培养人才的体制机制没有形成。职业院校自身合作能力不强，产品研发能力和技术服务能力较弱，缺乏对合作企业的吸引力。职业院校按照传统的教学模式追求理论的系统性和完整性，缺乏针对性、实践性和职业特色，还没有形成与企业岗位职业能力相对应的独立实践教学体系，学生在校所学的知识和技能与现代企业要求相差甚远，从而导致职业院校毕业生不能达到顶岗实习的要求。目前，大多职业院校校企合作仅仅停留在企业接收学生实习的浅层次上，没有从培养目标、专业设置标准、实训基地建设、课程开发、实践教学体系、人才培养与评价等方面进行深层次合作，这是企业对校企合作的兴趣不高，往往出现“学校一头热”现象的原因。

（2）企业参与职业教育发展的动力不足，校企合作的有效机制模式尚未形成。企业作为市场经济的主体，以盈利为主要经营目标，其参与职业教育发展的动力源自其经营目标。有一部分的企业将参与职业教育视为直接或间接的利益损失，是否参与职业教育的发展，对于企业的投入和收益均不能产生影响，所以，在没有相应激励政策和法规约束的机制下，企业并不一定通过直接参与职业教育来获得人力资源。企业合作意识淡薄，没有把培养人才纳入企业价值链中，没有把校企合作当成选择人才的途径，而对职业教育人才培养过程不予关注。特别是现在还没有形成有效的校企合作模式，不能使校企合作变成来自学校和企业自身内在发展的一种动力需要，急需创新校企合作的有效模式。校企合作缺乏有效的合作模式和机制，缺乏校企双方沟通交流的平台，企业利益得不到保证，以及传统的职业院校管理体制、运行机制、投入政策等因素都不同程度地影响了校企之间的合作，校企合作的有效机制模式没有形成。尤其是需要借助职教集团等平台，统筹推进校企合作办学、合作育人、合作就业、合作发展工作，特别是通过领导干部交叉任职、共建技术创新平台和生产性实训基地、建立混合所有制职业院校等方式强化校企的利益纽带，形成稳固的利益共同体，从而形成紧密的校企合作关系，促成有效的校企合作模式。

因此，高职院校如何提升服务企业的能力和水平，如何搭建校企双方沟通交流的平台，成为企业的“人才源”“技术源”“发展源”，是深化校企合作和促使校企合作的有效机制模式形成的关键。

二、中高职对接的内涵和现状

（一）中高职对接的内涵

1. 中高职对接的内涵

“中高职对接”，也叫“中高职衔接”，狭义是指以中职毕业生为招生对象使之升入高等职业学校学习；广义则是指健全职业教育从低层级到高层级或是更高层级的教育衔接。它是指按照建设现代职业教育体系的要求，推动中等和高等职业教育协调发展，系统地培养适应经济社会发展需要的技能型特别是高端技能型人才。

中高职对接的内涵主要体现为围绕建立现代职业教育体系，促进中高职招生改革、紧跟行业企业需要，推进中高职专业和人才规格衔接，依据职业成长规律推进中高职培养目标衔接，以能力为核心推进中高职课程衔接，以协调发展为目的推进中高职教学资源衔接，以学分互换、互认为要求深层次推进中高职教学管理衔接等方面，建立中高职衔接的有效制度机制和标准，搭建职业技术人才培养的“立交桥”，而且以对接产业为切入点，在对接中引入企业参与，进行实质性的中高职对接和校企对接，实现中职、高职、企业三方的共建、共治、共享。

2. 中高职对接主要内容

按照教育部的要求，促进中高职协调发展，系统地培养高素质技能型人才，当前需在十个方面重点做好衔接工作，即：适应区域产业需求，明晰人才培养目标；紧贴产业转型升级，优化专业结构布局；深化专业教学改革，创新课程体系和教材；强化学生素质培养，改进教育教学过程；改造、提升传统教学，加快信息技术应用；改革招生考试制度，拓宽人才成长途径；坚持以能力为核心，推进评价模式改革；加强师资队伍建设，注重教师培养、培训；推进产教合作对接，强化行业指导作用；发挥职教集团作用，促进校企深度合作等。从中职学校和高职院校两个层次的办学主体如何具体实现系统培养高素质技能型人才方面看，中高职对接主要内容主要包括招生、专业、课程、教学资源、教学管理、就业六大方面的对接，共 21 个项目（具体见表 2-2）。

表 2-2　　　　　　　　　　中高职对接的主要内容表

序号	对接类别	对接主要内容
1	招生	1. “3+2”形式的中高职自主对口招生；2. “2+3”形式的中高职自主对口招生；3. “3+3”形式的中高职自主对口招生；4. 五年一贯制招生。
2	专业	1. 专业结构对接；2. 紧跟行业企业发展需要进行人才培养规格对接；3. 依据职业成长规律进行培养目标对接；4. 人才培养方案对接。
3	课程	1. 构建有区别度又能有机衔接的一体化中高职课程体系；2. 专业课程和专业能力培养的衔接；3. 职业素养课程的衔接，包括德育课、就业指导课、素质拓展课等。
4	教学资源	1. 信息沟通，打破中高职之间的信息壁垒；2. 课程资源开发与共享，包括课程内容、数字化教学资源、实训实习平台等；3. 师资的共享和取长补短；4. 校企协调育人资源的共享。
5	教学管理	1. 建立中高职课程衔接的学分制管理平台，实现学分互认、互换；2. 统一不同学历层级、不同教学单元以及各种职业资格证书和技能等级证书的学分标准。
6	就业	1. 就业信息的互通；2. 就业资源的共享；3. 共同举办毕业生就业推荐会；4. 共同开展毕业就业情况跟踪调查。

（二）国外中高职对接主要经验启示

实现中高等职业教育的有效衔接是构建现代职业教育体系的核心问题，而衔接模式的确立又是当中的关键问题。美国、英国、日本、澳大利亚通过营造良好的制度环境、完善的法律保障体系以及采取有效的政策支持，促成了多样的中高职衔接模式，为我国提供一些可以借鉴的经验与启示。具体为：

1. 对口入学模式

此衔接模式的代表国家是日本，实质是通过在高等专门学校实施五年一贯制来实现中高职衔接，是一种典型的以学制为中心的衔接模式。在这种衔接模式中，学生在高等专门学校学习的五年时间里，前三年主要集中完成中等职业教育的课程，后两年完成高等职业教育的课程。在课程设置时遵循的首要原则是逻辑体系，同时考虑到学生的认知水平。高等专门学校的生源除了初中毕业生外，还有职业高中的优秀毕业生和具有一定职业技能及实践经验的社会人士，通常采取推荐入学、考试选拔等多种方式给他们提供继续学习的机会。

2. 单元衔接模式

此衔接模式的代表国家是英国，实质是中高等职业教育的课程衔接。中高等职业教育的课程被分成数以千计的教学单元，相邻的两个教学单元联系比较紧密，保证了课程的逻辑顺序。这些教学单元的设计基于统一的培养标准，由此避免了课程重复及断档现象产生，不仅实现了学生学习的连贯性，也提高了教学效率。

3. 课程或大纲直接衔接模式

美国是以这种模式来实现衔接的。主要途径是通过对中等职业教育课程的改革，来实现其与高中后技术课程的衔接。这种模式在《卡尔帕金斯职业和应用技术法案》中有明确规定："联邦和各州政府用于职业教育的财政拨款的主要任务，一是把高中职业课程（2 年）改为高中后技术教育的准备课程，二是实施中高职课程衔接，即'2+2'课程。"另外，美国还鼓励社区学院与高中进行合作，共同制定衔接方案，并进行实用技术课程的研发。

4. "培训包"模式

澳大利亚通过"培训包"模式来完成衔接，"培训包"成为澳大利亚职业教育的代名词。"培训包"是"一套国家认可的，用以认定和评价技能的职业标准和资格的体系，它是国家承认的培训、认定和评估技能要素的总和"。"培训包"由澳大利亚国家行业咨询委员会研发，分为不同的层级，与资格框架相对应，每个层级的内容与相邻层级间都相互联系。"培训包"的开发与使用促进了中高等职业教育的衔接和职业教育培训体系的标准化。

（三）国内中高职对接现状

1. 中高职对接现状

1998 年，教育部在《面向 21 世纪教育振兴行动计划》中第一次以文件的形式提出了"逐步研究建立普通高等教育与职业教育之间的立交桥"，我国的中高职衔接开始走向实践探索之路。《国家中长期教育改革和发展规划纲要（2010—2020 年）》提出："到 2020 年，形成适应发展方式转变和经济结构调整要求、体现终身教育理念、中等和高等职业教育协调发展的现代职业教育体系，满足人民群众接受职业教育的需求，满足经济社会对高素质劳动者和技能型人才的需要。"这标志着我国职业教育提升到了一个新的高度，进入了一个新的发展阶段。因此，构建中高职对接体系成为我国职业教育亟需发展的重要目标之一。

2011 年，《教育部关于推进中等和高等职业教育协调发展的指导意见》（教职成〔2011〕9 号）印发后，为我国职业院校推进中高职对接工作提出了明确的原则和方法。在教育部的统一部署下，全国各省（市、自治区）积极推进中高职对接工作，特别是广东、浙江、山东等职业教育发达的省份相继出台了一系列推进中高职一体化人才培养制度的文件，中高职对接工作取得了明显成效，形成了有效的对接模式，促进了中高职对接体系的构建。

根据李海东、杜怡萍等著的《中高职衔接标准建设新视野：从需求到供给》以及教育部相关部门收集的《中等和高等职业教育一体化人才培养实践案例汇编》，当前我国中高职对接实践主要采取5种具体模式：

（1）“3+2”模式

中高职对接“3+2”模式由中职学校和高职学校对应专业共同制定一体化人才培养方案。中职阶段学习3年，高职阶段学习2年，前3年取得中专毕业证书和中级职业资格证书，后2年取得专科毕业证书和高级职业资格证书。

（2）“2+3”模式

中高职对接“2+3”模式由中职学校和高职学校对应专业共同制定一体化人才培养方案。中职阶段学习2年后进行分流，需要继续提升的学生进入高职阶段学习3年，取得专科毕业证书和高级职业资格证书。

（3）“3+X”模式（高职高考）

中职学校学生毕业后通过参加高考的途径进入高职学习。“3”指的是语文、数学、外语，“X”指的是综合专业课或专业基础课、职业技能两科。按照教育部规定，通过单考、单招进入高职学习、继续学习的学生占当年中职学校毕业生的5%。

（4）中高职对口自主招生

高职学校自主招生中职学校对口的应届毕业生到高职学校的相应专业就读2年，毕业后取得专科毕业证书和高级职业资格证书。

（5）中高职五年一贯制

中高职五年一贯制是指应届初中毕业生经省级招生部门办理录取手续，进入高职院校学习5年，毕业后取得专科毕业证书和高级职业资格证书。五年一贯制，贯通中、高等教育，整体设计并统筹安排学生的知识、能力、素质及技能的训练和培养。

各省在开展中高职衔接过程中，所采取的模式略有区别，如广西壮族自治区主要采用前4种模式，广东省主要采取第1、3、4、5种模式。

2. 存在主要问题

近年来，随着国家职业教育政策的出台及落实，中高职对接工作取得了一定进展，由中职升入高职的学生人数不断增加，但是仍存在不少问题，表现为中职毕业生的升学意愿不强，中职学校组织的发动力度不够，以高职院校为主的高等学校对招收中职毕业生心存顾虑等。中高职对接，是一个系统工程，涉及中高职专业设置对接、课程体系对接、课程对接、教学模式对接等教学要素，涉及共同面向的产业、行业、企业、岗位群、工作任务等外在因素和相互关联的目标、内容、结构、方法、手段、环境等内在因素。目前，这两方面的因素未完全处理好，使中高职衔接普遍存住以下突出问题：

（1）教育理念还不适应现代产业体系对培养技能型人才的要求，系统培养技能人才的体制机制尚未形成。目前，中职学校往往简单地把中高职对接看作是解决中职招生困境的办法、解决高职生源的新途径，中高职学校沟通联系少，没有共同研究专业对接、课程对接、技能对接、培养目标对接等问题，而是各自为政，各自制订教学计划，造成本应系统化的技能人才培养体系被割裂，中职对接教育效果不明显。

（2）缺乏有效的合作平台，系统性、递进式的技能人才培养体系难以形成。目前，中高职对接过程中，很多中高职学校局限于招生对接的层面，没有建立系统性、递进式的技能人才培养体系的主要原因是对接双方缺乏一个有效的合作平台，造成双方各自为阵、各行其是，从而使中高职两个不同维度教改的对接没有解决，在培养目标、专业设置、课程与教材内容、教学与考试评价等方面存住脱节、断层或者重复，教学实施策略单一，对接没有可持续性等问题。特别是深度的校企合作、基于中高职对接的课程体系、课程和教材的开发、基于职业能力培养的教学模式以及双师型教师队伍的对接难以实现。

因此，以观念对接为先导，以生源对接为基础，以专业对接为纽带，以课程对接为核心，以师资对接为关键，以资源衔接为平台，深入推进中高职对接的内涵发展是建设现代职业教育体系的必然要求。

第二节　职教集团平台下“双对接、四合作”发展模式的内涵

一、职教集团平台下“双对接、四合作”发展模式提出的背景

近年来，为大力推进现代职业教育体系建设，广西先后出台了《关于深化职业学校合作办学的意见》（桂教〔2012〕14 号）、《广西壮族自治区现代职业教育体系建设规划（2015—2020 年）》（桂教规划〔2015〕14 号）、《广西职业教育校企合作促进办法（试行）》（桂政办发〔2015〕42 号）、《广西壮族自治区职业教育集团化办学指导意见》和《广西壮族自治区职业教育集团建设工程实施方案》（桂教职成〔2015〕9 号）等政策支持文件，特别是围绕着力解决校企对接、中高职对接普遍的问题，提出了中高职“七个衔接”

和校企合作“七个共同”的要求。中高职“七个衔接”是从中高职培养目标、专业设置、课程设置、工学比例、教学内容、教学方式方法、教学资源配置七个方面推进中高职院校紧密合作。校企合作“七个共同”，分别是“校企共同研究专业设置、共同设计人才培养方案、共同开发课程、共同开发教材、共同组建教学团队、共同建设实训实习平台、共同制定人才培养质量标准”。

根据《关于深化职业学校合作办学的意见》（桂教〔2012〕14 号）提出“扎实推动城乡职业学校合作办学，积极推动五年制高等职业教育发展，努力探索职业教育集团化办学，深化我区职业学校合作办学”的有关要求，课题组曾依托职业教育集团的平台，按照“七个衔接”“七个共同”一体化推进中高对接、校企对接工作取得成功实践。在前期实践的基础上，课题组提炼出基于职业教育集团“双对接、四合作”发展模式，并且通过进一步深入探索实践进行验证，形成中高对接、校企对接的典型经验，实现发展模式创新。

二、职教集团平台下“双对接、四合作”发展模式的内涵

（一）关于职教集团的定义

《中华人民共和国公司法》指出：公司集团是若干独立的公司及其他经济组织，为共同利益而组成的公司群体，是一种具有多元化、多层次结构及股份制特点的垄断性联合组织。我国的职业教育集团的产生就是源于企业公司集团的先进管理制度和组织形式，又区别于企业集团，它是把“集团化”经营模式科学地引入职业教育中的体现。

综合我国职业教育集团的实践经验及相关研究成果，可以对职教集团做如下简明定义：职教集团是指由若干具有独立法人资格的职业学校及相关企事业单位以契约或资产为联结纽带而组成的职业教育办学联合体。

教育部《关于推进中等和高等职业教育协调发展的指导意见》提出：“发挥职教集团作用，促进校企深度合作。引导和鼓励中等和高等职业学校以专业和产业为纽带，与行业、企业和区域经济建立紧密联系，创新集团化职业教育发展模式。切实发挥职业教育集团的资源整合优化作用，实现资源共享和优势互补，形成教学链、产业链、利益链的融合体。积极发挥职业教育集团的平台作用，建立校企合作双赢机制，以合作办学促发展，以合作育人促就业，实现不同区域、不同层次职业教育协调发展。”

（二）关于“四合作”的内涵

《教育部关于推进高等职业教育改革创新引领职业教育科学发展的若干意见》（教职成〔2011〕12 号）中提出：按照“到 2020 年，形成适应经济发展

方式转变和产业结构调整要求、体现终身教育理念、中等和高等职业教育协调发展的现代职业教育体系”要求，必须坚持以服务为宗旨、以就业为导向，走产学研结合发展道路的办学方针，以提高质量为核心，以增强特色为重点，以合作办学、合作育人、合作就业、合作发展为主线，创新体制机制，深化教育教学改革，围绕国家现代产业体系建设，服务中国创造战略规划，加强中高职协调，系统地培养技能型人才，努力建设具中国特色、世界水准的高等职业教育，在现代职业教育体系建设中发挥引领作用。

“四合作”中，合作发展是动力，合作育人是模式，合作办学是机制，合作就业是目标。教育部高教司原司长张大良在高职院校领导海外培训项目2009年度工作大会上的讲话中提出：“以合作发展为动力，校企合作发展有一个合作互利、互惠共赢的因素在里面；要以合作育人为模式，现在我们人才培养的模式很多，但是总结起来就是合作育人；以合作办学为机制，所以现在有的学校里面搞理事会，就是要通过这样一种机制来争取社会资源，来促进学校办学，更加主动适应和满足行业社会企业的需要；以合作就业为目标，学生在培养的过程当中，就是到企业去的，他到企业去就是一个双向选择，还有订单式培养，这个就业问题就解决了”。

（三）职教集团平台下“双对接、四合作”发展模式的内涵

从“校企对接”“中高职对接”“合作办学，合作育人，合作就业，合作发展”的内涵看，其核心的内容和共同特征就是校企、校校、校校企之间的合作育人，以及在合作育人中实现共建、共治、共享。而从当前我国职业教育体制机制建设的状况看，职业教育集团是推进校企、校校、校校企实现共建、共治、共享的有效桥梁，是校企、校校、校校企实现深层次合作育人的有效平台。

因此，职教集团平台下“双对接，四合作”的发展模式（见图2-1）是在教育部“四个合作”的思想指导下，以校企合作联盟和职业教育集团为依托和平台，以合作办学、合作育人、合作就业、合作发展为主线，推进校企、校校（中高职）深度对接，促进办学体制、管理体制、运行机制和人才培养的模式等方面的改革创新，实现校企、校校双赢，资源互补，资源共享，共同发展。

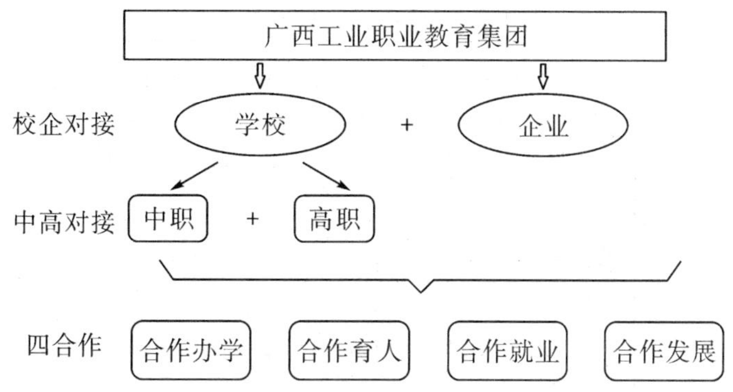

图 2-1　职教集团平台下“双对接，四合作”发展模式图示

（四）职教集团平台下“双对接、四合作”发展模式与以往做法的区别

1. 以往校企对接进行“四合作”的做法（见图 2-2）

在职教集团平台下，以合作办学、合作育人、合作就业、合作发展为主线，促进校企深度对接，实现校企共建、共治、共享。

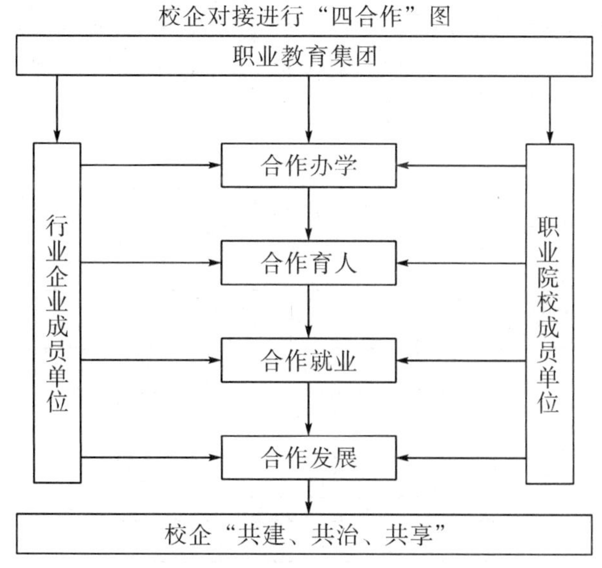

图 2-2　校企对接进行“四合作”图

2. 以往中高职对接进行“四合作”的做法（见图 2-3）

在职教集团平台下，以合作办学、合作育人、合作就业、合作发展为主线，促进中高职紧密对接，实现中高职共建、共治、共享。

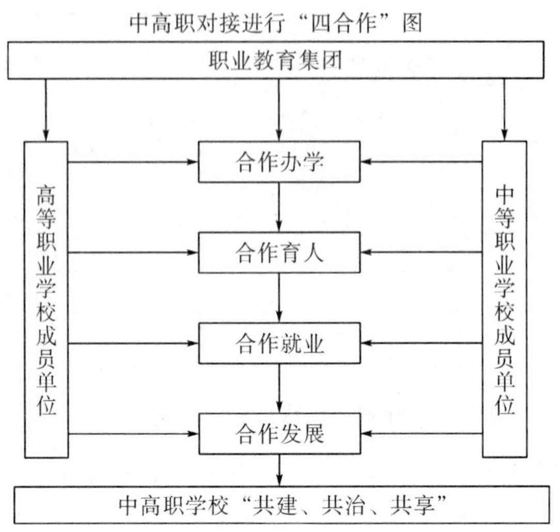

图 2-3　中高职对接进行“四合作”图

3. 职教集团平台下“双对接、四合作”的做法

在职教集团平台下，以合作办学、合作育人、合作就业、合作发展为主线，校校企联合促进校企深度对接和中高职紧密对接，实现中职、高职、企业三方的共建、共治、共享，如图 2-4 所示。。

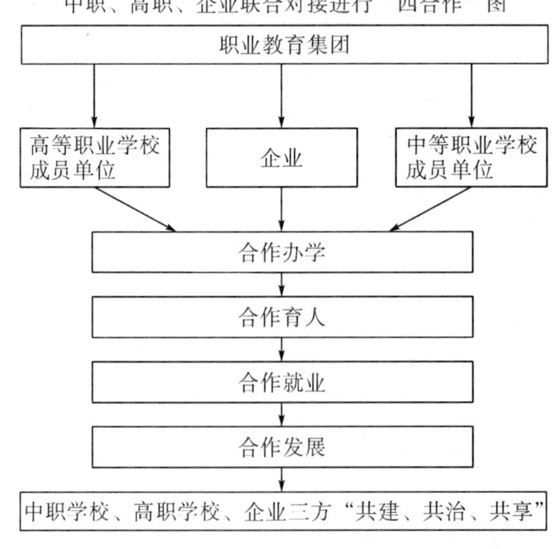

图 2-4　中职、高职、企业联合对接进行“四合作”图

第三节 职教集团平台下“双对接、四合作”发展模式的理论基础

一、教育公平理论

1948 年，联合国通过的《世界人权宣言》规定，“人人都有受教育的权利，教育应当免费，至少在初级和基本阶段应如此”，这种受教育的权利“不分种族、肤色、性别、语言、宗教、政治或其他见解、国籍或社会出身、财产、出生或其他身份”“教育的目的在于充分发展人的个性并加强对人权和基本自由的尊重”。无论是在东方思想史上还是在西方思想史上，追求教育公平是人类社会永恒的梦想。中国孔子“有教无类”的主张，体现了古代朴素的教育民主思想。西方柏拉图最早提出实施初等义务教育，亚里士多德则首先提出通过法律保证自由民主教育权利。

在和谐社会建设中教育公平就是社会公平在教育领域的体现以及延伸，职业教育的中高职对接充分体现了教育的公平性，为中职学生享受高水平的教育提供了一个通道。

二、利益相关者理论

1984 年弗里曼出版的《战略管理：利益相关者管理的分析方法》一书中首次提出“利益相关者”一词。该管理理论是指“企业的经营管理者为综合平衡各个利益相关者的利益要求而进行的管理活动”。1959 年，潘罗思在出版的《企业成长理论》中提出了“企业是人力资产和人际关系的集合”的观念，从而为利益相关者理论的构建奠定了基石。1963 年，斯坦福大学研究所明确提出了利益相关者的定义，即“利益相关者是这样一些团体，没有其支持，组织就不可能生存”。至此，“利益相关者”理论基本形成。

职业教育是经济社会发展中与之关系最为紧密的教育类型，其办学离不开政府、企业、行业等利益相关方的参与。学校也是一个与企业相类似的利益相关者组织，利益相关者理论在职业教育校企合作、校校合作过程中同样具有适用性。2012 年 5 月，在上海举行的第三届世界职业教育大会上，联合国教科文组织专门以“加强利益相关方对职业教育的参与”为议题，强调利益相关方对职业教育办学的参与。我国《教育改革与发展中长期规划纲要》也明确提出“职业教育要坚持政府主导、行业指导、企业参与的办学机制”。基于利

益相关者的职业教育办学模式就是要求建立一种由政府部门、职业院校、企业、社会团体等利益相关者共同参与的、基于合作伙伴关系的、多元化的职业教育办学模式。它的最终目标是建立一种利益相关者合作、不追求一致性而追求多元化的符合共同利益的职业教育治理机制。

职业教育校企合作、校校合作的办学模式改革涉及诸如政府、企业、院校等各个利益主体。利益相关者理论为职业教育校企合作提供了良好的理论基础。

三、终身教育理论

1965 年，在联合国教科文组织主持召开的成人教育促进国际会议期间，“终身教育”这一术语由联合国教科文组织成人教育局局长，即法国的保罗·朗格朗（Paul Lengrand）正式提出。

终身教育是指人们在一生各阶段当中所受各种教育的总和。包括教育体系的各个阶段和各种方式，既有学校教育，又有社会教育；既有正规教育，又有非正规教育。终身教育思想成为很多国家教育改革的指导方针。

职业教育中，高职对接为学生终身学习提供了可能，为学生接受不同类型的教育提供了便利条件，为学生提供了终身学习的机会。

四、教育生态学理论

（一）定义

教育生态学是一个新兴的交叉研究领域，其主要特点是应用生态学的理论和方法研究教育现象和教育问题，探索教育规律。近年来，随着人类生态意识的日益增强，生态思维空前活跃，教育生态学研究也日趋兴盛。

教育生态学研究起步于西方。

1966 年，英国学者阿什比提出了“高等教育生态学”的概念，开始运用生态学的原理和方法研究高等教育。

1976 年，美国学者劳伦斯。克雷明在《公共教育》一书中正式提出了“教育生态学”概念。

1987 年，美国古德莱德（Goodlad. J. L）首次提出“文化生态系统”的概念，强调学校建设要从管理的角度入手，统筹各种生态因子，建立健康的生态系统，提高办学效益。

（二）教育生态学下的职业教育校企合作

1. 学校需要构建和谐的办学生态

（1）在国家大力推进产教融合的背景下，今后职业院校的办学模式改革也将呈现出新的轨迹。职业院校将成为一方主办、多方参与，融教学、社会服务、科研开发等功能为一体的开放式平台。这一平台的搭建要求职业院校营造和谐的办学生态。

（2）在新形势下，职业院校仍面临着如何办出内涵、办出特色，实现可持续发展的挑战。职业院校仅靠政府投入已经无法满足其进一步发展的需要，这就迫切要求职业院校探索新的办学模式，以突破办学资源的瓶颈。

（3）从职业院校的培养目标来看，技术技能型人才的培养需要完善的校内外实践教学基地，需要大量来自岗位一线的骨干、专家担任实践教学教师等。这些单靠职业院校自身的力量无法完成，必须通过校企合作才能实现。

2. 企业也需要构建和谐的教育生态

一方面，用人单位希望尽早介入职业教育，经过对在校生的遴选，以订单、工学交替、现代学徒制等方式，在学校教育阶段就完成对准员工的岗位培训、企业文化熏陶等工作，降低员工培训的成本，使学生尽快适应企业工作。另一方面，由于知识经济的迅速发展，企业急需来自职业院校的智力支持，尤其在一线岗位中，需要来自职业院校的教师参与技术指导等工作，以形成促进企业发展的智囊团。这两方面都需要有一个和谐的教育生态，以建立起开放的人才培养平台。

3. “行业企业、校友、集团共生态”办学模式的教育生态学理论

共生态办学模式是基于教育生态学的理念与原理，结合学院的办学实践而形成的。教育生态学的核心是把教育视为一个有机的、复杂的、统一的系统，教育生态系统中的各因子都有机地联系着，这种联系又动态地呈现为统一与矛盾、平衡与失衡的状态。学校的外部环境是一个生态系统，那么与外部环境有关的各个要素可以看作是这个生态系统内的生态因子，将职业教育集团、校友及行业企业这些因子放在职业教育领域与社会领域的大系统中，可以构建一个职业院校与外部环境的生态模型。这个模型被称为“行业企业、校友、集团共生态”的职业院校办学模式。

五、教育产权理论

（一）定义

教育产权，是指教育资本出资人拥有教育机构的财产所有权及其派生的占有权、使用权、支配权和收益权，教育领域内的知识产权、个人财产所有权中的人力资本所有权及其派生的使用权、处置权、收益权、发展权等一系列约定或法定权利组成的权利束，是人们行使这些权利的行为规范，本质上体现的是

主体之间的社会经济关系。一般认为，狭义上理解教育产权，是指教育机构占有的能以货币计量的固定资产、流动资产、对外投资及其他有形资产。广义上的教育产权除有形资产之外，还包括土地使用权、品牌影响力、专利及专有技术、著作权及人力资源资本等。

（二）教育产权的功能

1. 教育产权具有规范和界定功能

教育组织由若干利益相关者组成，明晰了教育产权，能够规范不同的主体在教育组织运行过程中的责权利关系。从法律角度，规范国家（政府管理部门）、教育组织、社会（含用人单位、第三方评价机构）等层面，做到管、办、评相分离，使出资人的所有权和教育财产权得到法律保护。

2. 教育产权具有整合和优化资源配置的功能

目前，我国优质教育资源质量和数量还比较紧缺，加之因管理主体的多样性，很多优质教育资源处于离散或孤立状态，难以发挥其对经济社会发展的最大效用。另一方面，随着经济的发展和社会的进步，广大人民群众对优质资源的需求越来越强烈。这种矛盾要求市场通过适当竞争机制促进教育资源的重组、优化和合理配置。

3. 教育产权具有激励和约束功能

一方面，教育产权能够保障教育机构或组织具有教育资源的权利，在产权范围之内，激励教育主体能够充分发挥积极性、主动性和创造性，合法开展各种教育教学活动，拓展教育市场，获取更大的社会和经济效益。另一方面，教育产权也对教育主体的各类行为有权利约束边界，限制和规范相关组织或个人只能在权利范围之内合法使用教育资源，一旦超越权利边界，就会受到社会遣责，甚至法律法规的惩处。

（三）职教集团的教育产权

优质的职业教育在我国还是一种稀缺资源。职教资源的优化配置与教育产权结构是紧密相连的，合理的职业教育产权安排能够明显提高职教资源优化、资源配置的水平。目前，大多数职教集团尚未取得独立法人资格，这样，职教集团的产权就缺少独立的产权主体，并且只能采用分权管理。换句话说，无独立法人资格的职教集团，因教育产权模糊会降低集团的组织凝聚力和运行效率。因此，教育产权理论对职教集团的合理组织和良性运行有重要的指导作用。

在职业教育集团的运行过程中，首先要建立包括战略管理层、组织计划层和项目操作层等不同层面的组织架构和运行机制；其次要合理划分集团教育产权各主体权利边界，如教育产权的所有权、使用权及监控权；最后要充分发挥教育产权的激励与约束作用，处理好集团整体的产权和单个成员单位产权的关系，以项目合作为载体，优化职教资源配置，实现资源共享，推进共同发展。

第四节 “双对接、四合作”的动力机制

办好职业教育的有效途径是开展产教融合、校企合作，但目前职业院校无论是校企对接，还是中高职对接，都存在着一定的问题。如校企对接普遍存在学院一厢情愿，而企业参与的积极性不高的问题。中高职对接普遍存在着高职积极寻找中职对接解决生源，而中职存在态度不积极，担心学校效益的现象。这些现象和问题，使得当前产教融合、校企合作对接还多数停留在解决实验、实训基地等浅层次的结合上，而像一些发达国家那样深层次的互惠互利、双赢共生的战略伙伴关系还没有完全建立起来。中高职对接还停留在签订协议，中职生对口升高职的层面上，在人才培养目标对接、课程体系对接、学分互换等方面还有许多工作要做。究其根源，主要是双对接的动力机制还未真正有效建立。因此，建立真正有效的对接合作机制迫在眉睫。

一、动力机制内涵

（一）机制

“机制”一词源于希腊文 Mechane，根据辞海的解释，本意是指机械、机械装置、机械机构及其运行原理，即指机器在运转过程中的各个零部件之间相互联系、互为因果的联结关系及运转方式。“机制”一词在自然科学中泛指某些自然现象的物理、化学规律，即一个复杂的工作系统的作用原理、作用过程及其功能。在政治、经济、文化、教育等社会科学领域中，人们使用机制是指系统中的子系统中各要素之间的相互作用、相互制约、相互联系的形式。如果说制度是人们办事的规则或为了实现一定目的的约定，那么制度的坚持就是机制。

（二）动力

动力是指系统内部各要素相互作用产生的内在力量，以及系统与外部环境相互作用而产生的外部力量。

（三）动力机制

所谓“动力机制”，简言之就是推动系统运动、变化、发展的内外部力量

的作用方式，是使系统诸要素、部分、环节在互动中形成整体良性运行的结构和功能。这种动力机制是使推动系统前进的力量得以激发、产生作用并协调的机制，动力机制的稳定存在和发挥作用，可以使系统的整体运行从自发走向自觉，从被动走向主动。动力机制是从组织整体的视角，设计一套机制组合，用以引导、激励、约束、控制组织行为，形成指向组织目标的整体合力。动力机制理论的核心是透过内在机制的分析，把制度建立在符合人性、切实可行的基础上，通过“机制”（这里是动词）而不是“人治”来构建组织秩序，从而寻求“无为而治”的管理境界。

动力机制可分为正动力机制和负动力机制。正动力机制是引发及强化系统有效运行与发展的积极力量，如高额的利益可以驱动校企各方进行合作，从而形成稳定的合作关系。负动力机制即是阻碍或弱化系统建设的消极力量，如政策的制约，可以影响校企合作的积极性。机制本身是制度化的方法，因此，政策、法规、制度、规划、体制、纪律、规则、措施等是形成动力机制的直接因素。不同的制度支持下的动力机制对系统中的个体所产生的动力是不同的，从而导致其产生不同的行为反应。若想构建一个和谐、高效的动力系统，并使之良性运行，须从政策与制度层面建立正向动力机制，激发正动力，抑制负动力。因此，建立富有激励性的政策与制度，促进正激励，抑制负激励，是激发和调动学校和企业、行业部门的积极性，促进高职院校校企合作对接的重要保障。

二、职教集团化办学的动力机制

职教集团涉及的主体包括政府、学校、企业、行业、社会中介组织、社区、集团公司等多元主体，各主体在集团化办学中诉求不同，动力不同。

（一）职教集团化办学的正动力机制

1. 互惠互利机制

在市场经济社会中，互惠互利机制是推动集团化发展的动力和维系集团内多元主体合作良性运转的纽带。集团内多元主体都是利益主体，利益是各方共同的追求，但各方追求利益不同。政府方面：希望通过集团化办学解决各方的问题，促进地方经济发展。企业方面，根本利益是盈利，凡是能够有助于企业合法盈利的行为与合作都会受到企业的欢迎。企业期望通过与科研院所的合作，获得优秀的人才，能够为企业培训员工，为企业解决技术、管理、经营方面的难题。学校方面，利益诉求主要是：获取企业的资助，改善教学条件，提高办学效益，获得真实的现场教育环境，了解和把握行业最新人才需求、研发动向及技术需求，为进一步培养人才提供一个良好的实践环境，为学生实践、实习和毕业后就业、求职寻求更多的机会。

2. 政府推动机制

现在，多数职教集团是在制度框架下组建半官方形式的教育联合体，政府在其中的扮演的角色显得十分重要。政府通过多元方式，如宣传鼓动、专项投入、行政指令等促进行业和企业参与职业教育。政府教育主管部门可以直接参与集团发展的规划，把社会发展目标与集团目标更好地结合起来，政府还可以用政策和制度以及本身的权威地位，规范集团行为和各成员的行为。

3. 表彰机制

目前，在高职院校创建优质高校、“双高”等工作中，把学校是否加入职教集团作为一个考核指标，也使学校积极参与职业教育集团化办学。

（二）职教集团化办学的负动力机制

职教集团是由多方自愿合作形成的半官方组织，因为是松散型的，因此职教集团在开展集团化办学方面还存在一些问题，制约了集团化办学的发展。

1. 政府的导向机制还需完善

政府要发挥统筹和引导作用，以制度加以保障。政府往往助力了职教集团的成立，但在职教集团开展活动方面发挥的作用不充分，一是地方人民政府有关部门没有在制定产业发展规划、产业激励政策、脱贫攻坚规划时，将促进企业参与校企合作、培养技术技能人才作为重要内容，加强指导、支持和服务。二是投入的经费不足，使职教集团的运行举步维艰。

2. 各方的积极性不一致

职教集团毕竟是通过利益驱动机制形成的一个组织，因此各方都有自己的利益诉求，各方的利益诉求的达成度直接影响着参与集团化办学的积极性。

在集团化办学中，往往是学校积极性高，因为学校需要企业帮助解决学生实习问题，但企业积极性不高，因为学校往往不能为企业解决技术、管理、经营方面的难题。

在职教集团工作的开展方面，往往是牵头单位热情高涨，由牵头单位和企业单方开展校企合作为主，而企业和企业、学校和学校开展合作的少，且没有上升到集团化办学的高度。

3. 集团章程的约束力不够

各职教集团虽然都有章程，也有相应的组织机构，但实际上，职教集团在开展工作时，章程没有约束力。有工作计划，但难落实，就因为是组织松散，各成员主体都是法人单位，愿意做的事就做，不愿意做的事就不做，使集团化办学的目标难以实现。

三、校企对接合作动力机制

（一）校企对接合作正动力机制

职业院校校企对接应该是校企双方在自愿的基础上开展的合作，因此校企应该有足够的动力开展合作。但调动高职院校和企业的积极性，增强合作的稳定性，仅靠市场机制来调节是远远不够的，需要建立由职业院校、企业、政府三者共同合作的机制，引导、推动校企开展合作，才能有效实现合作对接的目标。

1. 价值观念机制

新形势下，面向产业和区域的发展需求，立足学校特色，构建校企合作长效机制，探索建立“双对接、四合作”的人才培养模式，是职业院校发展，提升人才培养质量的要求。理念是开展校企合作的先导，因此对校企合作，校企双方都必须有正确的认识。学校层面，要从经济社会发展对人才的需求及其自身生存发展的高度，深刻认识校企合作在培养技能人才中的重要作用和意义，深化校企合作、产教融合，可以促进教育链、人才链、产业链和创新链的有机衔接。企业层面，企业主动与职业院校合作，对于我国企业科技创新、人力资源开发等有战略意义，要意识到企业是职业教育发展的直接受益者，对职业教育的投资也是企业的生产性投资。

2. 法律和政策导向机制

国家的法律和政策导向机制对校企多元化合作起到了强有力的导向作用。美、日、法、德各国在教育法规中均制定了条款，支持校企合作。如日本的《职业培训法》对职业院校与企业的合作形式、税收、拨款、管理做出了详细的规定。德国的《职业教育法》对企业参与职业教育有明确规定。美国1965年通过的《高等教育法》中允许“发展中高校”使用有关条款确定的款项去发展合作教育计划，这是美国合作教育第一次在法律赋予的权限内获得来自政府的财政支持。英国政府规定，如果企业和学校联合培养学生，举行“三明治”式的合作教育，安排学生在企业进行实践锻炼，可根据接收学生的数量适当免交教育税。

我国在法律上也制定了相关条款支持校企对接。如《中华人民共和国高等教育法》第四十六条规定：国家鼓励企业事业组织、社会团体及其他社会组织同高等学校、中等职业学校在教学、科研、技术开发和推广等方面进行多种形式的合作。企业事业组织、社会转化及其他社会组织和个人，可以通过适当形式，支持学校的建设，参与学校管理。《中华人民共和国职业教育法》第二十三条规定：职业学校、职业培训机构实施职业教育应当实行产教结合，为本地区经济建设服务，与企业密切联系，培养实用人才和熟练劳动者。

我国正在职业教育校企合作中逐步完善法律，2018 年 3 月 1 日起施行的《职业学校校企合作促进办法》，规定企业开展校企合作的情况应当纳入企业社会责任报告。企业因接收学生实习所实际发生与取得收入有关的合理支出，以及企业发生的职工教育经费支出，依法在计算应纳税所得额时扣除。这些政策可以极大地调动企业积极参与校企合作的积极性，使校企对接合作真正落地。

3. 对接机制

在校企合作对接中要激发政府、学校、企业三方共同发展的需求与愿望，才会形成合作的动力，校企合作才有生命力。

（1）企业要充分发挥纽带桥梁作用，依法履行实施职业教育的义务，利用资本、技术、知识、设施、设备和管理等要素参与校企合作，促进人力资源开发。通过建立实习、实训基地，提供先进的教学设备，主动承担为社会培养高技能应用性人才的任务，为高职院校服务，在校企合作中提高企业的竞争力。

（2）学校根据校企合作的需求，根据其自身特点和人才培养需要，主动与具备条件的企业开展合作，积极为企业提供其所需的课程、师资等资源。校企双方只有建立双向参与的运行机制，才能综合各方分别拥有的技术、设备、人才、市场、信息等优势，促使双方资源、技术、管理与文化的互动、渗透，使校企在共建专业、共同开发课程、共建共享实训基地、共享校企人才资源、共同开展应用研究与技术服务等方面进行密切合作，使企业实现其经济效益，使学校分享企业资源，达到资源共享、互动双赢。

4. 保障机制

校企合作对接办学除了国家法律和政策强有力的法律保障外，校企双方还应该建立自身的校企对接办学的保障机制，使校企合作对接顺利开展。

（1）领导保障

校企合作对接涉及多方利益，需要建立一个有效的组织领导制度，只有这样才能够充分整合学校、企业、行业和政府等方面的优势，调动各方面的积极性，从而使校企对接各方有机地结合起来。如建立相应的专业委员会、校企合作委员会等模式。

（2）组织保障

校企合作是由不同的企业、学校之间协同运作才能实现的系统工程，要社会各界的参与和配合，因此需要建立相对稳定的组织形式。为保证多元化合作的发展，应建立各级校企合作指导委员会。在政府层面上，可由劳动保障、发展改革、教育、科技、财政、国资等部门及工会等参与，吸收企业人力资源专家、优秀技能人才代表和职业院校代表参加，通过指导委员会统筹职业院校资源，发挥政府的组织优势、资源调控优势，指导校企健康合作，协调解决合作中出现的各种问题。在校企层面，可以成立职业教育集团，专门负责学校与各个企业之间的联络工作，协调解决合作过程中遇到的问题，组织和推动合作项目的具体落实。学校层面，可成立校企合作外专门负责学校各院系（专业）与企业合作的项目，协调解决合作中的问题，保障合作顺利进行。

（3）制度保障

校企双方应通过签订协议等形式明确各自职责，如《校企联合办学协议》《校企联合共建实践基地协议》《校企联合科研开发管理方法》等，保障校企合作的深入发展。

（二）校企对接合作负动力机制

1. 政策机制

政府政策不到位。在市场经济条件下，校企合作需要通过政策、企业、社会及职业院校间的伙伴关系来实现。政策在这种伙伴关系中的地位和作用至关重要。没有政府在政策制定、协调关系、经费支持和质量认定等方面的领导作用与法规保障，校企合作就无法实现。虽然我国高度重视高职教育的校企合作，制定了相关法律来支持校企合作，但总体上看，我国法律保障措施不力，缺乏相配套的、可操作的政策法规和实施细则，校企合作中遇到的许多问题无法依法行事和按章解决。

（1）我国职业教育的法律法规中指令性条款少，对违法行为处罚力度不够。如1996年《中华人民共和国职业教育法》第三十七条规定：“国务院有关部门、县级以上地方各级人民政府以及举办职业学校、职业培训机构的组织、公民个人，应当加强职业教育生产实习基地的建设。企业、事业组织应当接纳职业学校和职业培训机构的实习和教师实习；对上岗实习的，应当给予适当的劳动报酬。”该条仅仅是倡导性法律规范，并不是强制性法律规范，对于拒绝接受学生实习、教师实践的单位没有任何惩罚措施，因此绝大多数企业、事业单位并不乐意接受学生实习。由此来看，一些地方把校企合作停留在口头上，如经费保障、劳动准入等仍难到位。

（2）国家还没有出台校企合作对企业的保障机制。对校企合作中的学校、企业双方的权利和义务缺乏必要的监督和约束，尤其是对企业的利益保护不够。目前，政府在人事、信贷、税收、奖惩、考核等方面的政策导向也不够有力，如未将校企合作作为对院校评估、企业考核的重要指标，缺乏支持校企合作开发的风险基金或专项基金等，不利于调动合作双方的积极性。例如，在《国务院关于大力推进职业教育改革与发展的决定》（国发【2002】16号）第20条中，早已明确了“利用金融、税收以及社会捐助等手段支持职业教育的发展”。但税务部门缺乏具体的配套操作文件，无法实施。

（3）各级政府职能部门对“产教融合、校企合作”的宏观调控（包括组织、领导、保障与统筹规划、监督方面）作用有待进一步发挥。国务院颁布《关于大力发展职业教育的决定》后，各级政府相继召开了职业教育工作会议，出台了促进职业教育发展的一系列文件，但是对进一步推进“产教融合、校企合作”的实质性指导力度不够。国家没有建立专门的校企合作的协调机构，负责设计、监督、考核和推行校企合作，很多项目难以获得企业主管单位、劳动部门、教育部门的充分协调。

2. 合作机制

合作机制不健全。在我国还没有专门负责指导、管理、监督与考核的校企合作协调机构，没有较为权威和完整的校企合作准则与包括指导手册在内的合作机制与体系。这种情况导致校企双方的利益都很难得到应有的保障，从而限制了职业教育校企合作培养模式的深入开展。由于缺乏校企合作的激励机制和约束机制，企业参与合作的意愿、数量和质量都亟待提高。大多数校企合作仍然停留在企业为学生提供实习岗位、实训基地和学校为企业提供培训等浅层次形式上，校企双方在专业建设和课程开发、实践教学、师资队伍建设、科研合作等领域的全方位、多层面、深层次的合作还比较少。

3. 体制机制

我国办学体制以公办为主，多种办学体制并存。就职业院校而言，目前大多数职业院校由行业部门主管，但业务是由教育行政部门管理，这使得职业院校与企业分属不同的系统，基本上处于体制分割的状态，这种教育管理体制不利于校企合作办学。

（1）政府缺乏有力协调。校企合作采取校企主导、政府推动、行业指导、学校企业双主体实施的合作机制。但目前对职业教育的主导是多头的，各部门都是按照自己的价值取向来主导，例如劳动部门按劳动部门的价值取向来主导，人事部门按人事部门的价值取向来主导等，总之各部门你主导你的，我主导我的。使职业学校难以实质性地、有机地、系统地融入区域经济战略、目标、相关法规政策，也不配套，资金上的协调和运转也难以实现。

（2）职业教育缺乏有效指导。由于教育行政部门与职业院校的行业主管部门是同属一个层次的职能部门，互相沟通不畅，由此造成以下弊端：一方面，教育行政主管部门对行业内企业生产、经营规律不了解，无法有效地指导职业教育的发展；另一方面，熟知职业需求的产业部门，行业委员会又没有充分调动其积极性，产业界不愿或没有被要求介入职业教育，致使高等院校走校企合作的道路变为一厢情愿。

（3）校企合作渠道不畅通。职业院校各自注重的是与上级主管部门或与系统内的成员单位保持密切联系，对体制“围墙”外的企业间的沟通与合作不够重视。

（4）职业院校缺乏办学自主权。导致长期形成的僵化办学模式和观念较难转变，难以主动适应经济、社会发展的需求，与企业合作的动力仍显不足。许多学校没有设立校企合作归口管理机构或协调性组织，一些高校虽成立了有企业参加的校企董事会，但多徒有虚名。

4. 自身因素

职业学校应根据就业市场需求，与企业合作设置专业，研发专业标准，开发课程体系、教学标准以及教材、教学辅助产品，开展专业建设等，但目前职业院校自身与合作的优势不明显。

（1）专业设置和与社会需求结合不紧密，随着社会的发展，行业企业对人才的需求有了很大的变化，但目前职业院校的专业设置还没有跟上社会的发展，导致技术技能人才培养满足不了企业的需求。

（2）课程开发多数还不能适应职业岗位需求。职业院校目前还不能构建以岗位职业能力和工作过程为导向的课程体系，课程内容与职业岗位要求不能匹配甚至脱节，培养出来的人不能胜任岗位工作。

（3）实训条件还不能满足现代职业教育的要求。首先是实训基本条件不足，无法满足学生基本技能训练，只有部分专业能做到“边做边学、学做合一”。其次是实训场地不足，无法满足生产性实训的需要。要引入企业开展生产性实训需要较大的“教学工厂”才能运行，场地问题也是制约职业院校开展校企合作、实现生产性实训的瓶颈。最后是具有生产性和新技术（新产品）研发功能的设备不足，不能吸引企业来校开展合作，这也是当前我国职业院校校企合作层次普遍偏低、深度不够的重要原因。

（4）双师型教师严重不足。虽然数据显示我国职业院校双师型教师比率很高，但其实有很多是通过简单培训考取一个职业资格证书就成为双师的，而真正具备较高理论知识，又有丰富实践经验的双师型教师严重不足，能够参与企业新技术、新产品开发的更少，因而为企业提供技术服务、技术支持的能力不足。这就制约了“产教融合、校企合作”，导致校企合作的途径不畅，影响了校企合作的开展，这也是企业与学校合作积极性不高的另一原因。

四、中高职对接合作的动力机制

（一）中高职对接合作

中高职对接是指按照建设现代职业教育体系的要求，推动中等和高等职业教育协调发展，系统地培养适应经济社会发展需要的技术技能型，特别是高端技能型人才。中等职业教育是高中阶段教育的重要组成部分，重点培养技术型人才，发挥基础性作用。高等职业教育是高等教育的重要组成部分，重点培养技能型人才，发挥引领作用。构建现代职业教育体系，实现职业教育科学发展，中高职对接是关键。

促进中高职协调发展需在十个方面重点做好对接工作，即适应区域产业需求，明晰人才培养目标；紧贴产业转型升级，优化专业结构布局；深化专业教学改革，创新课程体系和教材；强化学生素质培养，改进教育教学过程；改造提升传统教学，加快信息技术应用；改革招生考试制度，拓宽人才成长途径；坚持以能力为核心，推进评价模式改革；加强师资队伍建设，注重教师培养培训；推进产教合作对接，强化行业指导作用；发挥职教集团作用，促进校企深度合作等。

（二）中高职对接合作动力机制

尽管职业教育的发展为我国各行各业输送了大批技能型人才，有力地支撑了经济社会发展，但目前职业教育仍是教育事业的薄弱环节。社会经济发展要求人才层次多样化和人才规格多样化，这对职业教育提出了更高的要求。解决好中职教育与高职教育的对接问题是健全职教体系、加快我国职业教育快速发展的关键。

1. 社会需求机制

随着企业的转型和产业的升级，对生产一线的从业人员的技能水平提出了更高的要求，进而对中等职业教育培养的人才标准提出了相应较高的要求。这也就是说传统的中等职业教育已经不适应现在的产业的要求，也存在教育教学水平提高和岗位技能升级的问题。所以，教育部提出了用高等职业教育牵动中等职业教育发展，实现中、高职协调发展的要求。为适应经济发展方式转变和产业结构调整要求，职业教育已进入全面提高技能型人才培养质量的发展阶段。中高职教育是职业教育中不同层次的教育，中职教育定位于重点培养技能型人才，高职教育重点培养高端技能型人才，相互对立又呈递进关系。遵循人才成长过程转化规律，只有中高职衔接，协调发展，才能更好地满足经济社会发展对人才发展的需求。

2. 立交桥机制

构建科学、完善的现代职业教育体系，是党中央和国务院关于职业教育的一项重大战略决策，是新时期职业教育改革发展的重要任务。《国家中长期教育改革和发展规划纲要（2010—2020 年）》对“形成适应经济发展方式转变和产业结构调整要求、体现终身教育理念、中等和高等职业教育协调发展的现代职业教育体系”提出了明确要求。现代职教体系就是中职、高职、应用型本科、专业学位研究生教育纵向对接，学历、学位教育与职业培训统筹发展、横向贯通，服务现代产业体系的技能型人才培养系统。所以，中高职协调发展是建设现代职业教育体系的基础性工程。实施中高职对接，搭建职业教育“立交桥”，将促进职业教育事业可持续发展，促进现代职业教育体系的构建。

3. 拉动中职发展机制

随着产业的升级中职毕业生满足不了企业要求，中职毕业生就业有了困难。由于国家政策的局限，升学无路，这些原因造成了中职招生难。中、高职的对接必然拉动中等职业学校的招生，进而拉动中等职业教育的发展。

4. 终身教育机制

建立和完善中职教育与高职教育相对接的机制，中职教育为劳动力市场提供技术型人才的同时，也为高职教育提供了优质生源，拓宽了中职毕业生职业生涯的提升空间，使中职教育由终结性教育转变为阶段性教育，从而不断增强职业教育发展的动力和吸引力，保持了从业人员的较高素质，以及产业结构和产业竞争力的强大优势和发展活力。与此同时，通过建立和完善中高职对接机制，使中职毕业生享有继续接受高职教育以及普通高等教育的机会，促进了教育公平，推进职业教育朝着终身教育的方向发展。

（三）中高职对接合作负动力机制

1. 观念问题

长期以来，职业教育一直被社会、家长、学生、用人单位，甚至是政府视为“次等教育”，这种教育层次价值取向的社会共识限制了职业教育的发展。在职业教育系统内部，高职院校嫌弃“中职生源素质较低、难以管理”而不愿意多招。这些现象及观念使得中高等职业教育的衔接困难重重。

2. 制度问题

中高职对接首先应是培养目标的对接，即预期的工作岗位的层次衔接，而工作岗位的科学定位在于国家职业标准。我国的国家职业标准由于在制定过程中缺乏行业协会、企业的参与，制定程序简单，职业分类不合理，职业标准的覆盖率、权威性、实时性有待提高，因此难以全面指导中高职对接中的培养目标定位。另外，《中华人民共和国劳动法》并没有规定在一些行业实施“职业资格等级证书制度和就业准入制度”，也没有规定职业资格等级证书制度与报酬之间的对应关系，不利于中高职教育在系统内的有效对接。

3. 利益问题

中高职院校都是职业教育办学的利益方，在中高职对接合作的过程中，中高职学校都有消极方面。对中职校来说，学生升入高职学校，部分解决了中职学生的就业问题，同时也使学校在社会上有影响力，但目前“2+3”学制的对接，使中职学校不能获得学生第三学年的学费，利益受损，因此中职学校的积极性不高。对高职校来说，招收中职学校的学生就是解决生源问题，但由于中职校的学生基础差、学习习惯不好，教学难度大，所以高职校的积极性也受到影响。

4. 专业设置问题

中高职对接的基础在于专业的对口衔接，这决定着中高职教育在培养目标、课程体系对接上能否得以顺利实现。但目前的情况是中高职的专业设置契合度不高，中高职教育专业目录设置的时间、名称各不相同，且专业设置的口径宽窄不一，专业名称、分类、要求也不规范，高职专业数量远大于中职专业数量，这使得中高职对接的基础非常薄弱。

5. 课程结构问题

课程对接是中高职衔接的核心。理论上来讲，高等职业教育应在中等职业教育课程设置的基础上，按照对口专业设置课程，做到“专业有所对口、课程有所对应、内容有所区分、知识与技能由浅入深”，但从现实操作层面来看，中职学校与高职学校沟通欠缺，各自构建自己的课程体系，确定自己的教学内容与实践安排，课程结构错位更加严重，专业课内容重复、文化基础课脱节、教育资源浪费严重。

第三章 广西工业职业教育集团“双对接，四合作”人才培养模式创新实践

第一节 广西工业职业教育集团概况及管理运行

一、广西工业职业教育集团概况

（一）广西工业职业教育集团的组建

为了推动工业职业教育走向规模化、集约化、连锁化的办学道路，打造广西工业职教航母，2009年年初，在自治区经济委员会直属院校工作会议上，由委直属院校发起、委领导决定组建广西工业职业教育集团。2009年5月，广西工业职业教育集团课题组成立，到上海、江苏、山东等地学习考察，了解职教集团的组建方式、管理体制、运行机制等。在充分调查研究的基础上，2009年7月，自治区经济委员会、自治区教育厅、自治区劳动和社会保障厅批准广西工业职业教育集团成立并隆重举行成立庆典仪式。2014年，被自治区教育厅列为全区首批备案的职教集团之一。

（二）广西工业职业教育集团的成员结构

广西工业职业教育集团现有成员单位136家，其中院校18所（本科、成人本科院校4所，高职院校4所，中职技校10所）、企业108家、行业协会6家、科研机构4所。集团内有国家示范性骨干高职院校1所、国家示范性职业院校建设单位5所、自治区示范性职业院校6所、自治区示范性高等职业院校重点培育单位2所，共有在校生11万人、教育资产20多亿元，是广西职业教育的优质版块。理事会理事长由广西工业职业技术学院院长担任，副理事长由28家单位的领导担任，理事长和副理事长为常务理事。秘书长由广西工业职

业技术学院副院长担任。

在各级党委和政府的关心和大力支持下，集团秉承“互联互通，开放包容，协同创新，合作共赢”的理念，集聚优势资源、精诚互助、通力合作，创新了校企、校校合作的融合育人模式，为广西7大千亿元产业集群乃至珠三角地区提供了强有力的人力资源保障，集团成员单位分布如图3-1所示。

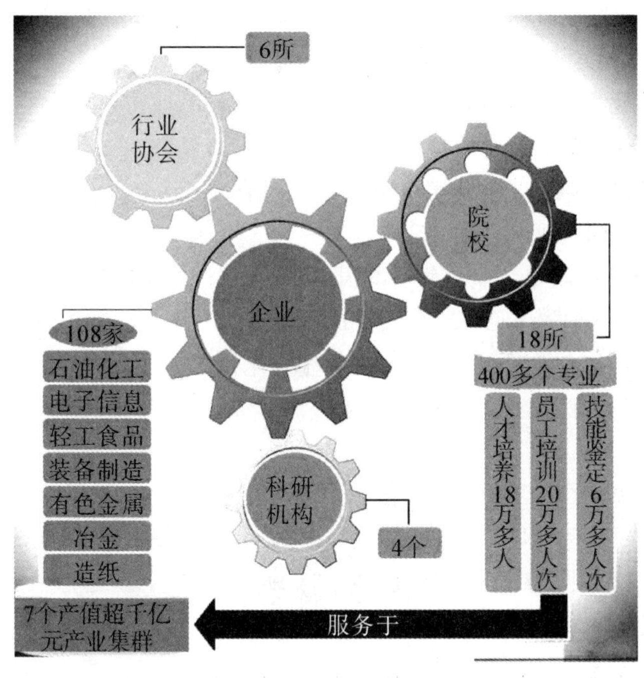

图3-1 集团成员单位分布示意图

（三）广西工业职业教育集团的性质

广西工业职业教育集团在广西壮族自治区工业和信息化委员会（原广西壮族自治区经济委员会）主导下，经自治区经济委员会、自治区教育厅、自治区劳动和社会保障厅批准，由职业院校、企业、行业协会、科研机构等按平等原则组建，形成跨地区、跨行业、综合性、多功能、多层次、非营利的社会组织。集团以校企合作为纽带，促进校企共同开展人才培养、科技开发等工作，服务广西区域经济。集团的各成员单位原有的管理体制、隶属关系、人事关系、财政渠道等不变。集团合理利用学校与企业优质资源，在专业布局、顶岗实习、科研开发、职工培训、技术改造等方面进行统一规划、组织、协调，实现职教资源的优化配置和共享，最大限度地发挥效益。

（四）广西工业职业教育集团的宗旨

通过加强集团成员之间的合作，优化校企资源，充分发挥群体优势，实现组合效应、互补效应和规模效应，服务广西工业，促进产业提升，增强工业职业教育综合实力，打造工业职业教育品牌，更好地服务广西经济。

（五）广西工业职业教育集团的活动准则

广西工业职业教育集团的活动以“共建、共享、共赢、共长”为准则。

（六）广西工业职业教育集团的主要职能

（1）优化集团成员的职教资源，开展院校、企业成员单位之间的联合办学、订单培养、菜单式人才培训。

（2）实现地域和空间优势互补，建立职业教育改革创新机制，探索职业院校人才培养和企业人力资本运作模式。

（3）实现师资和专业的优势互补，探索教学改革和学分互认，在招生、就业、教学、科研等方面进行有效合作。

（4）实现校企资源的共享，开展校企合作，实施产学结合。

（5）利用广西工业、行业、学会等平台，合作进行技术应用研究和技术开发。

（6）举办集团内毕业生供需洽谈会，开展创新人才培养研讨。

（7）开展各类国内国际交流活动，与国（境）外职教机构进行合作。

（8）扩大集团的影响，择机成立“广西工业职教园”，整合集团院校资源，创新发展。

二、广西工业职业教育集团的管理体制和运行机制创新

（一）建立健全广西工业职业教育集团管理制度

在《广西工业职业教育集团章程》下，建立健全集团各项管理制度，制定了《广西工业职业教育集团管理办法》《广西工业职业教育集团产权管理办法》《广西工业职业教育集团档案管理办法》《广西工业职业教育工作考评办法》《广西工业职业教育集团经费管理办法》《广西工业职业教育资源共享办法》《广西工业职业教育集团企业技术专家双向互聘管理办法》管理制度，使集团活动有章可循，规范了集团的管理。

（二）创新广西工业职业教育集团管理机制

经过十年的管理运行实践，集团创建了“1818”管理机制和模式。首先，建立了“一个常务理事会，八个下设机构”的集团治理结构及运行机制，在常务理事会的领导下，成立了秘书处、专业群产学合作委员会、“双师型”教

师队伍建设委员会、实训基地建设委员会、招生就业指导委员会、课程改革与教学资源建设委员、技术研发推广与服务委员会和职业素质教育指导委员会八个下设机构，优化集团治理结构和模式，提升了集团活力。其次，按照“一站八平台”的框架，即以集团为平台站点，搭建集团化人才培养衔接平台、岗位培训与技能鉴定平台、“双师型”教师培养平台、集团内开放性实训基地共享平台、集团内用工需求信息共享平台、优质课程资源共享平台、技术研发推广与服务平台、职业素质教育平台共八个平台，共建共享集团资源。

1. 秘书处

秘书处是集团理事会及其常务理事会的常设办事机构，办公地点设在理事长所在单位。主要负责集团年度工作方案的落实；集团的宣传和档案管理等工作；筹备组织理事大会和常务理事会议，负责起草会议文件，撰写工作报告；维护集团网站；推进集团联络工作等。

2. 经费管理委员会

负责领导和监督集团贯彻执行国家财经政策、纪律、法规及财务管理工作制度；制定和完善集团经费管理制度、办法；制订集团财务预算、决算方案；对重大收支事项等重要问题，进行专题研究，并提出具体意见；决定集团会计机构及人员；决定聘请外部审计单位；组织落实集团安排的其他经费管理工作。

3. 专业群产学合作委员会

负责统一协调集团内各院校成员之间的专业建设、人才培养模式改革等工作；统一协调集团内企业成员与院校之间的产学合作、岗位培训与技能鉴定、国际交流与合作等工作；搭建“二平台、双对接”的人才培养模式改革体系，二平台指人才培养衔接平台、岗位培训与技能鉴定平台，双对接指学校与企业对接、中职与高职对接。

4. “双师型”教师队伍建设委员会

负责研究、制定集团“双师型”教师队伍建设规划和师资培养培训基地建设方案；组织集团内院校成员在企业建立教师工作站，解决院校教师顶岗锻炼、学生实践教学管理等问题，及时了解企业需求；建立集团教师资源信息库，实现校际、校企之间的师资共享；建立集团师资培养工作机制，推进师资互聘、互训、互赛等工作；搭建“双师型”教师培养平台。

5. 实训基地建设委员会

负责协调集团内院校成员单位与企业的产教融合等工作；分析集团内院校成员单位的实训基地的基本情况（功能定位、建设原则、建设模式、建设内容等）、存在的问题和原因；搭建集团内开放性实训基地共享平台。

6. 招生就业指导委员会

负责推进集团内院校成员之间的中高职衔接招生，实现技术技能人才成长“立交桥”建设新突破；统一协调企业成员与院校成员之间的联合招生、订单培养、工学结合、校企合作、就业创新创业指导；搭建集团内企业成员单位与成院校成员之间用工需求信息共享平台，实现供需信息资源共享。

7. 课程改革与教学资源建设委员

负责统一协调集团内中高职衔接专业的课程体系建设；统一协调集团内院校成员之间与企业共同开发的课程改革、教材建设、教学资源共享等工作；搭建优质课程资源共享平台。

8. 技术研发推广与服务委员会

负责统一协调集团内院校成员之间和企业成员与院校成员之间的教学研究、学术交流、技术研发、技术推广与服务等工作；组织集团内相关院校建立大师工作室；搭建技术研发推广与服务平台。

（三）创新广西工业职业教育集团管理运行模式（见图3-2）

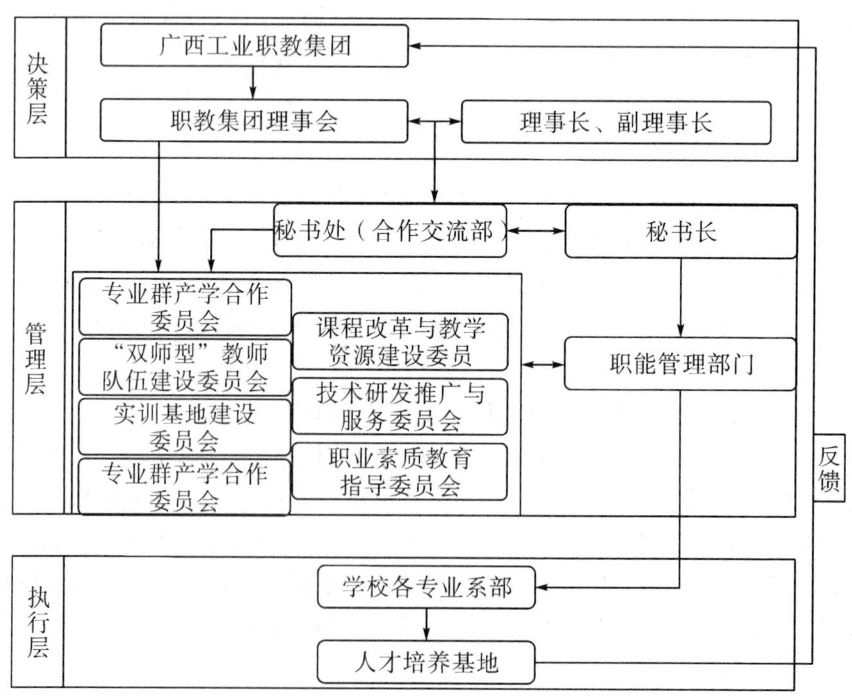

图3-2　创新广西工业职业教育集团管理运行模式

三、广西工业职业教育集团主要建设成效

集团成立十年来，在自治区人民政府、自治区教育厅、自治区工业和信息化委的大力支持下，做了大量的工作，取得了良好的集团化办学效果，集团成员各单位在集团平台上受益良多。

（一）国内集团化办学成效

1. 携手外资企业，服务广西实施糖产业的“二次创业”

集团成员单位广西工业职业技术学院是目前全国高职院校中唯一开设制糖生产技术与管理专业的学校，具有深厚的专业底蕴。集团成员院校中的广西工业职业技术学院、广西电力职业技术学院、广西大学轻工与食品工程学院与集团成员企业广西南宁东亚糖业集团签订校企合作协议，建立具有鲜明现代学徒制特征的“东亚校园职业营”，企业根据职业特征和岗位要求，与院校共同制订人才培养方案，企业对蔗区子弟大力宣传，鼓励其报考集团院校。考生通过自愿报名，由企业考核是否有资格进入“东亚校园职业营”。进入“东亚校园职业营”的学生，广西南宁东亚糖业集团与其签订协议，成为东亚集团的“校园职业营”准员工。校企共同制订人才培养方案，构建适合企业需要和促进学生发展的课程体系和标准，共同开展教育教学工作，企业给予“东亚校园职业营”的学生每人每年4 000元的助学金，3年合计12 000元/人，毕业后直接到集团旗下的企业工作。

2. 借国际大赛平台，提升办学水平

集团成员单位广西机电职业技术学院承办了首届金砖国家技能发展与技术创新大赛——机电技能大赛。这是在外交部、教育部、工业和信息化部的指导下，由金砖国家工商理事会主办的国际性技能大赛，是中国作为2017年金砖国家轮值主席国的重要活动之一，获得了其他金砖四国的一致认可和大力支持。大赛第一次将国际化元素特别是金砖五国的元素融入行业职业教育竞赛之中，集团通过大赛展示了智能制造发展格局和教育格局的协同发展的趋势，开创了在高端技术领域产教协同发展，协同创新，协同优化的新典范。

3. 携手大中型企业，探索现代学徒制新型人才培养模式

集团成员院校广西工业技师学院与集团成员企业柳州五菱汽车工业有限公司，集团成员院校广西工业职业技术学院与集团成员企业广西华奥汽车制造有限公司、广西业盛投资集团公司、中兴通讯股份有限公司、风神物流有限公司、南南铝业股份有限公司、安踏（中国）有限公司等国内大中型企业强强联合，成立“现代学徒制试点班”，探索建立校企联合招生、联合培养、一体化育人的长效机制；完善学徒培养的教学文件、管理制度及相关标准；推进专

兼结合、校企互聘互用的“双师型”师资队伍建设，建立健全校企双主体育人的本土特色现代学徒制的新型人才培养模式。特别是广西工业职业技术学院汽车专业现代学徒制试点项目已获批为第二批国家级现代学徒制试点项目。

4. 建大师工作室，传承非遗技艺工匠精神

集团成员院校广西纺织工业学校与仫佬族马尾绣技艺传承人谢秀荣共建广西非遗项目仫佬族马尾绣技艺大师工作室。广西工业职业技术学院与三江县“中国工艺美术大师”杨似玉先生（广西唯一“侗族木构建筑营造技艺”国家级非物质文化遗产项目代表性传承人）共建“木结构建筑非遗技艺大师工作室”。通过“非遗进校园”，培养学生工匠精神。广西机电职业技术学院与广西工艺美术大师、“桂作桂式”品牌创始人梁紫童共建桂作家具大师工作室等。通过非遗进校园，培养学生的工匠精神。

5. 牵头成立区域性职教集团，带动地方职业教育发展

2015 年，广西工业职业教育集团理事长单位广西工业职业技术学院借鉴集团的成功办学经验，牵头组建了区域性职教集团——贵港职业教育集团。贵港职业教育集团现有成员单位 33 家，其中高职院校 1 所、中职学校 7 所、政府部门 1 家、企业 24 家。集团按照市场导向、利益共享、合作互赢的原则，以建立现代化职业教育体系为引领，以提高人才培养质量为核心，以促进产教结合、校企合作、中高职衔接为主线，推动健全政府主导、行业指导、企业参与的办学机制，实现贵港市职业教育资源共建共享、优势互补、合作发展，全面增强贵港市职业院校的办学活力和竞争实力，为建设富裕文明和谐贵港服务。集团于 2016 年被自治区教育厅列为全区第二批备案的职教集团之一。

（二）跨国集团化办学成效

1. 携手泰国知名糖企，服务亚洲糖业发展

泰国两仪集团是亚洲第一、世界第三的制糖集团。集团成员企业广西南宁东亚糖业集团是泰国两仪集团控股的子公司。集团校企共建的“东亚校园职业营”取得的良好效果，深得泰国两仪集团高层的关注和重视。集团董事长汪东财先生（泰国国会议员、泰国商会大学董事局局长），力推泰国两仪集团与我集团在开展教师互访、学生互派及校企共同开发课程、建立标准、开展课题研究等方面达成了进一步合作的共识，并提升为开展两集团间的“校企”合作、“校企校”合作，将合作的范围拓展到中泰两国之间的职业院校和企业等。

2. 携手“走出去”企业，服务“一带一路”战略

集团成员企业广西建工集团第一安装有限公司（以下简称“一安”）是广西建工集团下属具有独立法人资格的子公司，拥有机电安装、房屋建筑等多项施

工总承包一级资质，及化工石油和电力工程等多项施工总承包二级资质。在立足广西区内市场的同时，公司服务“一带一路”战略，积极“走出去”经营，承接很多国外大型糖厂筹建项目。在项目交付时，遭遇人力资源严重匮乏的瓶颈，一边是现代化和自动化程度相当高的生产运行急需掌握制糖生产技术、自动化技术控制技术的管理人员和实际操作的专业技术人员，对员工的培训和人才的培养有非常大的需求；另一边是糖厂所在国的各类学校没有开设制糖生产技术专业，在当地开展培训缺少基本条件，所有员工到中国培训的成本高昂。

在2017年中国—东盟职业教育联展暨论坛的开幕式上，集团成员院校广西工业职业技术学院携手服务“一带一路”战略的集团成员企业“一安”走出去，与埃塞俄比亚阿尔巴门齐大学成功签署了“校企校”三方合作协议，共建“丝路国际糖业学院”。三方成立了组织机构，落实了各项工作，组建了专业团队，专司“丝路国际糖业学院”合作项目的运行。项目依托学院的特色专业（制糖生产技术）和优势专业（电气自动化），将企业资源、学校资源、政府政策资源充分利用起来，逐步把“丝路国际糖业学院”建成“12345”共建目标的培养国际化人才的蓄水池。

“丝路国际糖业学院”项目的实施，既提升了老师们的国际化能力，又能有效地降低企业的国际化成本，解决企业运行中遇到的一些问题，提升企业的品牌形象，提高学校、职教集团和企业发展的竞争力。2017年12月至2018年2月，为埃塞俄比亚糖业公司OMO3糖厂举办了一期40名技术管理人员为期两个月的培训，取得了明显的育人成效。2018年9月，埃塞俄比亚糖业公司OMO3糖厂邀请56名技术管理人员来集团参加为期4个月的培训。

3. 合作共赢，职责共担

集团成员单位广西大学轻工与食品工程学院、广西工业职业技术学院、金光纸业（中国）投资有限公司本着合作共赢、职责共担的原则，充分发挥各自优势和潜能，创新合作机制，以现代学徒制模式在造纸及自动化专业中共同开展了“‘圆梦计划’金光卓越人才”人才培养。形成校企分工合作、协同育人、共同发展的长效机制，不断提高人才培养的质量，使职业教育真正和企业在人才培养的模式上捆绑发展。

该项目以“助学圆梦贫困学子、培养社会卓越人才”为宗旨，由金光纸业集团、广西大学轻工与食品工程学院、广西工业职业技术学院三方定向培养高素质的企业人才。获得“圆梦计划”名额的学生在入学后由学校综合管理，课程由三方共同制定，金光集团将承担学生在大学期间的全部学费和住宿费，并按月给予一定的生活费补助，并在学生毕业后解决其就业问题。

第二节　广西工业职业教育集团“双对接，四合作”人才培养模式创新实践

一、广西工业职业教育集团“双对接，四合作”人才培养模式内涵（见图 3-3）

“双对接，四合作”人才培养模式是从系统培养适应经济社会发展需要的高端技能型人才出发，在广西工业职业教育集团的“1818”管理运行机制和模式下，构建中职、高职、企业三方的利益融合体，以合作办学、合作育人、合作就业、合作发展为主线推进中高职对接和校企合作对接，促成校校企“三位一体”的中高职一体化人才培养模式创新。重点发挥职业教育集团的资源整合、优势互补作用以及有效的管理机制，构建校校企“三位一体”中高职一体化人才培养新模式，有效解决以往中职、高职院校的校企合作不深以及中高职人才培养衔接不畅等问题。

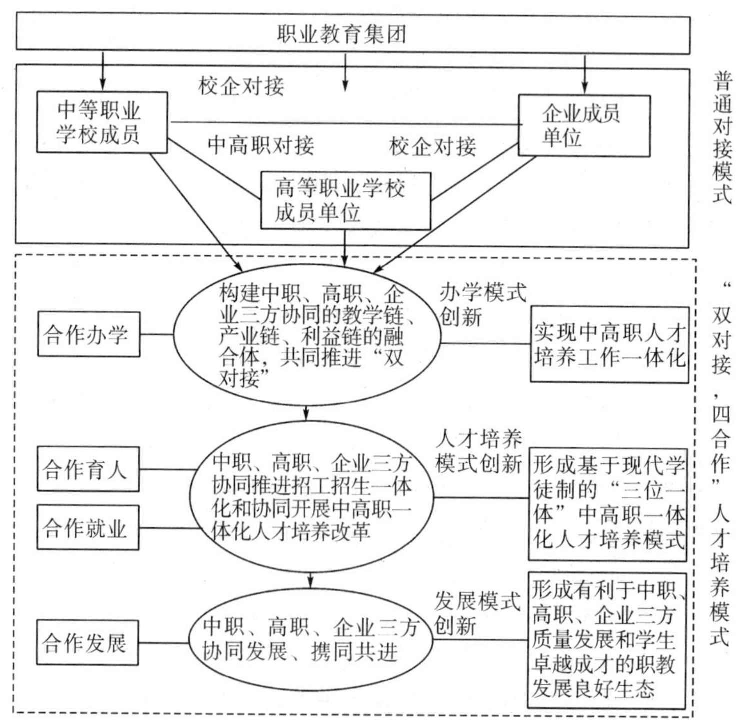

图 3-3　“双对接，四合作”人才培养模式图示

二、广西工业职业教育集团“双对接，四合作”人才培养模式创新实践

（一）广西工业职业教育集团“双对接，四合作”人才培养模式创新实践思路（见图 3-4）

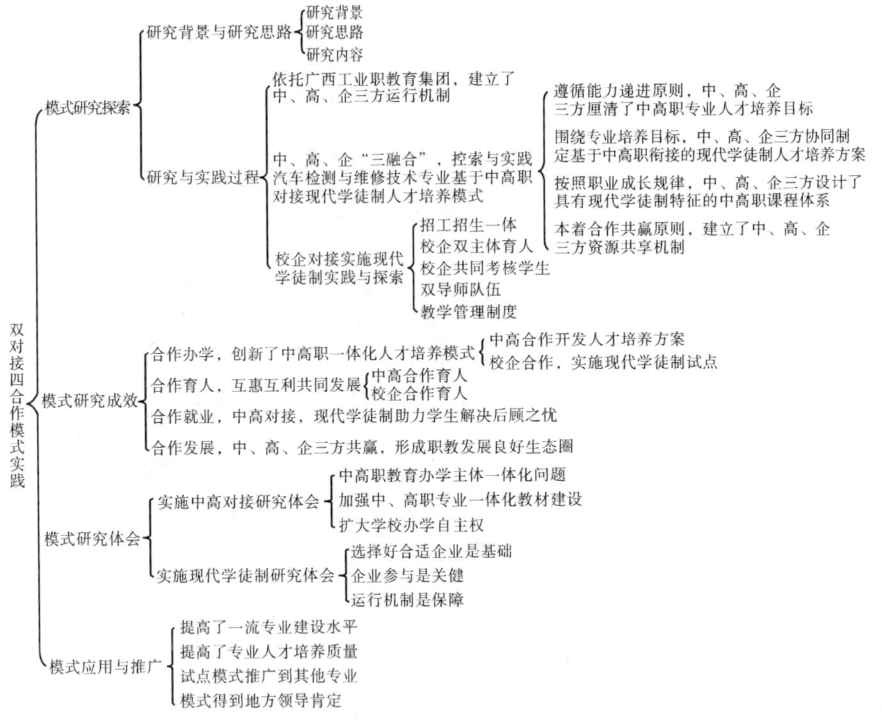

图 3-4　创新实践思维导图

（二）广西工业职业教育集团“双对接，四合作”人才培养模式创新实践做法与成效

1. 推进中职、高职、企业三方协同合作办学，实现中高职人才培养工作一体化

在集团“1818”的管理运行模式下，充分整合集团内的中职、高职、企业成员单位的资源优势，重点根据各方的利益诉求，通过中职、高职、企业三方一并签订合作协议形式或者以“中职-企业”“高职-企业”分阶段签订合作协议的形式，构建中职、高职、企业三方协同的教学链、产业链、利益链融合体，并且在集团组织机构和管理平台的管理指导下，重点围绕自治区教育厅提出的按照中高职对接“七个衔接”、校企合作“七个共同”的要求，三方从

共同建设专业、共同建设师资团队、共同建设课程资源、共同建设实训基地、共同开展职业素质教育、共同开展岗位培训与技能鉴定、共同开展技术研发及推广、共同开展招生就业、共同开展国际合作与交流等“九个共同”深入推进中职、高职、企业三方一体化合作办学实践，形成了中高职专业人才一体化培养、中高职课程体系一体化改革和建设等典型的创新模式和做法，推进了中高职人才培养工作一体化，实现了办学模式的创新，详见图 3-5。

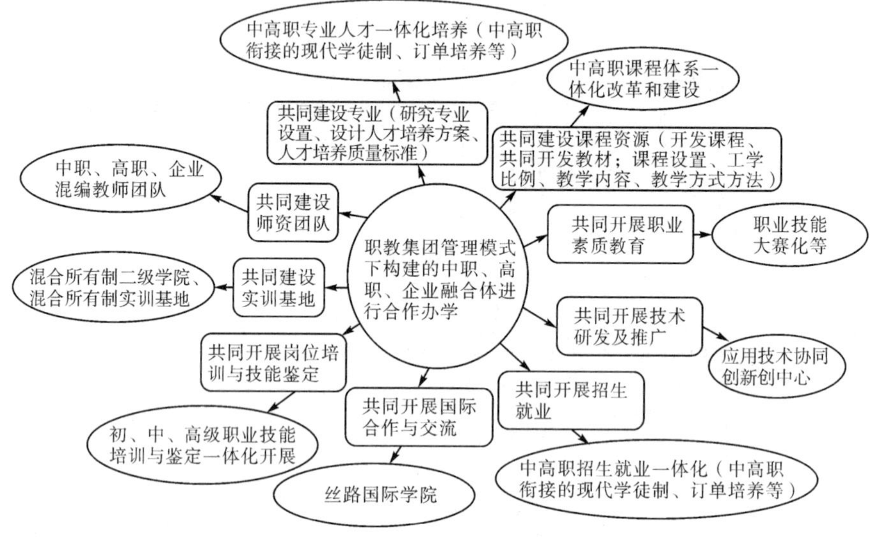

图 3-5　中职、高职、企业三方协同合作办学图示

2. 推进中职、高职、企业三方协同合作育人、合作就业，实现中高职一体化人才培养模式创新

在集团“1818”管理运行模式下，围绕校企合作不深、中高职衔接不畅等核心问题，从摆脱中职、高职院校校企合作单打独斗局面以及中高职衔接中没有企业参与造成人才培养脱离社会需求等现象出发，按照“培养目标相近，利于纵深发展”的原则，选择一些能力培养要求周期长、学生年龄起点要求比较轻的工科类专业，结合国家现代学徒制试点改革要求，组织集团内的中职、高职、企业成员单位三方协同推进基于现代学徒制的中高职一体化人才培养模式改革。三方通过共同实施招生和选拔方式改革，开展“2+3”形式和五年一贯制招生，在中职招生时，高职学校和企业就介入联合招生，明确订单培养，特别是确定中职生升入高职阶段后实行现代学徒培养，不仅使校企实现了招生招工同步，有效解决了中职生升学、高职生就业等问题，而且有效构建了

中职、高职、企业“三位一体”的“双主体”合作育人体系，特别是成功开展了由中职、高职、企业三方共同参与的中高职衔接人才培养中的专业衔接、人才培养目标衔接、课程体系衔接、教学过程衔接等系列改革，实现了校校企“三位一体”的中高职一体化人才培养模式创新（详见图 3-6）。如集团内的广西工业职业技术学院、桂平第一职业学校、广西华奥汽车制造有限公司共建“华奥汽车学院”，在汽车检测与维修技术专业成立“华奥汽车现代学徒班”，实行“2+3”形式的中高职一体化现代学徒制人才培养模式改革创新，并于2017 年被教育部确认为现代学徒制改革试点。

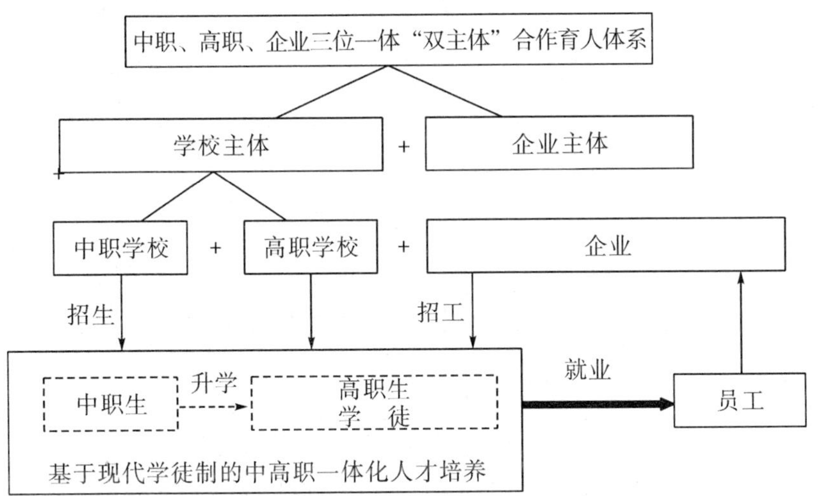

图 3-6　中职、高职、企业“三位一体”的“双主体”合作育人模式图示

3. 推进中职、高职、企业三方合作发展，形成职教发展良好生态

在集团“1818”管理运行模式下，通过中职、高职、企业三方协同推进中高职一体化人才培养，这种“抱团”发展的模式不仅实现了人才共有、资源共享、优势互补，而且实现了“1+1+1>3”的共振发展效果。在三方一体化的合作中，中职学校解决了招生难、就业难、师资力量不足、教育资源有限、人才培养质量不高等长期困扰学校发展的问题，同时能够在专业建设、课程建设、师资建设、实训基地建设、国际交流与合作等方面实现新的发展；高职院校则在深化校企、产教融合，深入推进人才培养模式改革和中高职衔接一体化人才培养等方面实现提升，不断打造办学特色品牌，提升社会影响力和国际影响力；不仅提升了企业参与职业教育的积极性，而且得到了人才支持和智力支撑，有效保障了“人才源”“技术源”“发展源”，有效推进了转型发展，打造了企业品牌优势，提升了竞争实力。如集团内的广西工业职业技术学院与桂平第一中等职业技术学

校、北流第一中等职业技术学校、昭平县职教中心、藤县中等专业学校、都安瑶族自治县职教中心以及广西华奥汽车制造有限公司、广西南南铝业股份有限公司、林浆纸业集团金光纸业（中国）投资有限公司等大型知名企业成功开展三方一体化的“双对接，四合作”办学，中职、高职、企业三方实现了合作发展，形成了“高职带动中职发展，中高职服务企业发展，企业助力中高职提升，学生卓越成才”的职教发展良好生态，如图 3-7 所示。

图 3-7　中职、高职、企业三方合作发展图示

第四章 广西工业职业教育集团“双对接，四合作”人才培养模式创新实践典型案例

第一节 创新实践典型案例综述

在广西工业职业教育集团“1818”管理运行模式下，围绕校企合作不深、中高职衔接不畅等核心问题，从摆脱中职、高职院单打独斗局面以及中高职衔接中没有企业参与造成人才培养脱离社会需求等现象出发，按照“培养目标相近，利于纵深发展”的原则，选择了广西工业职业技术学院汽车工程系的汽车检测与维修专业和电子与电气工程系的自动化技术专业群作为切入点，结合国家现代学徒制试点改革要求，组织集团内的中职、高职、企业成员单位通过中高对接、校企对接手段实现合作办学、合作育人、合作就业、合作发展。

依托广西工业职业教育集团和贵港市职教集团平台，广西工业职业技术学院汽车工程系的汽车检测与维修技术专业与桂平第一职业学校高中对接；广西工业职业技术学院和桂平第一职业学校与广西华奥汽车制造有限公司、广西久久星新能源车辆科技有限公司、广西贵港腾骏汽车公司等企业开展校企对接。在汽车检测与维修技术专业中开展“双对接，四合作”人才培养模式改革。

依托广西工业职业教育集团，广西工业职业技术学院电子与电气工程系的自动化技术专业群与藤县中等专业技术学校、昭平县职教中心等进行高中对接；广西工业技术学院和藤县中等专业技术学校、昭平县职教中心与金光纸业集团（中国）、南南铝业股份有限公司等企业开展校企对接。在自动化技术专业中开展“双对接，四合作”人才培养模式改革。

两个专业和专业群通过中高对接、校企对接实施现代学徒制试点，在共同

建设专业、共同建设师资团队、共同建设课程资源、共同建设实训基地、共同开展职业素质教育、共同开展岗位培训与技能鉴定、共同开展招生就业、共同开展国际合作与交流等方面深入推进中职、高职、企业三方一体化合作办学实践，实现合作办学、合作育人、合作就业、合作发展。

第二节　汽车检测与维修专业“双对接、四合作”人才培养模式实践探索

一、创新实践背景与思路

（一）实践背景

汽车产业是广西经济发展的支柱产业之一，从广西汽车产业整体布局来看，已形成柳州的上汽通用五菱、东风柳汽和贵港新能源汽车等汽车产业。十年来，随着我区汽车保有量迅速增长，汽车维修技能人才需求急剧膨胀，汽修人才一度成为紧缺人才，如何加快培养高质量的汽修人才成为职业院校和用工企业的重要课题。因产业发展迅速，人才需求量大，全国各地职业院校争相开设汽车检测与维修专业，广西就有 50 多所职业学校开设。广西工业职业教育集团内开设此专业的职业院校有 10 多所，但是绝大多数中等职业学校的专业师资欠缺、设备不足，也缺乏校企合作平台，培养质量不高，就业品质无保障。而集团内的高职院校又存在课程设置与中职重叠、教学内容与中职重复的现象，减弱了人才培养的时效性，在社会上造成“职业教育整体吸引力不强”的印象。

《教育部关于开展现代学徒制试点工作的意见》指出，“现代学徒制有利于推进行业、企业参与职业教育人才培养全过程，实现专业设置与产业需求对接，课程内容与职业标准对接，教学过程与生产过程对接，毕业证书与职业资格证书对接，职业教育与终身学习对接，提高人才培养质量和针对性”。

建立现代学徒制是职业教育主动服务当前经济社会发展要求，深化产教融合、校企合作，推进工学结合、知行合一的有效途径。我国广东、湖南、江西等部分地区的一些学校开始关注企业的办学主体作用，不同地程度开展了基于现代学徒制的中高职衔接的实践探索，寻求通过现代学徒制对教学组织、教学评价方式和管理模式等进行变革，提升中高职衔接质量。依托现代学徒制推动中高职衔接不失为一种有效的办法，现代学徒制通过深化校企协同育人，充分发挥企业的重要主体作用，有助于真正推动专业人才培养与岗位需求

衔接、人才培养链和产业链相融合。

基于此，广西工业职业技术学院以广西工业职业教育集团为平台，联合集团内的中职学校和企业，于 2014 年 12 月申报了教育厅的广西职业教育集团化办学实验研究课题的子课题——《广西工业教育集团“双对接、四合作”人才培养模式的研究与实践》，并获立项，课题立项以来，课题组按照课题研究计划，在广西工业职业教育集团的框架下，在汽车检测与维修技术专业认真开展“双对接、四合作”的人才培养模式的研究探索。

（二）实践思路

在广西工业职业教育集团的框架下，联合职教集团内学校和企业实施“双对接”，即广西工业职业学院与桂平第一职业学校实施中高对接；广西工业职业学院和桂平第一职业学校与广西华澳汽车制造有限公司等企业实施校企对接，以纵向的中高对接为主线，以横向的校企对接为平台，结合高职、中职的实际条件及企业提供的学徒岗位，运用现代学徒制模式将“高职、中职、企业”三方深度融合，通过合作育人、合作办学、合作就业、合作发展，探索中高职衔接的现代学徒制人才培养模式（详见图 4-1）。

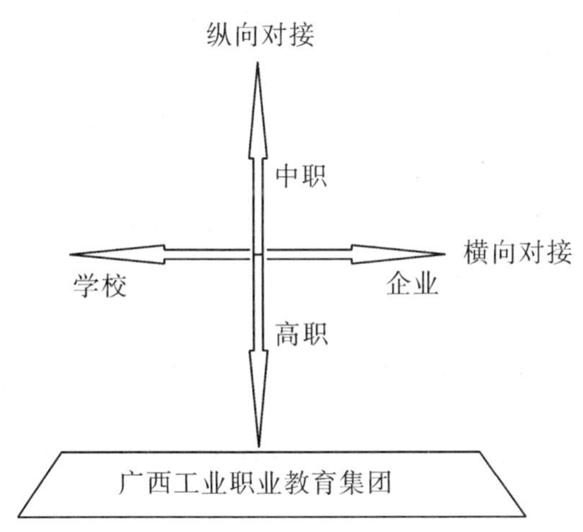

图 4-1　依托职教集团平台，纵向对接、横向对接示意图

（三）实践内容

以培养汽车维修及相关工作的技术技能人才为目标，全面开展市场调研与企业座谈，根据汽车售后服务行业就业市场人才需求状况及人才需求规格的要求，以提高学生的职业能力和职业素养为宗旨，开发汽车检测与维修专业基于中高职衔接的“双主体、三融合、四进阶”现代学徒制人才培养方案，构建理论实践结合、教陪练一体的课程体系，建立中、高、企“合作分工、协同育人、共同发展”的技术技能人才培养的机制，完善学徒培养的教学文件、管理制度及相关标准，推进中高结合、校企互聘互用的师资队伍建设。

通过基本技能培养、专项技能培养、综合技能培养、企业顶岗实习等循序渐进的实践环节，加强学生实践技能的培养；全面提高学生的职业道德、就业能力和综合素质。

1. 建立中、高、企“合作分工、协同育人、共同发展”的技术技能人才培养机制

（1）制订中、高、企共同招生宣传方案。

（2）中、高、企合作招生，选拔试点班学生。

（3）签订学校、企业、学生三方合同。

（4）明确学徒双重身份。

2. 构建基于中高职衔接的现代学徒制人才培养方案

明确汽车检测与维修专业中、高职学生工作岗位与能力目标要求，确定该专业中高职人才培养目标和培养规格。完成汽车检测与维修专业中高职衔接的现代学徒制人才培养方案的设计，构建理论实践相结合的课程体系。

3. 完善学徒培养的教学文件、管理制度及相关标准

（1）企业调研报告。

（2）初步建立“校企双制，工学交替”人才培养模式。

（3）初步试点实施方案。

（3）推进专兼结合，中、高、企互聘互用的师资队伍建设。

①初步建立双导师制。

②建立健全双导师考核办法及激励机制。

③制定教师企业顶岗或兼职教师岗位管理办法（校企人才双向交流机制）。

（4）创新工学结合、工学交替的人才培养模式。

①学徒管理办法。

②弹性学制试行管理办法。

③质量监控体系改革；

④建立多方参与的考核评价机制。

二、实践过程

（一）依托广西工业职教集团，建立中、高、企三方合作运行机制

“双对接，四合作”人才培养模式的实施首先要有一个有效平台帮助协调

中职、高职、企业三方的关系，有一套容易促使三方构建教学链、产业链、利益链融合体的制度和机制。为此，广西工业职业技术学院积极构建“政府主导、学校主动、行业指导、企业参与”的合作办学模式。在自治区工信委主导下，广西工业职业教育集团在管理体制和运行机制上，实行“1818”管理运行模式创新。即构建了“一个常务理事会，八个下设机构”的集团治理结构及运行机制，在常务理事会的领导下，成立了秘书处、专业群产学合作委员会、“双师型”教师队伍建设委员会、实训基地建设委员会、招生就业指导委员会、课程改革与教学资源建设委员、技术研发推广与服务委员会和职业素质教育指导委员会八个下设机构。按照“一站八平台”的框架，即以集团为平台站点，搭建集团化人才培养衔接平台、岗位培训与技能鉴定平台、“双师型”教师培养平台、集团内开放性实训基地共享平台、集团内用工需求信息共享平台、优质课程资源共享平台、技术研发推广与服务平台、职业素质教育平台共八个平台，共建共享集团资源。同时，建立健全集团各项管理制度，制定了《集团管理办法》《集团产权管理办法》《集团档案管理办法》《工作考评办法》《集团经费管理办法》《资源共享办法》《集团企业技术专家双向互聘管理办法》管理制度，优化集团治理结构和模式，规范集团的管理体制，提升集团活力。这些制度和机制为中职、高职、企业三方的沟通与合作拓宽了渠道，储备了资源，创造了条件，建立了“双对接，四合作”人才培养模式的运行机制。

（二）中、高、企“三融合”调研，探索实践汽车检测与维修技术专业中高对接的招生模式

2014 年 12 月至 2015 年 3 月中旬，研究课题组就广西中职学校与高职院校所开展的中高职衔接培养与现代学徒制培养项目进行了调查工作，先后到桂平市第一中等职业技术学校（以下简称桂平一职校）、北流市第一中等职业技术学校（以下简称北流一职校）、田东职业教育中心等中职学校以及广西久久星新能源车辆科技有限公司、广西华奥汽车制造有限公司、广西贵港腾骏汽车公司、上汽通用五菱公司等企业开展调研工作 10 余次，对“中高职对接、校企对接”以及“合作办学、合作育人、合作就业、合作发展”的研究内容进行深入调查研究。通过调研，确定桂平市第一中等职业技术学校的汽车运用与维修专业与我校汽车检测与维修技术专业开展“中高职连读（五年制）”的中等职业教育和高等职业教育衔接试点工作。

一方面，课题组成员广泛深入久久星新能源车辆科技有限公司、广西华奥汽车制造有限公司、广西贵港腾骏汽车公司、各汽车维修公司、4S 店等企业，

对汽车检测与维修行业人才的需求情况进行调研，重点调研了企业对人才培养规格的要求，以及企业对中职学生和高职学生的使用评价，认真学习教育部及教育厅关于推进中等和高等职业教育协调发展以及推进中等和高等职业教育衔接课程体系建设的相关文件，定期组织课题研讨活动。在深入开展职业教育理论研究及充分的企业用人需求调研的基础上，结合我校汽车检测与维修技术专业，与桂平市第一中等职业技术学校的汽车运用与维修专业开展“中高职连读（2+3）”的中等职业教育和高等职业教育衔接试点工作。

广西工业职业学院的汽车检测与维修技术专业、桂平市第一中等职业技术学校的汽车运用与维修专业协同开展“中高职（2+3 制）”的中等职业教育和高等职业教育对接的实践探索中，通过深入的调研，遵循能力递进原则，厘清中职培养目标和高职培养目标。按照职业成长规律，系统地构建“能力递进”的课程体系，开发系统的中高职专业人才培养标准，解决了中高职教育定位不准、内容重复的问题。通过中高职衔接，高职对中职师资开展集中培训、“师徒结对传帮带”、院校联合开展教研活动、师资互融互派、实训场地共用、课程资源共享、校企合作互通，学生技能比赛帮扶指导等解决了中职专业建设能力不强、教学资源不足、校企合作深度不够、就业品质不高等问题。

2016 年 9 月开始招生，第一届招生 7 人。2017 年 9 月，桂平某一职业学校共有 20 名学生报读我院汽车检测与维修专业，如表 4-1 所示。

表 4-1　　中高职衔接 2017 级学生名单

序号	姓名	性别	报读专业	来源
1	梁永钦	男	汽车检测与维修技术	中职对口升高职
2	叶保强	男	汽车检测与维修技术	中职对口升高职
3	韦鸿珲	男	汽车检测与维修技术	中职对口升高职
4	黄志辉	男	汽车检测与维修技术	中职对口升高职
5	赖昇	男	汽车检测与维修技术	中职对口升高职
6	梁锐炎	男	汽车检测与维修技术	中职对口升高职
7	梁旭毅	男	汽车检测与维修技术	中职对口升高职
8	杨体安	男	汽车检测与维修技术	中职对口升高职
9	游记全	男	汽车检测与维修技术	中职对口升高职
10	覃孟宽	男	汽车检测与维修技术	中职对口升高职
11	李焕成	男	汽车检测与维修技术	中职对口升高职

表4-1(续)

序号	姓名	性别	报读专业	来源
12	彭梓然	男	汽车检测与维修技术	中职对口升高职
13	辛焕坤	男	汽车检测与维修技术	中职对口升高职
14	何熙	男	汽车检测与维修技术	中职对口升高职
15	黄铭海	男	汽车检测与维修技术	中职对口升高职
16	游记全	男	汽车检测与维修技术	中职对口升高职
17	覃孟宽	男	汽车检测与维修技术	中职对口升高职
18	李焕成	男	汽车检测与维修技术	中职对口升高职
19	彭梓然	男	汽车检测与维修技术	中职对口升高职
20	辛焕坤	男	汽车检测与维修技术	中职对口升高职

1. 遵循能力递进原则，中、高、企三方厘清中高职对接专业人才培养目标

职业教育作为一种系统性的教育，培养的人才应满足企业不同层级的岗位资质需求。为厘清汽车检测与维修专业中高职人才培养目标，2015 年上半年，通过广西工业职教集团就汽车运用与维修类岗位（群）的作业流程和典型岗位资质，对广西多家较大规模的汽车企业、汽车维修 4S 店进行了人才需求调研分析，邀请区内行业、企业、职业教育专家，以调研结果为基础，以职业标准为参照，以职业核心能力为主线，遵循“能力递进”原则，分别确定了中高职学生培养目标：中职面向汽车装配、钣喷、维护、维修等岗位，主要培养技能操作型人才；高职面向汽车机电维修、性能检测、生产调试等岗位，主要培养具有创新精神的高素质技术技能型人才。通过高职过程学习面向汽车后市场相关企业的维修、管理、服务等知识，熟练掌握汽车维修技术，懂专业管理知识的，具有良好的综合职业能力的高素质技能型人才。形成了“校校合作、校企合作”的人才培养格局。

2. 围绕专业培养目标，中、高、企三方协同制定基于中高职衔接的现代学徒制人才培养方案

（1）确定“2+3”模式学制

我们在充分考虑了经济社会发展需要和企业相关职业岗位的要求后，我校与桂平第一职校相关专业教师一起，邀请贵港市主要汽车企业全程参与，组成桂平一职校汽修专业建设委员会，共同制订了桂平第一职校 2016 级、2017 级

汽修专业人才培养方案。其专业理论和操作课程与后续的我校三年制汽修高职人才培养方案无缝衔接，对接双方按不同的阶段实施，按中职 2 年、高职 3 年的“2+3”模式学制，如图 4-2 所示。

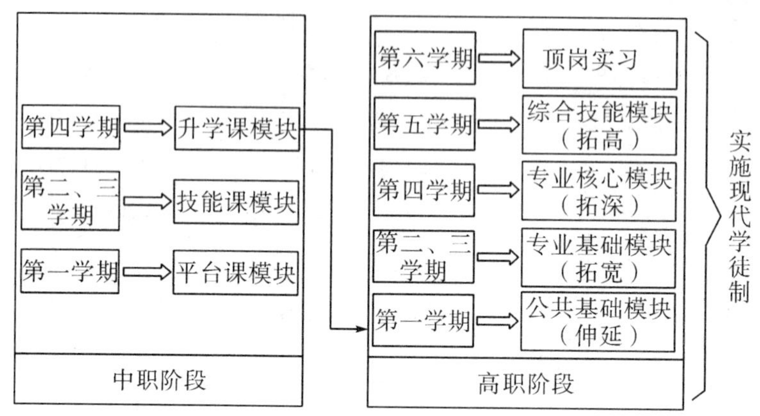

图 4-2　“2+3”模式

在中职学校阶段：学生在前 4 个学期进行平台课模块、技能课模块、升学模块学习，通过知识及技能考核达到高职入学要求的同学，在高职阶段的模块进行学习。

在高职学院阶段实施现代学徒制模式：人才培养过程划分为四个教学阶段，以适应汽车企业的职业岗位需求为导向，着力促进知识传授与生产实践的紧密衔接，教学组织在学校和企业穿插中进行，促进知识学习、技能实训、工作实践的融合，推动教、学、做的统一，形成 0.5（通识学习+企业认岗）+0.5（基本技能+企业识岗）+1.0（专业技能+企业跟岗）+1.0（就业创业+企业顶岗）教学组织方式，把理论学习与岗位实践有机融合起来，实现人才需求培养无缝对接。

试点班的教学组织实施分为以下四个阶段：

①第一阶段：第一学期（0.5）（通识学习+企业认岗）

在学校以学习文化基础课、专业基础知识课和基本技能操作为主，在企业以体验认识岗位为主，组织学生参观企业，了解汽车生产、4S 维修企业业务，感受企业的文化内涵，让学生真实感受企业工作氛围，促进学生与学徒双重身份的融合，并请企业的专家到校讲企业文化、员工职业素养、岗位工作标准，使学生提前感受企业的相关内容。

②第二阶段：第二学期（0.5）（基本技能+企业识岗）

进行学校项目学习和轮岗实训，采取一个月在学校、一个月在企业的轮换模式。在学校期间进行理实一体化教学，强化学生的专业理论知识和技能操作；在企业期间进行企业课程学习实践，识别岗位技能，在强化技能训练的同时融入企业标准、规范、职业素养。

③第三阶段：第三、四学期（1.0）（专业技能+企业跟岗）

进行工程项目建设和轮岗实训，采取一个月在学校、一个月在企业的轮换模式。在校期间，进行项目教学，强化学生的专业技能和应用知识解决问题的能力，在企业期间进行企业项目课程学习，提高学生的综合能力和职业能力。

④第四阶段：第五、六学期（1.0）（企业顶岗+就业创业）

在企业进行顶岗实习，使学生通过一年的企业课程学习，真正接触到企业的先进设备，领悟企业文化，形成质量意识、产量意识、团队合作精神等。实现毕业设计和顶岗实习的有机结合，由企业师傅全程指导实习，对学徒进行综合评价，取得毕业证书和职业资格证书，成为企业员工。

在高职阶段的人才培养实施过程中，根据现代学徒制要求，合作企业派一线技术人员或管理人员来校担任兼职教师，讲授企业文化或组织带领学生参观合作企业，感受企业文化。校内专业课实施理实一体化教学，学校选派具有企业工作经验的老师、经企业培训合格的老师或企业技术人员承担教学任务。在校外实习阶段，实施轮岗实训，根据企业实际，学生与企业师傅一对一结对，完成汽车维修业务中的业务接待、汽车保养、汽车大修等岗位轮动实习。企业师傅全程指导并负责实习过程的管理和成绩考核，实现校企共同育人，如图 4-3 所示。

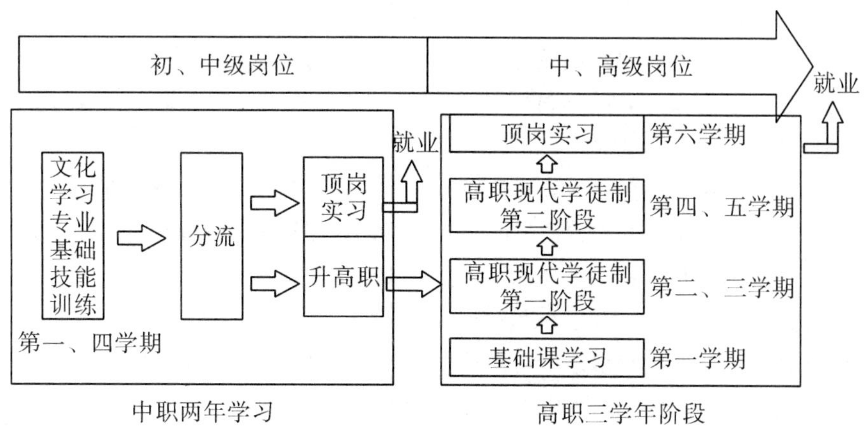

图 4-3　中职、高职教学组织

（2）构建基于中高职衔接的“双主体、三融合、四进阶”现代学徒制人才培养模式

中高职衔接“双主体、三融合、四进阶”的现代学徒制模式是以汽车检测与维修技术专业为试点，确立学校和企业的双主体地位，结合高职、中职的实际条件及企业提供的学徒岗位，运用现代学徒制模式将“高职、中职、企业”三方深度融合，共建中高职人才培养管理制度及其长效运行机制，将学生的培养过程按其身份的转变和职业素养的形成分为“中职学生→学徒→高职学生→准员工”递进的四个阶段，构建中、高职人才培养模式，最终达到学生与企业岗位要求之间的“无缝对接”，探索出中高职衔接的“双主体、三融合、四进阶”现代学徒制人才培养模式，如图4-4所示。

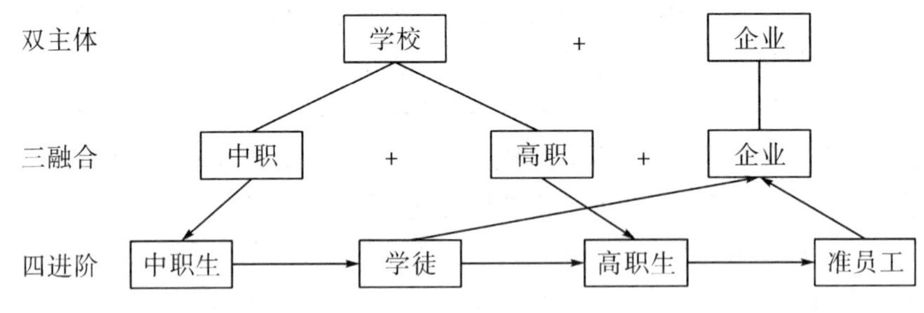

图4-4　中高职衔接的现代学徒制人才培养模式示意图

3. 按照职业成长规律，中、高、企三方开发具有现代学徒制特征的中高职课程体系

项目实施以来，按照“中职学生→学徒→高职学生→准员工”的“四进阶”人才培养模式，以现代教育技术为指导，充分优化“高职、中职、企业”资源配置，采用“互联网+教育”形式，建设了一批关于中高职衔接及校企合作的课程。

在高职、中职、企业的共同参与下，从课程结构、课程设置、课程内容三方面系统构建了中高职课程体系衔接的框架；通过职业岗位分析、工作任务分析与职业能力分析，建立了统一的课程标准。

按照本专业从业人员“从操作工到技师、从技术员到诊断专家”的职业成长规律，中高职院校组建专业开发团队，根据对应岗位的工作任务，进行分析、归纳、解构、序化，确定本专业的典型工作任务为：交接车、预检、更换、保养、维修、检测、诊断。按照中高职培养目标，结合中高职学生的基础，重构专业教学内容：中职侧重总成拆装与更换、基本检查与调整、常规维护与简单维修，其核心课程为《汽车维护》《发动机构造与拆装》《发动机检

查与维修》等8门；高职侧重总成维修与检验、系统检查与维修、故障检测与诊断，其核心课程为《服务信息与整车维护》《发动机机械系统检修》《汽车综合故障诊断》等8门，构建了符合企业岗位需求、学生职业成长规律、院校办学实际的汽车运用与维修专业中高职衔接课程体系。

同时，我校汽修专业自2015级起即实施模块化课程改革，这是在中职普遍实施的理实一体化基础上更进一步，按照“操作先行，理论跟进”设置课程模块，对提高学生专业操作能力很有帮助；在双方共同制订的2016级中职汽修专业教学计划中，把学生技能比赛项目的内容以及汽修中级工考证等内容融入专业课程中；双方共同完成了专业课程大纲制订工作。

4. 本着合作共赢原则，建立了中、高、企三方资源共享机制

通过对接体系的建立，我院与桂平一职业学校在课程建设与实施、师资互融互派、实训场地共用、校企合作互通、就业信息互享方面实现资源有效共享，发挥了最大的合作效益，提高了中高职人才培养的质量。

（1）师资队伍共享

我院汽车工程系蒙富华、覃有实、甘礼宜三位老师轮流前往桂平一职，承担2015级汽修专业汽车发动机课程和2016级汽车底盘两门作业课程，给桂平一职校的师生带去了新的教学理念和氛围，受到了学生的热烈欢迎。2016年10月，桂平一职老师参与了我校承接的对柳州烟草局高级驾驶员的培训项目。

2017年3月至4月，我校汽修专业老师到桂平一职校对参加广西汽修技能比赛的学生进行赛前强化指导工作，使该校分别取得了一等奖和三等奖的历史最好成绩。2017年7月，举行了贵港市汽修专业教师技能比赛，贵港市共5所学校参与。桂平一职校的汽修专业负责人黄达远和我院专业负责人李盛福老师共同指导我院学生参加2017年贵港市中职学校学生技能竞赛（个人赛）。2017年9月，通过去年的招生宣传，共有22名学生报读我院汽车检测与维修专业。2017年11月，承接了贵港市电子科技职业技术学校2016级共250人考证，其中汽修专业有96人参与中级工考前强化培训及组织鉴定工作，学生全部获得汽修中级工证。2017年12月初，成功承办了广西工业职业教育集团所属职业院校汽修、汽营学生高职组和中职组技能比赛。

（2）学生共享

2016年4月，桂平一职校派出两组共4名学生参加由我院汽车工程系举办的2016年贵港市离合器更换学生技能比赛；桂平一职校汽修专业负责人黄达远和我院汽修专业教师蒙富华共同指导我院学生参加2016年贵港市中职学校学生技能竞赛。2016年10月，我系学生汽修协会桂平一职校分会正式成立。

2016 年 12 月初，我院汽车工程系成功承办了广西工业职业教育集团所属的职业院校汽修、汽营学生高职组和中职组技能比赛。承接了贵港市职教中心、贵港市民族中专汽修专业汽修中级工考前强化培训及组织鉴定工作。

（3）学生考证培训共享，2016 年 3 月初，我院承接了桂平一职校 2015 级汽修专业 91 名学生汽修中级工考前强化培训及组织鉴定工作，学生全部获得汽修中级工证。2017 年，我院承接了桂平一职 2016 级共 275 人考证培训，其中汽修专业有 99 名学生参与汽修中级工考前强化培训及组织鉴定工作。最后，学生全部获得汽修中级工证。

（三）汽车检测与维修技术专业校企对接实施现代学徒制试点的探索与实践

根据教育部《关于开展现代学徒制试点工作的意见》（教职成〔2014〕9 号）、《关于加快发展现代职业教育的决定》和《现代职业教育体系建设（2014—2020 年）》等文件的要求，切实做好现代学徒制试点工作，推动高等职业教育内涵发展，提高高等职业教育人才培养的质量和水平，是我国高等职业教育，甚至是国际职业教育发展的基本趋势。高等职业教育处于国家面临产业升级的关键时期，是为社会发展和经济进步提供大量应用型人才的主要教育模式，需要在理念、制度和机制等方面跟上时代的步伐。在经济新常态下，现代学徒制脱颖而出，是传统学徒培训与现代学校教育相结合，学校和企业深度合作，产教融合的基本制度和有效实现形式。

2017 年，我校汽车工程系就现代学徒制试点项目申报工作进行了充分论证，完成了申报工作，被我区列为 2017 年教育部备案的第二批现代学徒制国家试点的学校，并获得批准。

1. 现代学徒制内涵

现代学徒制是以校企合作为基础，以学生（学徒）的培养为核心，以课程为纽带，以学校、企业的深度参与和教师、师傅的深入指导为支撑的人才培养模式。它既不同于传统的学徒制，也不同于单纯的学校教育，它的实施改变了以往理论与实践相脱节、知识与能力相割裂、教学场所与实际情境相分离的局面，是传统职业学校人才培养模式的一场重大革新。

（1）现代学徒制是深化产教融合校企合作的有效途径

现代学徒制培养模式充分展示了在专业层面坚持工学结合、在学校层面深化校企合作、在产业层面推进产教融合的职业教育的本质要求。开展现代学徒制培养符合学校和企业的根本利益，彰显职业教育的根本特征。特别是在当前国家层面校企合作体制机制尚未健全的情况下，实施现代学徒制培养更是成了推进校企合作制度化的一种形式，有利于解决制约职业教育发展的诸多问题，如实习实训条件不足、教师实践教学能力不强、教学内容与企业实际需求脱节等。重视和推动现代学徒制，有利于学习、借鉴国际先进经验，少走弯路。试点工作具有很强的探索性，强调体制、机制突破，突出与企业发展需求的契合，对技术技能型人才的培养至关重要。

（2）现代学徒制是职业技能和职业精神培养的有效载体

现代学徒制强调从职业的角度培养技术技能型人才，坚持教育与企业生产相结合，遵循学生成长规律和职业能力形成规律，强化知行合一，培养学生的职业道德，提升其职业技能，将人文素养和职业素质教育融入人才培养过程，充分发挥校园文化、企业文化对职业精神养成的独特作用，推进优秀产业文化进教育、企业文化进校园、职业文化进课堂，将生态环保、绿色节能、循环经济等先进理念融入教育过程，更加有利于促进职业技能和职业精神的有机融合，有利于培养精益求精、追求卓越、久久为功、探索创新的工匠精神，为打造更多的“大国工匠”夯实基础。

2. 现代学徒制在我院汽车检测与维修专业中的实施

依托广西工业职教集团和贵港市职教集团平台，汽车工程系和集团内的广西久久星新能源车辆科技有限公司、广西华奥汽车制造有限公司、广西贵港腾骏汽车公司等企业开展校企对接，在广西工业职业技术学院的汽车检测与维修技术专业开展现代学徒制试点工作，共建“华奥汽车现代学徒班”。汽车检测与维修技术专业通过双对接，推进招生招工一体化，在人才培养方案开发、课程体系构建、课程标准制定、教学模式改革、校企互聘共用的师资队伍、学生技能竞赛方面等方面开展了系列工作。

签订合作办学、共育现代学徒的协议，成立了汽修现代学徒班。该班人才培养方案由校企双方根据真实的岗位技能需求共同制订，学校汽车维修专业构建了以“校内技能递进培养、校外顶岗轮动提升”为内涵的现代学徒制人才培养模式，并按“操作先行，理论跟进”模式实行模块化教学改革，进行现代学徒制人才培养模式的探索与实践。

（1）选择条件适合并能长期合作的企业，并签订校企合作协议书

人才培养方案由校企双方共同实施的，也需由校企双方共同制订。选择一个技术先进、管理规范、成长性良好的企业，是保证人才培养方案科学性的前提。如果一个企业本身技术和管理落后，缺乏规范的工作流程，学徒就不可能在企业体会到典型工作过程，更谈不上工匠精神和创新精神的熏陶，人才培养方案的制订就失去了基础。因此，现代学徒制的合作企业应该具有行业代表

性，具有一定规模，对高素质人才的用人需求较为强烈，在此基础上，才能确定人才培养方案的制定程序。

课题组通过调研南宁、贵港等区内知名汽车企业的企业规模、企业文化、企业制度等方面的情况，选择愿意长期合作的企业，形成战略合作关系，这些汽车企业分别是广西华奥汽车制造有限公司、广西久久星新能源车辆科技有限公司、广西贵港腾骏汽车工业有限公司、贵港市桂商汽车有限公司（旗下包括了北京现代、悦达起亚、上海大众、东风标致、东风雪铁龙、长城汽车、哈弗等多个品牌的4S店）、广西第六地质队贵港环宇汽车大修厂、贵港市港北区高燊汽车维修中心等，并与这些企业签订了校企合作协议书。

（2）招生招工一体，校企共同筛选学生

2016年，先招生，后招工。学校与贵港市桂商汽车有限公司、广西第六地质队贵港环宇汽车大修厂、贵港市港北区高燊汽车维修中心正式签约。校企双方商量招生方案，根据学校实际及合作企业的意愿，确定招生规模，采取发动宣传→自愿报名→学校审核→企业复试的流程，进行双向选择，挑选符合条件的学生进入现代学徒制班。组织企业管理人员对入围学生进行面试，学生、家长与企业签订定向培养合同。校企双方经过调研分析，根据技能人才成长规律和企业工作岗位的实际需要，共同研究、制定了科学、系统且符合学校、企业、学徒实际的人才培养方案。

从2016年起，我院汽车工程系2015级的汽车检测与维修专业开始实施现代学徒制试点工作，组成了试点班级1个，共15个学生，把15个学生分到三家公司，同时三家公司指定了12名师傅对15名学生进行专人指导。现代学徒制班名单、企业导师（师傅）如表4-2、表4-3所示。

表4-2　　　　　　　　　　**现代学徒班名单**

现代学徒班名单及购买保险名单						
序号	姓名	性别	班级	联系号码	QQ号码	保险
1	谭开雁	女	汽修1531	18897593128	2239039183	已买阳光
2	蓝艳柳	女	汽修1531	15289549011	1131381744	已买阳光
3	韦刚	男	汽修1531	13277712561	1429181917	已买阳光
4	黄保松	男	汽修1531	18176598959	844410798	未买
5	潘顾文	男	汽修1531	17878123732	643893868	未买
6	梁其汉	男	汽修1531	18378180521	1679368158	已买阳光

表4-2(续)

现代学徒班名单及购买保险名单						
序号	姓名	性别	班级	联系号码	QQ 号码	保险
7	张才智	男	汽修 1531	13014809332	754680341	已买阳光
8	杨宁	男	汽修 1531	18377555250	7522080996	已买阳光
9	莫安贤	男	汽修 1531	15949355862	1425091556	已买阳光
10	黄仁裕	男	汽修 1531	18877240392	648215323	已买阳光
11	韦万宁	男	汽修 1531	18178859304	1327157453	已买阳光
12	何业神	男	汽修 1531	18269601164	1697413792	已买阳光
13	温贤梦	男	汽修 1531	15078118717	1044914173	已买阳光
14	黄俊祥	男	汽修 1531	15078202090	1178322115	已买阳光
15	孙家杰	男	汽修 1531	18277071454	1209533875	已买阳光

表 4-3　　企业导师（师傅）

序号	单位	学生	指导师傅	职务	职称
1	贵港市桂商汽车有限公司（旗下包括了北京现代、悦达起亚、上海大众、东风标致、东风雪铁龙、长城汽车、哈弗等多个品牌的4S店）	张才智	马献强	技术经理	技师
		梁其汉	苏立放	技术总监	技师
		蓝艳柳 谭开雁	谢秋香	前台主管	高级工
		黄俊祥	戚锦彪	技术班长	高级工
		韦刚 黄仁裕	梁意	人事部主管	高级工
		何业神	安都	技术班长	高级工
2	广西第六地质队贵港环宇汽车大修厂	莫安贤	蓝元顺	厂长	高级技师
		韦万宁	莫桂静	副厂长	高级技师
		温贤梦	覃彬全	副厂长	高级技师
3	贵港市港北区高燊汽车维修中心	孙家杰	杨进飞	技术主管	高级工
		潘顾文	李俊潼	技术总监	高级工
		黄保松 杨宁	梁江旺	技术班长	高级工

2017 年，招生招工同步进行。在贵港市工信委领导下、汽车协会指导下，

学院与广西华奥汽车制造有限公司合作，制订了广西工业职业技术学院与广西华奥汽车制造有限公司联合招生招工一体化试点工作实施方案，共建“贵港汽车产业现代学徒班”，确定了2017级现代学徒班招生专业，招生人数为40人，如表4-4所示。

表4-4　汽车工程系2017级华奥汽车制造有限公司面试入选名单

总序	学号	姓名	性别	政治面	民族	住址
1	17450681150242	陈波文	男	共青团员	汉族	湖南省双峰县洪山殿镇龟灵村竹山村民组
2	17451322150531	陆仕亮	男	共青团员	壮族	广西来宾市象州县水晶乡竹山村民委14-2号
3	17450801890874	李世卓	男	群众	汉族	广西桂平市麻垌镇义塘村岭岗屯95号
4	17451222150401	杨正业	男	共青团员	汉族	广西河池市·天峨县八腊乡麻洞村
5	17450881890690	梁旭毅	男	群众	汉族	广西桂平市木圭镇合江村大洪屯137号
6	15451001180799	娄杨	男	群众	汉族	广西田林县高龙乡高郭村高郭屯256号
7	17451321150330	樊亦博	男	共青团员	壮族	广西来宾市忻城县城关镇尚宁村尚宁屯
8	17450801890820	张天林	男	共青团员	瑶族	广西平南县大鹏镇景华村长垌三屯7号
9	17450801890787	全文峰	男	共青团员	汉族	广西桂平市麻垌镇沙江村河头屯51号
10	17450801155264	黄凤会	男	共青团员	壮族	广西贵港市港北区庆丰镇石卓村上卓屯60号
11	17450801890923	陈葆玉	男	共青团员	壮族	广西贵港市覃塘区山北乡中秋村下中屯222号
12	17450801890811	张淇	男	群众	壮族	广西贵港市覃塘区樟木乡显滕村山滕屯62号
13	17450102897232	张航	男	共青团员	壮族	广西桂林市全州县凤凰乡新民村委进口村04-47

表4-4(续)

总序	学号	姓名	性别	政治面	民族	住址
14	17450801156767	秦振安	男	群众	壮族	广西贵港市覃塘区樟木镇六旺村山六屯23号
15	17450821110807	王文华	男	共青团员	汉族	广西贵港市平南县六陈镇大冲村旧地屯11号
16	17450801170114	韦宗旺	男	共青团员	壮族	广西贵港市港北区庆丰镇石卓村下卓屯178号
17	17450821111797	张镇鑫	男	群众	汉族	广西贵港市平南县镇隆镇平安村大关塘四屯17号
18	17450821152358	刘宇镕	男	群众	汉族	广西平南思旺镇镇西刘屋队25号
19	17450801157369	黎江华	男	共青团员	汉族	广西贵港市港南区木梓镇武思村步头屯4队198号
20	17450801112683	梁海劲	男	共青团员	汉族	广西贵港市覃塘区大岭乡旧滥村
21	17450101157491	陆金汉	男	共青团员	汉族	广西贵港桂平市厚禄乡双寨村洋塘屯
22	17450801158478	宋晓胜	男	共青团员	汉族	广西贵港市港南区新塘乡三岭村尧荣屯
23	17450801156988	覃上密	男	共青团员	壮族	广西贵港市覃塘区东龙镇三六村大袍屯
24	17450801891021	张永锦	男	共青团员	汉族	广西平南县思旺镇双上村
25	17450224150240	钟权	男	共青团员	汉族	广西柳州融安县长安镇大巷村下村屯209号
26	17450481111516	赖海东	男	共青团员	汉族	广西梧州市岑溪市南渡镇六丰村
27	17450801890809	李健宏	男	群众	壮族	广西贵港市覃塘区樟木乡显滕村岜陵屯102号
28	17450801891011	陈育旺	男	共青团员	汉族	广西贵港市覃塘区五里镇垌心村

表4-4(续)

总序	学号	姓名	性别	政治面	民族	住址
29	17450801891030	赖蔓森	男	群众	汉族	广西贵港市港南区瓦塘乡香江村下赖一屯65号
30	17450801890968	郑焕山	男	共青团员	汉族	广西贵港市港南区八塘镇山泉村独楼屯36号
31	17450801890829	黄华权	男	共青团员	壮族	广西桂平市蒙圩镇新塘村黎村屯112号
32	17450801891029	黄硕华	男	共青团员	汉族	广西桂平市麻垌镇南乔村山巷屯70号
33	17450801890870	梁国顺	男	群众	汉族	广西桂平市大洋镇石步村白岭屯190
34	17450801890835	张珊铭	男	共青团员	汉族	广西桂平市西山镇厢东社区6组211号
35	17450801891028	黄文秋	男	共青团员	汉族	广西桂平市麻垌镇南乔村富花屯39号
36	17450801890872	覃俊贤	男	群众	汉族	广西桂平市大湾镇硬塘村瓦瑶岭屯12号
37	17450801890877	李荣新	男	群众	汉族	广西贵港市港南区瓦塘乡瓦塘村横杆岭屯160
38	17450102893568	王振宇	男	群众	汉族	广西壮族自治区博白县顿谷镇利罗村罗道队042号
39	17450881890653	韦鸿珲	男	共青团员	汉族	广西桂平市罗秀镇雅石村低领屯15号
40	171050110128	翁职淦	男	共青团员	汉族	广西浦北福旺镇大田村委中间村

为确保学校、学生、企业三方的权利和义务，学校与企业每年签订合作办班协议，明确校企双方的权利和义务，同时，学生与企业签订学徒实训协议，明确了学生与企业间的权利和义务，特别明确了学生享受企业给予相关待遇的条款，确保学生在企业中享有一定待遇，维护学生利益。通过学校、企业和学生共同参与，实现“招生”与“招工”的统一。

（3）校企共同参与人才培养方案的修订

在人才培养方案制订前期，从企业的需求出发，组织汽车行业企业专家进行指导性研究和讨论，校企按“专业与产业对接、课程内容与技术标准对接、教学过程与生产过程对接、学历证书与职业资格证书对接、职业教育与终身学习对接”的原则共同制定了学徒班人才培养方案、课程标准、教学标准、岗位技术标准、师傅标准、质量监控标准等。该班人才培养方案由校企双方根据真实的岗位技能需求共同制定，并按“操作先行，理论跟进”模式实行模块化教学改革。课程体系围绕学生岗位职业能力培养和职业素质养成进行构建，同时将汽车检修、维护与保养等工作流程与规范，以及先进的企业文化引入课程教学中，将教学过程与工作过程融为一体，突出“学中做、做中学”，体现现代师徒制人才培养模式的特色。

（4）校企共同参与人才培养过程

构建校企“双主体”育人平台，学校与企业都是办学的主体，双方签订办学协议，明确学校和企业在人才培养工作中的主体责任，共同参与人才培养的全过程，共同承担教学、管理、经费投入等责任，为现代学徒制人才培养模式改革提供制度保障。

按照学校学历教育和企业学徒的要求，落实学生和学徒的双重身份，形成利益相关方合作办学、合作育人、合作就业的长效机制，共同制定了企业导师（师傅）管理办法等教学管理制度文件，学校选派骨干教师担任文化及专业课导师，企业选拔业务骨干担任职业导师，共育汽车行业人才。

校企双主体共同培养这些试点班的学生。企业不仅免费提供设备设施，指派经验丰富的师傅为学徒班学生开展实地教学，还为学生发放600~800人/月不等的伙食费，现代学徒班学生已在签约企业中进行毕业顶岗实习，多数学生已达“中工”水平，合作企业已与大多数学生达成就业意向，实现了“入校即入厂、育人双主体、教学双导师”，人才培养质量明显提升。

（5）校企优化课程体系，开发教学资源

现代学徒制的核心内容是创新工学结合的人才培养模式，而人才培养模式改革的重要工作是构建适合现代学徒制的课程体系。本着“以需求为导向，以能力为本位，以实践为主体，以项目为载体”的设计思路，学校对传统课程进行重组和调整，校企双方以企业人才需求为目标，以岗位核心能力为重点，以技能训练为主线，搭建符合人才成长规律及企业员工能力素质要求的学校培养模块及企业培养模块的“校企交融、双线交融、操作先行，理论跟进”课程体系，学校教师和企业专家共同研讨、开发核心课程。在新车型上市和新技术推出时，根据行业技术发展要求及时修订补充教学内容，做到课程体系持续不断优化。

联合开发特色教学资源。教学团队把企业现场管理知识、安全操作知识、现场实用方法融为一体，将企业标准、能力素养、企业文化、企业精神融入课程建设之中，依据企业岗位典型工作任务和工作流程，开发课程标准及教学内容，设计教学情境及训练项目，创建案例资源库及课程资源网站，为人才培养创造良好条件。

（6）构建了企校师资“双配制”的“双导师”队伍

校企共建师资队伍是现代学徒制人才培养模式的重要组成部分。学校专门在专业教师队伍中选拔一批具备良好职业道德、综合素质高、教学能力和专业操作技能强的教师作为现代学徒制班级任课教师，同时聘请行业专家和合作企业的专业技术人员担任学院兼职教师或学生去企业时的指导师傅。教学任务由学校教师和企业技术人员或师傅共同承担，实施了师资队伍“互兼互聘、双向交流”机制，实行校企岗位“双配制”，建立了“双导师”管理体系，增长了专任教师的实践经历，提高了专业技术水平和服务能力，提高了兼职教师的教学能力，专兼结合的教学团队建设取得明显成效，使学生的职业能力不断提高。

（7）校企双方共同制定考核标准

建立和完善以能力为核心、企校共同参与的学生多元评价模式，围绕企业用人标准，针对不同课程建立相应的评价标准，形成评价方式与评价主体多元化的课程考核体系。由校方老师和企方能工巧匠共同担任指导老师培养学生的基本操作技能、专项操作技能、综合操作技能，把学生合理地放在“校中厂”或“厂中校”中，模拟真实的岗位环境。给每名能工巧匠安排数名学生当徒弟，建立“师徒”关系。对学生进行技能培养时，可以采取半天实践、半天理论（含必要的专业知识、企业文化、职业素养等）方式。比如在汽车维修实习的过程，确定维护、拆装、诊断等三个层面的实践技能考核内容，每个类别的实践技能均设置在某个具体的维修情境中展开，按照工艺流程，采用“自评、互评、师评”三位一体的方式，全面检验学习效果。

（8）建立了校企一体化的教学管理制度和运行机制

成立了汽车工程系现代学徒制试点项目建设小组。

组 长：孙宁青（汽车工程系主任）。

副组长：蒋玉秀（汽车工程系副主任）。

李善斌（汽车工程系党总支书记）。

成 员：韦孟洲（汽车技术检测与维修专业负责人）、李秋琴（汽车营销与服务专业负责人）、李盛福（汽车车身维修技术专业负责人）、蒙富华（新能源汽车运用与维修专业负责人）、陈娇英（汽车电子技术专业负责人）、农贵（汽车工程系分团委书记）。秘书：徐华（系综合科科长）。

出台了校企人员互兼互聘管理办法，现代学徒制教学管理制度，现代学徒制学分制管理办法和弹性学制管理办法，现代学徒制学徒管理办法等管理制度和运行机制。

三、实践探索成效

课题在实践研究中本着“资源共享、相互促进、共同提高”的原则，将“双对接、四合作”作为提高人才培养质量和服务地方经济发展的有效途径，大力开展校企、校政、校校合作，不断深化合作形式、内容、人才培养模式和规模，有力地推进了学院合作办学持续、深度开展，成效显著。

（一）合作办学，创新了中高职一体化的人才培养模式

中、高、企三方通过共同实施招生和选拔方式进行改革，开展“2+3”形式和五年一贯制招生。在中职招生时，高职学校和企业介入联合招生，明确订单培养，特别是确定中职生升入高职阶段后，实行现代学徒培养，不仅使校企实现了招生招工同步，有效解决了中职生升学、高职生就业等问题，而且有效构建了中职、高职、企业“三位一体”的“双主体”合作育人体系，成功开展了由中职、高职、企业三方共同参与的中高职衔接人才培养中的专业衔接、人才培养目标衔接、课程体系衔接、教学过程衔接等系列改革，实现了校、校、企“三位一体”的中高职一体化人才培养模式创新。如集团内的广西工业职业技术学院、桂平第一职业学校、广西华奥汽车制造有限公司共建“华奥汽车学院”，在汽车检测与维修技术专业成立“华奥汽车现代学徒班”，实行“2+3”形式的中高职一体化现代学徒制人才培养模式改革创新，并于2017年被教育部确认为现代学徒制改革试点。

中高职院校与企业共同构建“一体化”人才培养体系。以高职带中职、以中职促高职，进一步提升人才培养质量，提高了职业教育办学吸引力和服务地方经济社会发展的能力。

1. 中、高、企三方合作，开发了能级递进的基于中高职衔接现代学徒制的人才培养方案

我院与桂平一职校相关专业教师一起，邀请贵港市主要汽车企业全程参与，组建了桂平一职校汽车检测与维修专业建设指导委员会，共同制订了桂平一职校2016级、2017级汽车运用与维护专业人才培养方案。其专业理论课程、操作课程与我校三年制汽车检测与维修的高职人才培养方案实现衔接，分别在

对接双方按不同的阶段实施。人才培养方案系统完整、分工明确。根据中高职两个阶段的人才培养目标，结合行业企业的典型工作任务，统一规划并分别建立有利于中高职衔接的课程体系、教学计划及专业核心课程标准，明确中、高职阶段的课程结构与内容，在培养目标、工学比例、教学内容、教学方法、教学资源配置上建立递进、延展和衔接关系，减少课程设置重复、课程内容交叉、重叠，为中高职院校开展课程开发、编写教材及教学资源库建设等教学工作的开展奠定坚实的基础。

2. 校企合作，实施了汽车检测与维修专业的现代学徒制试点

（1）建立了“企业、学校、学生”三方共赢的合作育人的人才培养模式，逐步建立起招生录取和企业用工一体化的招生招工制度；形成了现代学徒培养的教学文件、管理制度、相关标准，基本形成企业和学校双主体协同育人、共同发展的一体化人才培养长效机制；推进了专兼结合、校企互聘互用的“双师型”师资队伍建设，提高了职业教育资源的使用效率，优化了育人效果，培养出了符合企业人才需求的技术技能型人才。

（2）汽车检测与维修专业的现代学徒制班实施，实现学生入校即入厂，毕业即就业，既解决了学生就业难的问题，又解决了学校培养的人才与企业需求脱节的问题，还解决了企业招工难、用工难的问题，实现了校、企、生三方共赢。

（3）汽车检测与维修专业的现代学徒制试点，在我院得到了推广

广西工业职业技术学院的汽车检测与维修专业是2017年教育部备案的第二批现代学徒制国家试点的专业，同时也是广西第一批现代学徒制试点的专业。

汽车检测与维修专业的现代学徒制人才培养模式的尝试，使学院意识到现代学徒制蕴含着巨大潜力。学院领导班子多次召开研讨会议，要求相关部门不断总结成效、积累经验，将这一创新举措扩大到全院范围，让更多学生获益。各系部学院积极响应学院部署，组织教学骨干学习现代学徒制内涵，深层次把握这一模式的培养目标、课程体系、学习方式等，并主动走出校门，寻求与企业合作，取得了更大范围的校企合作成效。具体如下：

①电子与电气工程系的电气自动化技术专业与世界500强企业、亚洲最大、世界前10名的金光制浆造纸集团APP（中国）共同实施“圆梦计划”——“金光卓越人才”电气自动化现代学徒班。金光纸业集团提供学徒班学生入学所有费用（包括学费、住宿费等），每学期公司为每一位学生提供一定的生活补贴，毕业后到金光集团APP（中国）各事业部所在地就业，实

现人才到岗即用，解决企业人才紧缺的问题。

“圆梦计划”采用现代学徒制模式培养，招生招工一体，由金光纸业集团和广西工业职业技术学院联合面试招收高考生。校企育人一体，学生入学后由广西工业职业技术学院综合管理，课程由广西广业职业技术学院和金光集团共同承担，金光集团 APP（中国）与广西工业职业技术学院针对集团生产工作岗位需要共同办学，公共管理课程和专业基础课程放在学院进行；专业课采取理论与生产实践相结合的培养模式，学校企业交替进行，校企共同实施“双元育人、校企交替、四岗递进、生徒转换”（0.5+0.5+1.0+1.0）的现代学徒制人才培养模式改革。采取“校企一体、教师师傅一体、学生学徒一体、教室岗位一体”的育人模式，通过双方双向深层嵌入、互动、互聘、互用等途径，双主体共育“现代学徒”，双导师传承“工匠精神”，让学生在“学习、实训、实习”过程中，实现“认岗、跟岗、融岗、顶岗”的价值提升’“学生、学徒、准员工、员工”的身份转变，实现学校学习与企业工作的有效对接，而使学生快速成长成才。

②食品生物工程系的食品加工技术（制糖技术）专业与广西东亚糖业集团有限公司合作，成立“东亚职业营”。广西东亚糖业集团向参加“东亚职业营”的每个学生提供 5 000 元“蜜朋助学金”。“东亚职业营”采取“订单培养”形式，以“淡入旺出、学训交替”人才培养模式与“三学期制”教学组织模式开展产教融合校企合作现代学徒制试点工作。

③通过广西工业和信息委员会投入资金和牵线搭桥，依托广西工业职业技术学院在专业建设、师资队伍、实践教学条件等方面的优势以及南南铝业有限公司丰富的土地资源、技术资源、就业资源和教育培训资源，在电子与电气工程系的工业机器人专业建立了“南南铝机器人现代学徒”班；在机械工程系的数控技术专业建立了“南南铝数控加工现代学徒”班。按广西南南铝业股份有限公司的 CNC 数控加工岗位和工业机器人操作、维护岗位要求，实施现代学徒制培养模式，以广西南南铝业股份有限公司的智能生产线真实项目为载体，设计基于典型工作任务的教学项目，引入课堂教学，实施企业师傅和学院教师的“双导师制”教学，校企共同管理，量身定做，培养企业需要的人才，实现毕业即就业，打通校企合作培养人才“最后一公里”。

④经济与管理系与广西安联体育用品有限公司合作共建“安踏商学院”，商务管理专业实施了“电子商务安踏”现代学徒班。

通过合作办学，在人才培养方案的制订、共同参与人才培养过程、优化课程体系、共建师资队伍、尝试弹性学制和学分制、共同制订考核标准等方面取得了一定的成效，大大提高了办学质量。

（二）合作育人，互惠互利，共同发展

1. 中高职合作育人

（1）生源共享：充分发挥中职、高职学校各自优势，创建中高职一体化招生模式，实行“2+3”捆绑式招生，前两年在中职学习，后三年在高职学习，提高了中职招生的吸引力。

（2）实训基地共用：通过密切中高职联系，充分发挥合力育人的作用。

（3）师资共享：加强“双师型”师资队伍建设及“双师素质”教师的培养，双方建立“专业教师对口帮扶”制度。通过开展“走出去、请进来”活动，互派专任教师进行交流学习，加快培养专业带头人，并不断提高青年教师的业务能力和水平。

我院汽车工程系蒙富华、覃有实、甘礼宜三位老师轮流前往桂平一职，承担2015级汽修专业汽车发动机课程和2016级汽车底盘两门作业课程的授课，给桂平一职校的师生带去了新的教学理念和氛围，受到了学生的热烈欢迎。2016年10月，桂平一职老师参与了我校承接的对柳州烟草局高级驾驶员的培训项目。

2017年3月至4月，我校汽修专业老师到桂平一职校对参加广西汽修技能比赛的学生进行赛前强化指导工作，使该校分别取得了一等奖和三等奖的历史最好成绩。2017年7月份，举行了贵港市汽修专业教师技能比赛，贵港市共5所学校参与。桂平一职校汽修专业负责人黄达远和我院专业负责人李盛福老师共同指导我院学生参加2017年贵港市中职学校的学生技能竞赛。

2. 校企合作育人

（1）校企共同进行专业建设，共同设计人才培养方案，共同打造现代学徒制订单班，共同建设人才培养基地，从而达成互惠互利的合作办学模式。

在现代学徒制人才培养实施的过程中，该教学班按照分段培养模式联合培养汽修人才，即一年级，学生在学院学习基础知识，在实训基地进行基本技能训练。二年级学生到企业上课，企业选派业务骨干与学院派驻教师，按“一对一”带教方式开展职业标准化现场教学。三年级学生在企业进行顶岗实习，企业带教人员根据学生的实习情况，进行针对性辅导。让学生在学习理论知识的同时，真正进入汽修现场教学，不仅实现专业学习的零距离对接，还实现学校老师和企业导师双主体育人模式。在企业顶岗实习期间，通过企业导师下班级、下寝室、微信互动等多种形式，把生活与课堂有机地结合，使学生更加直观地学习理论课程。同时通过与导师的互动交流，学生可以真实地了解汽修行业的特点，提前建立未来职业的方向。

合作企业派一线技术人员或管理人员来校担任兼职教师，讲授企业文化或组织带领学生参观合作企业，感受企业文化。

在企业轮动实习中，学生与企业师傅一对一结对，企业师傅全程指导并负责实习过程管理和成绩考核，实现校企共同育人，实现了“入校即入厂、育人双主体、教学双导师”。完成汽车维修业务中的业务接待、汽车保养、汽车大修等岗位轮动实习。多数学生已达“中级工”水平，合作企业已与大多数学生达成就业意向。

（2）通过开展合作育人的现代学徒制培养模式，大大提高了学生的实践操作能力，在参加的各类技能大赛中均取得了优异成绩，从而提高了专业服务地方经济和社会发展的能力，取得了良好的社会效益。

①技能比赛

在 2015 年、2016 年、2017 年广西高职院校技能大赛、“中锐杯”全国职业院校汽车汽车检测与维修赛项比赛、全国“北汽新能源杯”纯电动汽车服务技能比赛等赛项中均取得了好成绩。

2015 年，获广西高职生汽修技能选拔赛第三名。

2016 年，获广西高职生汽修技能选拔赛第三名。

2016 年，获“全国机械行业职业院校技能大赛——第五届‘中锐杯’全国职业院校汽车（制造服务类）专业技能大赛”二等奖。

2016 年，获“全国机械行业职业院校技能大赛——‘北汽新能源杯’纯电动汽车服务技能大赛”三等奖。

2017 年，获广西高职院校职业技能大赛汽车检测与维修赛团体二等奖。

2017 年，获全国机械行业职业院校技能大赛“一汽大众杯”电气系统检修赛项团体三等奖。

2017 年，获全国机械行业职业院校技能大赛“一汽大众杯”发动机系统检修赛项团体三等奖。

2017 年，获全国职业院校新能源汽车技术与维修技能竞赛团体三等奖。

2017 年，获“北汽新能源杯”全国职业院校新能源汽车服务技能大赛团体二等奖。

2017 年，获广西工业职业教育集团所属院校学生汽车技能大赛发动机系统检修团体一等奖。

2017 年，获广西工业职业教育集团所属院校学生汽车技能大赛汽车营销项目团体二等奖。

2018 年，获广西高职院校职业技能大赛汽车检测与维修赛项团体二等奖。

2018 年，获广西高职院校职业技能大赛新能源汽车维修赛项团体二等奖。

2018 年，获广西高职院校职业技能大赛汽车营销赛项团体三等奖。

②专业服务社会能力得到加强

2014 年，承办“贵港市汽车维修技能竞赛”，共有来自贵港市 25 家汽车企业的 100 名选手参赛。

2016 年，承办“贵港市职业院校汽车专业教师技能大赛”，共 6 所中高职院校参加。

2016 年，承办“广西工业职业教育集团汽车类学生技能大赛”，共 11 个中高职院校参加。

2016 年，承办“广西第三届农民工技能大赛贵港市选拔赛”。

2015 年，指导贵港市选手参加自治区汽修从业人员技能比赛，获第二名。

2016 年，指导贵港市选手参加自治区汽修农民工技能比赛，获第二名。

近三年，组织各类资格证书考试累计 3 000 人次，组织贵港市各类技能大赛 2 次，为广西贵港钢铁集团有限公司、柳州烟厂培训中、高级技能人才 100 余人次；培训社会汽车维修工技师 25 人次、高级技师 3 人次。

对接贵港中职院校 2 所。专业群社会影响力和产业服务水平显著。

（三）合作就业，中高对接、现代学徒制助力学生解决后顾之忧

实施现代学徒制的最终目的，一是服务企业，为企业解决急需人才；二是服务学生，解决学生就业问题。

（1）桂平第一职校学生到我院汽车工程系汽车检测与维修专业就读高职，提供了中职校学生向高一层次学校升学的通道，同时也解决了桂平第一职校学生的升学、就业问题。

（2）“招生即招工、入学即就业”，这就是现代学徒制特征。学院与广西华奥汽车制造有限公司等企业联合共建的现代学徒班，采用校企双方合作提供培训课程，学校学习与汽车维修岗位培训相结合，更注重“工作体验”“做中学”，使学生上岗前得到良好锻炼，提前掌握职业技能，提高职业素养，实现“零距离上岗”，校企双方按照学生→学徒→准员工→员工的路径培养人才，企业在学生实习期间可以对其进行较长时间的观察，对优秀学生进行挑选，真正达到优化用工的目的。对学生而言，学徒毕业后能被原企业录用，就业前景比较明朗。既帮助企业培养急需人才，又助力职校学生解决就业问题，在合作上实现了三方共赢。

（四）合作发展，中、高、企三方共赢，形成职教发展良好生态圈

在广西工业职教集团“1818”管理运行模式下，通过中职、高职、企业

三方协同推进中高职一体化人才培养，这种“抱团”发展的模式不仅实现了人才共有、资源共享、优势互补，而且实现了“1+1+1>3”的共振发展效果。在三方一体化合作中，中职学校解决了招生难、就业难、师资力量不足、教育资源有限、人才培养质量不高等长期困扰发学校展的问题；同时能够在专业建设、课程建设、师资建设、实训基地建设、国际交流与合作等方面实现新的发展。高职院校则在深化校企、产教融合，深入推进人才培养模式改革和中高职衔接一体化人才培养等方面实现提升，不断打造办学特色品牌，提升社会影响力和国际影响力。企业不仅提升了参与职业教育的积极性，而且得到人才支持和智力支撑，有效保障了“人才源”“技术源”“发展源”，有效推进了转型发展，打造企业品牌优势，提升了竞争实力。形成了“高职带动中职发展，中高职服务企业发展，企业助力中高职提升，学生卓越成才”的职教发展良好生态圈。

我院汽车工程系与桂平第一中等职业技术学校开展“2+3”形式的中高职衔接合作办学，通过开展中高职衔接人才培养模式，院校一起整合了优势资源，共建对接专业的升学机制，无论在师资队伍建设，还是在专业技能训练、技能比赛、考证等方面，桂平一职都能利用汽车工程系的优势资源，发展自己。同时，我院也可以从中高职衔接人才培养模式中得到一定的生源，是一项校、校合作共赢的活动。

1. 推进中高职院校紧密合作，共同提高办学质量

广西工业职业技术学院与桂平第一职业技术学校建立了教师互派制度，开展教师研修交流，相互指导并学习、研讨，开展管理人员的双向挂职，促进双方管理水平的提高。

（1）互聘互助，承办社会比赛。2016 年 5 月，广西工业职业技术学院的李盛福老师担任桂平第一职业技术学校承办的 2016 年桂平市汽修农民工技能选拔赛裁判，指导桂平一职汽车运用于维修专业技能比赛。桂平第一职业技术学校的黄达远老师担任广西工业职业技术学院承办的 2016 年贵港市汽修农民工技能选拔赛裁判。

（2）互聘互派，提高教学技能。我院汽车工程系协助桂平一职校提升其校内教师的教学水平、操作技能水平，同时指导其学生进行技能训练、学生技能比赛、学生技能鉴定等工作，广西工业职业技术学院蒙富华等 4 名教师到桂平第一职业技术学校授课，桂平第一职业技术学校黄达远等 3 名教师到广西工业职业技术学院任教。通过互相交流授课方式方法、技能技巧，实现中高职教育教学衔接。

（3）技能培训，提高学生考证率。根据系部中高职衔接活动方案安排，2017 年 12 月，学院汽车工程系派专业教师石玲、李盛福、覃有实、蒙富华、叶龙、张忠其、黄文剑几位老师到桂平一职校指导其校内进行的专业技能考证培训工作，通过专业技能训练，所有报名参加技能鉴定的学生都能掌握鉴定工种所要求的专业技能，完成了 474 人次的学生专业技能鉴定工作。

（4）参加桂平一职学生家长会。系部派覃有实、叶龙、张忠其、何菊华几位老师到桂平一职向学生家长宣传我院的中高职衔接教育政策，推荐学生进入我院完成中高职衔接教育，目前已有两届学生通过中高职衔接直接升学进入我院就读相关专业。

（5）参加技能比赛，进一步提高师生职业技能

①在“2016 年贵港市职业院校汽车专业教师技能大赛”中，工业职业教育集团成员单位汽车类专业教师积极参与，经过激烈角逐，广西工业职业技术学院荣获一等奖 1 项、二等奖 1 项、三等奖 2 项；贵港职教中心荣获二等奖 1 项；桂平第一职业技术学校荣获三等奖 1 项；平南县中等职业技术学校荣获三等奖 1 项。

②在“2016 年贵港市中等职业学校学生技能比赛汽车维护和车轮定位项目”中，贵港职业教育中心荣获团体一等奖 1 项、二等奖 1 项；广西工业职业技术学院附属中等职业学校荣获团体二等奖 1 项、三等奖 1 项；桂平市第一职业技术学校荣获团体三等奖 2 项。

2. 学院与企业实施现代学徒制试点，实现企业、学生、学院三方共赢

广西工业职业技术学院与广西华奥汽车制造有限公司、广西久久星新能源车辆科技有限公司、广西贵港腾骏汽车工业有限公司等企业开展现代学徒制试点，一方面为企业培养了急需人才，另一方面解决了学生的就业问题，同时也是学院打造特色、创建品牌的需要，实现了企业、学生、学校三方共赢。

（1）提高了学生学习的自觉性和积极性

学校对现代学徒制班级学生“出师”有严格的规定，学生毕业时要同时取得毕业证书、职业资格证书和企业技术等级的认证证书。多元评价环境下，学生的学习目标非常明确，岗位实践也使自己充分认识到工作岗位对自身知识和技能的要求和目前存在的差距，提高了学生学习的自觉性与积极性。

（2）促进了“双师型”师资队伍建设

现代学徒制人才培养模式要求学校教学以岗位能力为导向，实施一体化教学，要求教师具备较强的专业实践能力和职业岗位工作的指导能力。学校每年组织专业教师下企业，深入生产一线，了解行业发展现状，掌握专业技能，获

取企业最新维修技术与资料，定期参加企业培训，将企业先进理念和高端技能引进学校，促进了学校“双师型”师资队伍的建设。

（3）提高了人才培养质量

工学交替是现代学徒制人才培养模式的核心内容。把学校教学实践环节与企业岗位实践有效结合，把学校课程体系与企业岗位标准有效结合，把校内实践与企业实习交替进行相结合，实现了学习与工作的交替、学校与企业环境的交替、学生与学徒角色的交替，使学生的理论学习、技能训练和岗位锻炼全线融通，学生真正做到了“学中有工、工中有学”，学生毕业即可上岗，大大提高人才培养质量。

（4）实现学校、学生和企业“三赢”

通过开展现代学徒制培养模式，学校汽车维修专业能力得到显著增强。学生接受企业的全程培养，对于企业一线的真实环境更加熟悉，上岗工作时上手快，成为企业眼中的“香饽饽”，就业率和薪水较高。企业不需要额外培训就能达到用工要求，与直接招聘社会人员相比，能给企业带来更多经济回报。此举实现了学校、学生和企业“三赢”的局面。

四、实践探索体会

（一）实施中高对接研究探索的体会

1. 中高职教育办学主体一体化问题

目前，我国职业教育管理体制多头化，各类职业学校归口不同，中、高职管理部门也不同，不利于中高职的顺利衔接。这种多头管理的现状，导致中高职专业设置与课程开发呈现“百家争鸣，百花齐放”的混乱局面，如中职有些课程是上级教育主管部门规定的，增减课程比较困难，使得和中、高职的课程无法实现顺利对接，也影响了中高职的衔接。目前，多数高职的专业课程设计并没有将中职学生的学习情况考虑在内，使得一些中职毕业生进入高职后，只能将部分在中职学过的技能重新学习一遍，造成了培养资源的浪费。

2. 加强中、高职专业一体化教材建设

教材建设，是职业院校建设的一项重要内容，是实现职业教育人才培养目标的基本保障。现行的中、高职专业的教材区分度不明显；内容雷同较多，且陈旧、过时；同时缺少以职业标准为规范的教材。职业教育教材的编写应根据中职与高职的不同培养目标，做好教材的适当区分和有效沟通、衔接。

3. 扩大学校办学的自主权

区别于基础教育集权式管理，给予学校更多权力，让专业和课程个性化、多样化，进一步从“大职教观”，满足学生长远发展需要和社会多样化需求，办人民满意的职业教育、可持续发展的职业教育，增强职业教育吸引力等理念出发，继续解放思想，加大开放改革创新的力度。

（二）推行现代学徒制人才培养模式体会

广西工业职业技术学院汽车维修专业通过推行现代学徒制人才培养模式，学生的学习积极性明显提高，学生专业能力明显提升，就业竞争力显著增强，为今后深化开展现代学徒制人才培养模式提供了有益探索，并取得以下几点启示。

1. 选择合适的合作企业是现代学徒制成功实施的基础

“剃头挑子一头热”是当前校企合作的普遍问题。在现有配套政策不完善的情况下，广西工业职业技术学院与广西华奥汽车制造有限公司、广西久久星新能源车辆科技有限公司、广西贵港腾骏汽车工业有限公司等企业公司合作是该校现代学徒制实施成功的关键。上述企业具有社会责任感，没有将学生作为解决廉价劳动力的一个途径，同时企业在贵港具有品牌优势，这样就有助于增强学生的行业认同感和对今后工作的信心，同时也能为学生的实践教学提供良好的条件，是现代学徒制取得成功的基础。

2. 企业全过程参与是现代学徒制成功实施的关键

“现代学徒制”基本特征是：学校企业双元育人、交替训教、岗位培养，学生学徒双重身份，工学交替、岗位成才。

“现代学徒制”核心要素是：校企育人“双重主体”、学生学徒“双重身份”。

要明确企业主体育人责任，强调企业参与学生培养全过程。

现代学徒制的实施过程是校企深度融合、共同育人的全过程。从招生、招工到人才培养方案的敲定、教学内容的设计、课程体系的建设、师资的选配、教学的开展及对学生的评价等诸多方面，企业全过程参与，确保现代学徒制培养的人才符合企业需求并得到企业的认可，是现代学徒制取得成功的关键。

3. 科学合理的运行管理机制是现代学徒制成功实施的保障

由于学校、学生和企业对合作培养人才的需求及认识上的差异，必然会在合作过程中产生各种问题。如果不解决好三方间的矛盾，最终就会产生合作的障碍，导致合作失败。学校在组建现代学徒制班之初就成立了现代学徒制工作小组，建立了学校、企业共同参与的现代学徒制运行管理机制，明确校企双主体的权利与义务，为推进现代学徒制人才培养模式提供制度保障。

4. 人才培养模式还需调整

现代学徒制的核心内容是人才培养模式。在现代学徒制人才培养模式试点工作开展中，企业在人才培养方案和课程标准方面缺位或参与不够，教学计划和课程设置只是做内容上的删减、时间上的调整，学校所学与企业所需的结合度不高，学生学习刚开始是好奇，经过一段时间的学习后，积极性会不高。加上学生顶岗实习往往从事技术含量低，甚至简单重复的操作项目，企业配备的师傅与学生不能进行有效的交流，更谈不上对学生进行系统的指导。这些直接影响学生的学习积极性和人才培养的质量。

5. 教学管理仍需加强

教学管理是依据人才培养目标要求，对教学活动进行有计划的组织、安排、监督的过程。目前，高职教育教学管理受种种因素影响，学生在校期间，多是采用单一的行政管理，学校严防死守，学生的创新意识培养和创新思维养成受到限制；当学生进入企业实习阶段，学生实习点多，不像在校内一样集中、易管理，加上师资有限，学校和企业有时沟通不到位，造成学生对工作有怨言，甚至对汽修工作产生消极态度；有时疏于教学和学生管理，让学生身份认同缺失，以为自己是学生而不是学徒，由此引发抱怨甚至非议。而现代学徒制需要施行学训交替的模式，实施过程中，学生具有双重身份，学校负责基础知识、基本技能的教学，学生学习的主阵地在企业，这就需要有柔性的管理制度。

6. 协调管理机构及第三方评价机制还处于空白阶段

目前，很多“现代学徒制”的试点项目的实施，基本仅以职业学校的努力为主，政府虽然出台了一些政策指导，但在实际运作上，政府、企业、行业参与工学结合的机制一直没有明晰确定，这必然给“现代学徒制”的实施带来巨大的难度。对现代学徒制的评价目前基本还处于学校、企业阶段，行业、第三方评价机制目前无法有效开展。

四、应用与推广

（一）提高了一流专业建设水平

通过中高职衔接与现代学徒制试点实践探索，汽车检测与维修技术专业建设水平得到显著提升，并带动了专业群建设。汽车检测与维修技术专业于2016年成为广西教育厅的示范特色专业及实训基地项目，建设经费为1 000万元，该专业列为2017年教育部备案的第二批现代学徒制国家试点的学校，汽车检测与维修技术专业也是学院重点建设的一流专业，同时增设了新能源汽车运用与维修、汽车智能技术等专业，在校生规模稳定增加。

（二）提高了专业人才培养质量

近几年，学生参加全国汽车职业院校大赛，获得高职组二等奖两项、三等奖五项。学生参加广西汽车职业院校大赛获得二等奖四项、三等奖五项。

专业学生近三年一次性就业率分别为97.2%、98.5%、99.1%，对口就业率分别为78.3%、80.5%、84.6%，学生就业稳定率一直保持在95%以上。

（三）汽车检测与维修技术现代学徒制模式推广到其他专业

我院的汽车检测与维修技术专业是2017年教育部备案的第二批现代学徒制国家试点专业，在该试点专业的示范下，我院于2017年，与广西东亚糖业集团有限公司合作，成立“东亚职业营”现代学徒班。广西东亚糖业集团向参加“东亚职业营”的每个学生提供5 000元“蜜朋助学金”，“东亚职业营”采取“订单培养”形式，以“淡入旺出、学训交替”人才培养模式与“三学期制”教学组织模式开展产教融合的校企合作现代学徒制试点工作。

2018年，学院电子与电气工程系的电气自动化技术专业与世界500强企业、亚洲最大、世界前10名的金光制浆造纸集团APP（中国）共同实施“圆梦计划”——“金光卓越人才”电气自动化现代学徒班。金光纸业集团提供学徒班学生三年入学所有费用（包括学费、住宿费等），每学期，公司为每一位学生提供一定的生活补贴，毕业后到金光集团APP（中国）各事业部所在地就业，实现人才到岗即用，解决企业人才紧缺的问题。

2018年，通过广西工业和信息委员会投入资金和“牵线搭桥”，依托广西工业职业技术学院在专业建设、师资队伍、实践教学条件等方面的优势以及南铝业有限公司丰富的土地资源、技术资源、就业资源和教育培训资源，学院的工业机器人技术和数控技术专业与广西南南铝有限公司组建智能制造现代学徒班，按广西南南铝业股份有限公司的CNC数控加工岗位和工业机器人操作、维护岗位要求，实施现代学徒制培养模式，校企共建智能制造车间，打造共享型生产性实训基地，校企协同共育人才，培养智能制造工匠。

（四）汽车检测与维修技术专业中高对接模式得到贵港市领导肯定

汽车检测与维修技术专业与广西桂平一职校开展中高对接的活动是我院开展得比较早和最全面的专业，学院的汽车工程系与桂平一职校对汽车检测与维修技术专业人才培养方案对接、师资对接帮扶、学生融合、技能比赛指导帮扶等方面合作取得的成绩，在当地影响较大，受到了当地政府和领导的充分肯定。在此影响下，2016年9月9日，广西工业职业教育集团牵头成立了贵港职业教育集团，组织两个集团内的成员单位，即广西工业职业技术学院、广西轻工高级技工学校、广西石化高级技工学校、桂平第一中等职业技术学校等17所中职学校签订了中高职合作办学协议。

五、附件：基于中高职衔接的汽车检测与维修技术专业现代学徒制人才培养方案

随着我国国民经济的持续快速发展，汽车工业成为我国国民经济的支柱产业，新能源汽车制造业和交通运输业发展突飞猛进。新能源汽车是未来发展的方向，必然需要大量从事在生产第一线的“有道德、会操作、精维护、懂管理”，具有专门理论知识、较强实践技能的新能源汽车制造及装配专业人才。

本专业立足广西贵港市，面向全广西，培养品德高尚、技能精湛、身心健康的高技能型人才，建立为新能源汽车制造产业服务的人才培养基地。努力在专业教学环节实现“五个对接”即：专业与产业对接 、职业与岗位对接 、专业课程内容与职业标准对接、教学过程与生产过程的对接 、学历岗位证书与职业资格证书的对接 。

培养人才定位为服务新能源汽车前市场，主要岗位有车身焊接工、汽车装配工、汽车改装工、汽车调试工、车间调度员等。

人才培养模式的设置是以人才培养目标与行业发展要求为导向，校企深度合作，采用双主体协同育人的现代学徒制人才培养模式，保证人才培养质量。

新能源汽车制造与装配专业组织的本专业教师、企业一线技术人员共同组成专业建设指导委员会，该委员会根据人才市场需求，结合我院实际及示范院校建设要求，制订了如下人才培养方案。

（一）基本信息

1. 专业名称

（1）专业名称：汽车检测与维修技术。

（2）现代学徒制班名称：华奥现代学徒制班。

2. 招生对象及学制

（1）招生对象：中高职衔的学生。

（2）学习年限：基本学制 3 年，弹性学习年限 2 至 5 年，本专业人才培养方案按基本学制 3 年设计、制订。

3. 制定人员

广西工业职业技术学院现代学徒制项目工作组、企业培训师。

（二）人才培养标准

1. 培养目标与人才培养规格

（1）人才培养总目标

针对新能源汽车生产企业的机加工、装配、调试、维修、质量检验等技术

岗位需求，以新能源汽车制造、修理、管理实际工作过程为导向，培养具备新能源汽车构造、故障诊断、检测与修理等技术理论知识，掌握新能源汽车机械加工、装配、故障检测维修技能，熟悉相关企业生产过程和组织状况及新能源汽车整车及配件管理理论与技巧，具有良好职业道德、工作态度和行为规范，具有现代市场营销理念和管理能力、较强实践能力及创新能力、专业可持续发展能力的服务于生产第一线的高素质、高技能复合型技术人才。

（2）人才培养规格

①岗位描述

学生毕业后胜任以下岗位：

初次就业岗位：新能源汽车机械加工、装配、调试、整车与零部件检验员、售员。

发展岗位：生产技术主管、质检员、销售主管。

拓展岗位：技术总监、车间主任、销售经理。

依据企业行业调研报告，通过岗位及对应职业能力知识的分析，确定本专业人才培养规格，见表4-5。

表4-5　　　　华奥现代学徒制班专业岗位与能力关系表

编号	岗位名称	岗位描述	素质与能力要求
1	车身焊接工	采用手工电弧焊或二氧化碳气体保护焊对汽车车身进行焊接	焊接操作基本能力、金属材料焊接特性、焊接工艺、识图与制图能力、汽车构造认识能力、汽车制造与装配能力。
2	汽车装配工	将汽车各总成按照技术要求进行装配，产品、设备及生产线的检测与维修	制图（CAD）能力、计算机应用能力、汽车构造认识能力、汽车制造与装配能力。
3	汽车改装工	采用一定的方法将汽车某一部分进行改装	汽车构造认识能力、汽车装配能力、汽车电器设备改装能力。
4	汽车调试工	对汽车制动系统调整与检测、汽车操纵稳定性的调试检测、汽车车速调试检测。	汽车电器设备改装能力、汽车制造与装配调试能力、汽车构造认识能力、相关技术规范与标准掌握能力。
5	车间调度员	进行企业生产一线的质量监测、调配	汽车构造认识能力、汽车制造生产工艺流程。

②知识结构：掌握机械制图、机械基础及电工电子技术等基础理论，能熟练地运用与本专业相关理论知识；熟练掌握计算机基本理论和应用技能，能运

用 Office 办公软件和网络信息技术进行汽车行业管理及日常业务工作；掌握汽车发动机、底盘的基本结构、工作原理及诊断检测、维修知识；掌握汽车制造行业的基本知识和方法；掌握电焊、二氧化碳气体保护焊焊接方法；掌握现代文化的特征，吸收中华传统文化的精髓，懂得社交礼仪，具备创建企业文化的能力。熟悉汽车维修企业，具有汽车维修企业的基本运行与管理知识。

③能力结构

A. 通用能力：

具备应用计算机的能力；具有检索、分析与应用国内外汽车维修资料的能力；能够正确地进行汽车发动机、底盘的拆装，具备检修能力；具有汽车驾驶及汽车维护的能力；具有汽车服务企业经营管理的能力和生产组织能力。

B. 专业能力：

能掌握机械制图、机械基础及电工电子技术等基础理论，能熟练地运用与本专业相关的理论知识；具有电焊、二氧化碳气体保护和焊接的能力；掌握汽车发动机、底盘的基本结构、工作原理，具备诊断、检修的能力；具备汽车制造行业的基本知识和方法；具有对汽车维修企业的管理能力。

④素质结构

在培养学生品德、知识、能力、审美、生理、心理六个方面素质的同时，引导学生学会学习、学会做事、学会共处、学会发展，加强职业能力培养，注重人才的全面发展，即人的体力、智力、道德精神和审美情趣的发展和运用。

（三）毕业学分、面向岗位及职业资格证书

1. 毕业学分

实行弹性学分制，最低总学分为 150 学分，其中必修 142 学分，选修不少于 8 学分（公共选修课不低于 3 学分，专业选修课不低于 2 学分）。若选修课学分超过 8 分，则超过部分按标准收费。

2. 毕业生面向的岗位

主要面向汽车制造或汽车改装相关企业，从事车身焊接、汽车装配、汽车改装、汽车调试、车间调度、管理等工作。

3. 职业资格

（1）汽车维修工（高级）职业资格证书。

（2）电焊工（高级）职业资格证书。

（四）主干课程

1. 汽车发动机故障诊断与排除模块

（1）建议学时：80 学时。

（2）课程目标：

①知识目标：掌握汽车发动机的构造、工作原理，及其操作方法和技巧，能维修设备、工具。掌握发动机机械结构部分的维修方法。

②能力目标：能正确对发动机机械部分的故障进行诊断与排除。

③素质目标：

第一，培养学生的学习自信心和对专业的热爱，不断提高学生的自主学习能力及分析、处理、解决问题的能力。

第二，提高学生专业岗位的综合素养及与人协作的能力；强化训练学生独立自主分析、处理、解决问题的能力。

第三，提高学生岗位的综合素养及综合应用知识的能力。

（3）课程内容：发动机的总体构造、曲柄连杆机构、配气机构、燃料供给系统、制冷系统、润滑系统的结构构造原理及维修等内容。

（4）教学评价：课程考核评价实行项目过程评价和综合技能评价相结合的方式。在实施过程中，课程教学按情景教学进行，完成一个情景就实施一个任务的考试评价，课程总成绩是平时作业、课程项目报告、过程技能考试和期末技能考试之和。课程总成绩包括：平时作业（20%）+课程项目报告（20%）+过程技能考试（30%）+期末技能考试（30%）。期末技能考试采用分组现场提问、实际操作的方法进行。

（5）教学建议：本课程教学应结合实际进行讲授，并安排一定的实操能力培训（如参观学习、车间实习、企业实践等），以提高学生的理论与实际操作能力，为后续课程的应用打好坚实的基础。

2. 汽车底盘构造与维修

（1）建议学时：80 学时。

（2）课程目标：

①知识目标：掌握汽车底盘构造、工作原理及其操作方法和技巧，维修使用的设备、工具。掌握底盘机械结构部分的维修方法。

②能力目标：能正确对底盘机械部分的故障进行诊断与排除。

③素质目标：培养学生的学习自信心和对专业的热爱；不断提高学生的自主学习能力及分析、处理、解决问题的能力；提升学生专业岗位的综合素养及与人协作能力；强化训练学生独立自主分析、处理、解决问题的能力；提高学生的岗位综合素养及综合应用知识的能力。

（3）课程内容：底盘的传动系、行驶系、转向系、制动系的构造原理及维修等内容。

（4）教学评价：课程考核评价实行项目过程评价和综合技能评价相结合的方式。在实施过程中，课程教学按情景教学进行，完成一个情景就实施一个任务的考试评价，课程总成绩是平时作业、课程项目报告、过程技能考试和期末技能考试之和。课程总成绩包括：平时作业（20%）+课程项目报告（20%）+过程技能考试（30%）+期末技能考试（30%）。期末技能考试采用分组现场提问、实际操作的方法进行。

（5）教学建议：本课程教学应结合实际进行讲授，并安排一定的实操能力培训（如参观学习、车间实习、企业实践等），以提高学生的理论与实际操作能力，为后续课程的应用打好坚实的基础。

3. 动力电池及电源管理

（1）建议学时：80 学时。

（2）课程目标：

①知识目标：掌握动力电池组、电池管理器的拆装与检测的方法及其使用的设备、工具的操作方法和技巧。

②能力目标：能够独立完成动力电池组、电池管理器的拆装与检测作业。

③素质目标：培养学生的学习自信心和对专业的热爱；不断提高学生的自主学习能力及分析处理、解决问题的能力；培养学生专业岗位综合素养及与人协作能力；强化训练学生独立自主的分析处理、解决问题的能力；提高学生的岗位综合素养及综合应用知识的能力。

（3）课程内容：电池管理系统能够测量电池状态，延长电池的使用寿命，是电动汽车的“三电”（电池、电机、电控）核心技术之一。学习该课程的目的是掌握电动汽车电池、电源的控制原理，并掌握排除电池常见故障的知识，具体内容包括动力电池的类型、基本工作原理、维护与保养。还要掌握电源管理的 SOC 估计功能、热管理功能、均衡控制功能等三大功能，以及电源管理系统的故障诊断与排除方法。

（4）教学评价：课程考核评价实行项目过程评价和综合技能评价相结合的方式。在实施过程中，课程教学按情景教学进行，完成一个情景就实施一个任务的考试评价，课程总成绩是平时作业、课程项目报告、过程技能考试和期末技能考试之和。课程总成绩包括：平时作业（20%）+课程项目报告（20%）+过程技能考试（30%）+期末技能考试（30%）。期末技能考试采用分组现场提问、实际操作的方法进行。

（5）教学建议：本课程教学应结合实际进行讲授，并安排一定的实操能力培训课程（如参观学习、车间实习、企业实践等），以提高学生的理论与实际操作能力，为后续课程的应用打好坚实的基础。

4. 新能源汽车电机驱动

（1）建议学时：80 学时。

（2）课程目标：

①知识目标：掌握驱动电机及其控制器的拆装与检测的方法，及其使用的设备、工具的操作方法和技巧。

②能力目标：能够独立完成驱动电机及其控制器的拆装与检测作业。

③素质目标：培养学生的学习自信心和对专业的热爱；不断提高学生的自主学习能力及分析、处理、解决问题的能力；培养学生的专业岗位综合素养及与人协作的能力；强化训练学生独立自主的分析、处理、解决问题的能力；提高学生的岗位综合素养及综合应用知识的能力。

（3）课程内容：驱动电机及其控制系统是新能源汽车的核心部件“三电”（电池、电机、电控）之一，其驱动特性决定了汽车行驶的主要性能指标，它是电动汽车的重要部件。学习目的掌握是电动汽车的整个驱动系统，包括电动机驱动系统与机械传动机构两个部分。电机驱动系统的主要学习内容有电动机、功率转换器、控制器、各种检测传感器以及电源等部分，应掌握电机驱动系统的故障诊断与排除方法。

（4）教学评价：课程考核评价实行项目过程评价和综合技能评价相结合的方式。在实施过程中，课程教学按情景教学进行，完成一个情景就对一个任务进行考核评价，课程总成绩是平时作业、课程项目报告、过程技能考试和期末技能考试之和。课程总成绩包括：平时作业（20%）+课程项目报告（20%）+过程技能考试（30%）+期末技能考试（30%）。期末技能考试采用分组现场提问、实际操作的方法进行。

（5）教学建议：本课程教学应结合实际进行讲授，并安排一定的实操能力培训课程（如参观学习、车间实习、企业实践等），以提高学生的理论与实际操作能力，为后续课程的应用打好坚实的基础。

5. 汽车电气设备构造与维修

（1）建议学时：80 学时。

（2）课程目标：主要培养学生对汽车电气设备的结构、原理的理解；会检查、排除电源系统、仪表设备、车身电器、照明和信号等设备的电路故障。本课程主要学习汽车电气系统、微电子技术及汽车用传感器等的相关知识。

（3）课程内容：发动机的总体构造，曲柄连杆机构，配气机构，燃料供给系统、制冷系统、润滑系统的结构，传动系、转向系、制动系、行驶系的结构等内容。

（4）教学评价：课程考核评价实行项目过程评价和综合技能评价相结合的方式。在实施过程中，课程教学按情景教学进行，完成一个情景就实施一个任务的考试评价，课程总成绩是平时作业、课程项目报告、过程技能考试和期末技能考试之和。课程总成绩包括：平时作业（20%）+课程项目报告（20%）+过程技能考试（30%）+期末技能考试（30%）。期末技能考试采用分组现场提问、实际操作的方法进行。

（5）教学建议：本课程实践性很强，可以采用项目化教学，采取“教、学、做、验”合一的方式进行教学。使用通用工具、检测专用工具、设备和汽车电路和电子系统维修资料等，按照标准规范对汽车电路和电子系统进行检测诊断和修复，并安排一定的实操能力培训课程（如校内专项实训、车间实习、企业实践等），以提高学生的理论与实际操作能力，为后续课程的应用打好坚实的基础。

6. 汽车装配与调试

（1）建议学时：100 学时。

（2）课程目标：主要使学生掌握汽车总成装配和汽车总装顺序及技术要领，汽车制动系统调整与检测、汽车操纵稳定性的调试检测、汽车车速的调试检测方法。

（3）课程内容：汽车总成装配和汽车总装顺序及技术要领；汽车制动系统调整与检测；汽车操纵稳定性的调试检测；汽车车速调试检测；其他整车性能检测控制及调整等。

（4）教学评价：课程考核评价实行项目过程评价和综合技能评价相结合的方式。在实施过程中，课程教学按情景教学进行，完成一个情景就对一个任务进行考核、评价，课程总成绩是平时作业、课程项目报告、过程技能考试和期末技能考试之和。课程总成绩包括：平时作业（20%）+课程项目报告（20%）+过程技能考试（30%）+期末技能考试（30%）。期末技能考试采用分组现场提问、实际操作的方法进行。

（5）教学建议：本课程教学应结合实际进行讲授，并安排一定的实操能力培训课程（如参观学习、车间实习、企业实践等），以提高学生的理论与实际操作能力，为后续课程的应用打好坚实的基础。

7. 汽车制造工艺

（1）建议学时：80 学时。

（2）课程目标：主要让学生在学习过程中了解并掌握如何提高产品品质，

因为随着科学技术的不断发展，对汽车产品质量的要求越来越高，而产品质量与零部件的加工质量和装配质量密切相关。其次是研究如何提高生产效率，即如何采用高生产率的加工方法、设备和工艺装备，来完成机械加工工艺过程和装配工艺。

（3）课程内容：汽车制造的各种加工工艺过程；汽车生产用工程材料；汽车制造中的机械加工工艺；机械加工质量；齿轮制造工艺等内容。

（4）教学评价：课程考核评价实行项目过程评价和综合技能评价相结合的方式。在实施过程中，课程教学按情景教学进行，完成一个情景就对一个任务进行考核、评价，课程总成绩是平时作业、课程项目报告、过程技能考试和期末技能考试之和。课程总成绩包括：平时作业（20%）+课程项目报告（20%）+过程技能考试（30%）+期末技能考试（30%）。期末技能考试采用分组现场提问、实际操作的方法进行。

（5）教学建议：本课程教学应结合实际进行讲授，并安排一定的实操能力培训课程（如参观学习、车间实习、企业实践等），以提高学生的理论与实际操作能力，为后续课程的应用打好坚实的基础。

8. 车身焊接技术

（1）建议学时：100 学时。

（2）课程目标：主要让学生掌握焊条电弧焊、埋弧自动焊、等离子弧切割技术、二氧化碳气体保护焊、氩弧焊、气焊与气割等焊接操作方法。

（3）课程内容包括：焊条电弧焊、埋弧自动焊、等离子弧切割技术、二氧化碳气体保护焊、氩弧焊、气焊与气割等。

（4）教学评价：课程考核评价实行项目过程评价和综合技能评价相结合的方式。在实施过程中，课程教学按情景教学进行，完成一个情景就对一个任务进行考核、评价，课程总成绩是平时作业、课程项目报告、过程技能考试和期末技能考试之和。课程总成绩包括：平时作业（20%）+课程项目报告（20%）+过程技能考试（30%）+期末技能考试（30%）。期末技能考试采用分组现场提问、实际操作的方法进行。

（5）教学建议：本课程与国家职业资格证书紧密结合，学完本课程内容，即可参加中级电焊工国家职业资格证的考试，考试合格即可获得由劳动人事部门颁发的中级电焊工国家职业资格证书。本课程教学应结合实际，采用项目化教学方式进行教学，以提高学生的理论与实际操作能力。

本课程教学应结合实际进行讲授，并安排一定的实操能力培训课程（如参观学习、校内实训、企业实践等），以提高学生的理论与实际操作能力。

（五）课程设置与教学时间安排表（又称教学计划进度表）

以下为现代学徒制中职阶段及高职阶段进度表，见表4-6、表4-7：前两年中职阶段在学校进行基础能力培养，后面三年高职阶段由企业与学校共同进行培养。

表4-6

广西工业职业技术学院现代学徒班（中职阶段）课程设置与教学时间安排表

专业：现代学徒班
学制：五年制
制定日期：

校历和周数分配表

月份	九月					十月				十一月				十二月					一月				二月			六月			七月				八月				理论教学	考试	虚拟职业环境训练	真实职业环境训练	职业素养训练与资格考证	机动	假期	入学教育	毕业教育	合计
学年 进程	1	2	3	4	5	6	7	8	9	10	11	12	13	14	15	16	17	18	19	20	21	22	23	24	25	42	43	44	45	46	47	48	49	50	51	52	周	:	○	●	✓	□	×	★		
第一学年	×	★																		×	×	×	×	×	×					×	×	×	×	×	×	×	30	7								
第二学年	×																			×	×	×	×	×	×					×	×	×	×	×	×	×	34	6								
第三学年	×																			×	×	×	×	×	×					×	×	×	×	×	×	×	0	0								
第四学年	×																			×	×	×	×	×	×					:	×	×	×	×	×	×	0	0								
第五学年	×	●	●	●	●	●	●	●	●	●	●	●	●	●	●	●	●	●	●	●	×	×	×	×	×	●	●	●		×	×	×	×	×	×	×	0	0		38						

课程教学进程

课程类型	课程名称	课程性质	考试学期	学分	总课时	学时分配		学期学时分配				开课部门
						理论课时	实践课时	第一学年		第二学年		
								一	二	一	二	
								16	16	16	16	
基础素质能力模块（中职公共基础课模块）	职业道德与法律	必修		2.0	32	32	0		2			社科
	经济政治与社会	必修		2.0	32	32	0			2		社科
	哲学与人生	必修		2.0	32	32	0				2	社科
	心理健康	必修		1.0	16	16	0	1				教艺
	生命与安全教育	必修		1.0	16	16	0	1				中职
	体育与健康	必修		8.0	128	28	100	2	2	2	2	基础
	英语	必修	2,4	7.0	128	100	28	2	2	2	2	基础
	数学	必修	1,3	7.0	128	100	28	2	2	2	2	基础
	计算机基础	必修		4.0	64	28	36	2	2			基础
	公共艺术	必修		2.0	32	32	0		2			教艺
	语文	必修	1,3	12.0	128	68	60	2	2	2	2	教艺
	物理	必修		3.5	48	40	8		3			电子
	职业生涯规划	必修		1.0	16	16	0	1				社科
	课程小计			52.5	800	540	260	13	17	10	10	
	学分比例			51.7%								
专业（群）基础能力模块（中职专业技能课程模块）	机械制图与公差	必修		4.0	64	34	30	4				机械
	汽车机械基础	必修		4.0	64	56	8				4	机械
	汽车维护	必修	1	4.0	64	38	26	4				汽车
	CAD	必修		2.0	64	28	36			4		汽车
	汽车电工电子基础	必修	3	4.0	64	36	28			4		电子
	课程小计			18.0	320	192	128	8		8	4	
	学分比例			17.7%								
专业（群）核心能力模块（中职专业技能课程模块）	汽车文化	必修	1	4.0	64	52	12	4				汽车
	汽车发动机构造与拆装	必修	2	6.0	96	84	12		6			汽车
	汽车底盘构造与拆装	必修	3	4.0	64	52′	12			4		汽车
	汽车电器构造与拆装	必修	4	4.0	64	52	12				4	汽车
	汽车检测技术	必修	4	4.0	64	52	12				4	汽车
	课程小计			22.0	352	292	60	4	6	4	8	
	学分比例			21.7%								
统计栏												
考试周								1	1	1	1	
考试门数								3	4	4	4	
实践周数								3	2	2	2	
周学时（不含任选课）								25	23	22	22	
总学分、总课时				101.5	1832	1024	808					
理论与实践课时比例						56%	44%					

集中实践教学进程

	职业素养与职业技能训练项目	学分	周数	学时	开课部门
第一学年第一学期	入学教育、军训	1	1	40	学工
	汽车构造认知专业技能训练	2	2	80	汽车
第一学年第二学期	钳工基础技能训练	1	1	40	教务
	焊工基础技能训练	1	1	40	教务
第二学年第一学期	零件拆装与测绘综合技能训练	2	2	80	汽车
第二学年第二学期	汽车拆装基础技能训练	2	2	80	汽车
第三学年第一学期					
第三学年第二学期					
第四学年第一学期					
第四学年第二学期					
第五学年第一学期					
第五学年第二学期					
合计		9.0		360	
学分比例		[illegible]			

表 4-7

广西工业职业技术学院现代学徒班(高职阶段)课程设置与教学时间安排表

专业：现代学徒班
学制：五年制
制定日期：

校历和周数分配表

月份	九月					十月				十一月				十二月					一月				二月				三月					四月				五月				六月					七月				八月				理论教学	考试	模拟职业环境训练	真实职业环境训练	职业素养训练	机动	假期	入学教育/毕业教育	合计
学年 进程	1	2	3	4	5	6	7	8	9	10	11	12	13	14	15	16	17	18	19	20	21	22	23	24	25	26	27	28	29	30	31	32	33	34	35	36	37	38	39	40	41	42	43	44	45	46	47	48	49	50	51	52	周	:	○	●	√	□	×	★	
第一学年	×	★	★																○	:	×	×	×	×	×	×																○	○	○	:	×	×	×	×	×	×	×	33	2	4					2	
第二学年	×																○	○	○	:	×	×	×	×	×	×	×																	√	√	:	×	×	×	×	×	×	24	2	3		2				
第三学年	×	√	√	√	√	○	○	○										□	□	:	×	×	×	×	×	×	★	●	●	●	●	●	●	●	●	●	●	●	●	●	●	●	●	●		×	×	×	×	×	×	×	1	0	2	23		2		1	

课程教学进程

课程类型	课程名称	课程性质	考试学期	学分	总课时	学时分配：理论课时	学时分配：实践课时	学期学时分配：第一学年 一	第一学年 二	第二学年 一	第二学年 二	第三学年 一	第三学年 二	开课部门
								6	8	4	1	1	0	
基础素质能力模块	思想道德修养与法律基础	必修		3.0	48	32	16	2+1						社科
	[illegible]	必修		4.0	64	32	32		2+2					社科
	形势与政策	必修		1.0	16	16	0			1				社科
	安全教育	必修		1.5	24	12	12			2				教务
	体育与健康	必修		4.0	102	38	64	2+1	2+1					基础
	大学英语	必修	1	6.0	102	102	0	3	3					基础
	高等数学	必修	2	4.0	60	60	0	10*6						基础
	计算机应用基础	必修		4.0	64	34	30		8*8					基础
	大学语文	必修	1	4.0	68	68	0	2	2					教育
	就业指导与创新创业	必修		2.5	38	24	14			3				教务
	课程小计			34.0	586	418	168							
	学分比例			22.7%										
专业（群）基础能力模块	机械制图与公差	必修		3.0	48	28	20	8*6						机械
	★汽车构造认知与维护	必修		2.8	40	16	24	20*2						汽车
	★发动机故障诊断与排除	必修	1	5.5	80	32	48	20*4						汽车
	★汽车电器故障诊断与排除	必修	1	5.5	80	32	48	20*4						汽车
	AutoCAD	必修		3.0	48	26	22		6*8					汽车
	★底盘故障诊断与排除	必修	2	5.5	80	32	48		20*4					汽车
	电动汽车运用基础	必修	2	3.0	40	20	24		20*2					汽车
	动力电池及电源管理	必修	3	5.5	80	32	48			20*4				华澳
	新能源汽车电机驱动	必修	3	5.5	80	32	48			20*4				华澳
	课程小计			39.1	576	250	330							
	学分比例			26.1%										
专业（群）核心能力模块	新能源整车电控	必修	3	3.0	40	20	24			20*2				华澳
	新能源车故障诊断与排除	必修	3	5.5	80	32	48			20*4				华澳
	汽车制造工艺	必修	4	5.5	80	32	48				20*4			华澳
	汽车装配与调试	必修	4	6.5	100	20	24				20*5			华澳
	车身焊接技术	必修	4	6.5	100	64	36				20*5			华澳
	课程小计			26.9	400	168	180							
	学分比例			17.9%										
素质与专业能力拓展课程模块	人文素质类课 大学生心理健康教育	任选		2.0	32	32	0							
	人文素质类课 尔雅通识课	任选		2.0	32	32	0							教务
	专业拓展类课 专业拓展类课	任选		4.0	64	52	12		16*2	16*2				汽车
	专业拓展类课 创新创业类课	任选		4.0	64	58	6			16*4				汽车
	课程小计			12.0	192	174	18							
	学分比例			8.0%										
统计栏														
考试周								1	1	1	1	0	0	
考试门数								4	3	4	3	0	0	
实践周数								12	10	14	17	18	19	
周学时（不含任选课）								25	25	22	22	22	0	
总学分、总课时				150.0	2504	1010	1446							
理论与实践课时比例						40%	58%							

说明：表中数据为（周课时*上课周数）。

集中实践教学进程

	职业素养与职业技能训练项目	学分	周数	小时	开课部门
第一学年第一学期	军训	2	2	50	
第一学年第二学期	汽车钣喷实训	2	2	50	汽车
第二学年第一学期					
第二学年第二学期	★中级汽车钣喷工考证强化训练	8	4	80	汽车
	钳工实训	1	1	25	教务
	焊工实训	1	1	25	教务
	机加工实训	1	1	25	教务
	拆装实训	1	1	25	汽车
第三学年第一学期	毕业设计	7	4	80	汽车
第三学年第二学期	毕业教育	3	2	50	汽车
	顶岗实习	12	17	340	汽车
合计		38.0		750	
学分比例		25.3%			

第三节　自动化技术专业群“双对接、四合作”人才培养模式的实践探索

一、实践探索的背景和意义

（一）实践探索的背景

根据《教育部关于推进中等和高等职业教育协调发展的指导意见》的要求，建立中等和高等职业教育协调发展的现代职业教育体系势在必行，也是近几年来职业教育改革的热点。广西职业教育根据《广西壮族自治区教育中长期教育改革与发展规划纲要（2010—2020年）》及广西教育厅《关于加快发展五年制高等职业教育的意见》等系列文件精神，各高职院校根据区域经济和办学特色，与县级中专从专业、课程、师资等多方面开展中高职衔接作为搭建现代职业教育体系的实施路径和重要载体，直接影响着高职教育的人才培养质量。

随着智能制造成为当今世界技术创新和经济发展的重要推动力，是全球新一轮制造变革的核心，也是主要工业化国家竞争的焦点，中国政府也确定了引领《中国制造2025》的主攻方向。2016年，为贯彻落实《国务院关于印发〈中国制造2025〉的通知》（国发〔2015〕28号）精神，加强广西制造业统筹规划和前瞻布局，推动广西制造业转型升级和优化发展，加快广西新型工业化步伐，结合广西制造业发展实际，广西壮族自治区人民政府提出了《中国制造2025广西实施意见》（桂政发〔2016〕12号）。

广西工业职业技术学院依托广西工业职业教育集团，自动化技术专业群与集团内的中职学校、企业开展“双对接、四合作”人才培养模式，实现合作育人、合作办学、合作就业、合作共发展的目标，培养出符合广西制造业发展要求的技术技能型人才。

（二）实践探索的意义

1. 自动化技术专业群各专业的基本情况介绍

广西工业职业技术学院自动化技术专业群归属于电子与电气工程系，专业群由电气自动化技术、机电一体化技术、工业机器人技术和电力系统自动化技术专业组成。其中，电气自动化技术专业成为中央财政支持的示范特色专业，工业机器人技术专业成为获广西壮族自治区财政支持的示范特色专业，机电一体化技术专业成为我学院重点专业。

电气自动化技术和机电一体化技术专业为该学院成立以来就成立的专业，专业基础较好，专业的招生和就业一直保持着较好的口碑，也是深入开展产教融合、校企合作成果最为突出的专业。工业机器人技术和电力系统自动化技术专业为顺应当今国家发展以及区域经济发展需求而开设的专业，两个专业开设的时间不长，其中工业机器人技术专业从 2015 年才进行第一届招生，专业底蕴、专业建设需要进一步积累、加深和加强。

从招生情况来看，2015 年以来，机电一体化技术专业因为其专业领域较广，招生情况一直很好，每届招生 250~300 人，为专业群招生情况最好的专业。电气自动化技术凭借深厚的专业底蕴和良好的社会口碑，招生一直较为稳定，基本维持在每届 90~120 人的规模。工业机器人技术专业是“中国制造2025”以及工业 4.0 战略提出后，为满足产业升级和新型产业的需求而滋生的新专业，从该专业近 3 年的招生情况看，呈逐年上升的趋势，现我院在校生为150 人，以此趋势来看，未来该专业招生人数还将进一步提升；电力系统自动化技术专业行业特色较为明显，就业面不广，报读此专业的学生家庭成员中大多有电力行业背景，因此招生较为不稳定，近 3 年的招生中，2015 级和 2016级招生 1 个班，2017 级招生 2 个班。

2. 自动化技术专业群开展“双对接、四合作”人才培养模式探索的意义

从上述自动化技术专业基本情况得知，行业需求量大、就业好的专业招生情况较好，人数规模也较为稳定，如机电一体化技术专业、电气自动化技术专业；能够代表行业未来产业发展方向的专业招生规模呈上升趋势，如工业机器人技术专业；就业面不广、行业特色明显的专业则招生人数不稳定，随所对应的行业当前的发展形势而定，如电力系统自动化技术专业。从上述分析可知，专业的招生规模一定是和这个专业所对应的产业发展、就业质量和形势有着紧密的联系。因此，专业建设与企业、相关产业对接，深入地开展产教融合，校企合作的人才培养模式改革，与优质的企业开展合作招生、合作育人、合作就业、合作办学的“四合作”模式对于自动化技术专业群各专业办学质量的提升、招生影响力的扩大以及就业质量的提升有着极大的促进作用。

从自动化技术专业群对应的专业情况看，特别是电气自动化技术专业、机电一体化技术专业，只要是广西开设有工科类专业的院校基本都有这两个专业，而工业机器人技术专业也有十几所高职院校开设，因此这些专业特色不明显，专业招生时各学校间也将面临着激烈的竞争，我院并不是示范性高职院校，因此在招生中并不具备优势，因此利用政策，与中职学校间开展深入的中高职相关专业的对接有着极其重要的意义。

综上所述，在我院自动化技术专业群中开展“双对接、四合作”人才培养模式的实践将会对相关专业在招生、就业、专业建设质量的提升、专业影响力的提升方面有着极大的促进作用。

二、实践探索的思路

（一）依托集团化办学优势，在自动化技术专业群重点专业中深入开展“双对接、四合作”人才培养模式实践

依托广西工业职业教育集团平台，与集团内中职学校、企业深入合作，三方共同开展自动化技术专业群一体化人才培养实践。开展中高职合作办学，为企业深度开展产教融合、校企合作提供了得天独厚的优质平台，而广西“七大千亿元产业集群”都需要自动化技术专业群所对应培养的技术技能型人才，因此广西工业职业教育集团为自动化技术专业群对应专业打通了校企合作的通道，构建了校企合作的优质平台。

（二）依托政策优势，深入开展自动化技术类专业中高职对接

广西壮族自治区已经出台政策，全面打通了中职升入高职就读的通道，中职学校可以通过与高职学校相关专业签订中高职对接合作协议的方式升入高职就读。同时，我院被教育厅确定为高职院校帮扶中职学校接重点试点单位，并配套提供资金支持，这为自动化技术专业群有效开展中高职对接工作提供了政策和资金保障。专业群在此基础上可充分利用这些政策和资金，积极开展重点专业的中高职对接，以此做出成效。

（三）以现代学徒制为突破口，通过重点专业开展“双对接、四合作”实践，形成辐射效应

现代学徒制是教育部于2014年提出的一项旨在深化产教融合、校企合作，进一步完善校企合作育人机制，创新技术技能人才的培养模式。现代学徒制是通过学校、企业深度合作，教师、师傅联合传授，对学生以技能培养为主的现代人才培养模式。与普通大专班和以往的订单班、冠名班的人才培养模式不同，现代学徒制更加注重技能的传承，由校企共同主导人才培养，设立规范化的企业课程标准、考核方案等，体现了校企合作的深度融合，是教育部对于高等职业教育人才培养模式的方向指引，是高水平专业建设的重要组成部分，我院是教育部现代学徒制的第二批试点单位，因此在核心专业中需积极开展现代学徒制人才培养模式的改革。

根据自动化技术专业群各专业的发展特点，结合广西区内中职学校的特点，以及区域产业对于人才的需求特点三方面进行分析，确定在专业群中重点

开展中高职对接及现代学徒制的专业为机电一体化技术专业和工业机器人技术专业。

机电一体化技术专业为跨越机械和电气两个领域有机结合的专业，也是近年来招生和就业最好的专业，经过多年的发展，已经成为电子与电气工程系实验实训设备最齐全、办学成果最突出，招生和就业最好的专业，专业办学优势明显，既能有效地满足对接中职学校对招生品牌的需求，又能满足企业对于此类人才的需求。

工业机器人技术专业是一门新兴专业，在“中国制造 2025”提出的背景下，要求中国从制造业大国向制造业强国转变，这势必会带来一轮产业升级狂潮，各个企业现阶段对于符合企业发展所需的智能制造人才求贤若渴，而“机器人代人”又是智能制造领域产业升级的第一步，国家和新闻媒体对此进行大量的宣传和报道，使得此专业领域逐渐被广大群众和学生家长所熟知，同时此专业目前也被冠以“高、精、先”的代名词。我院工业机器人技术专业是广西首批开展此专业招生的高职院校，并配套获得自治区财政 1 000 万元项目资金支持该专业的示范特色专业及实训基地建设。专业起步相对早，实验实训设备配套齐全、先进，对于对接中职学校招生品牌的宣传有着极大促进作用，既为企业产线升级储备智能制造人才，也能解决当今企业智能制造相关人才紧缺的问题，因此对于急需高素质技术技能型人才的企业来说也有需求，为开展人才培养模式改革提供了便利条件。

综上所述，自动化技术专业群选择机电一体化技术专业和工业机器人技术专业作为开展“双对接、四合作”实践的重点专业，既能满足对接中职学校对于招生品牌的要求，也能满足学生就业质量好、就业面广、就业能够代表产业未来发展趋势的特点，有效地满足对于紧缺人才的需求，从而找到了“双对接、四合作”中贯通中职学校、高职学校和企业的通道。

三、实践探索的具体步骤和措施

在确定自动化技术专业群开展“双对接、四合作”的两个重点专业后，下一步需要选择合作的中职学校和企业进行有效衔接，并最终与有需求的学校和企业深度开展现代学徒制合作，签订协议，制定措施，开展有效合作。充分利用广西工业职业教育集团平台为自动化技术专业群开展“双对接，四合作”人才培养模式实践选择有意向与自动化技术专业群相关专业开展合作的中职学校和企业，并建立联系机制，为专业群实施人才培养模式实践打下基础。具体思路如图 4-5 所示。

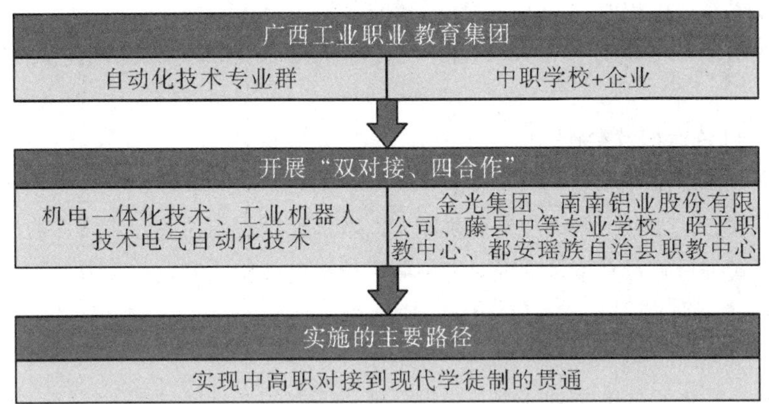

图 4-5 自动化技术专业群开展“双对接、四合作”人才培养模式的建设思路

（一）依托广西工业职业教育集团开展中高职对接

1. 前期开展中高职对接的探索

2015 年，专业建设团队通过广西工业职业教育集团平台，首选集团内的县级中职学校作为对接和帮扶对象，先后走访了桂平第一职业技术学校和北流第一职业学校，开展合作调研，制定对接方案。

①与桂平第一中等职业技术学校对接方案

A. 前期调研与方案制定

a. 专业对接

广西工业职业技术学院电子与电气工程系机电一体化技术专业协同桂平第一中等职业技术学校电子电器技术专业进行中高职对接。

b. 目标对接

通过专业对接，有利于对接中职学校对接专业的办学实力的提升，扩大招生规模，提升对接专业的招生质量、教学质量及就业质量。同时，促进高职院校对接专业办学规模、硬件设施和教学质量的提升，成为在区内同类院校中知名度较高、软硬件设施处于区内领先、人才培养质量获得企业和行业认可的专业。

c. 招生对接

2014 级学生：桂平市第一中等职业技术学校 2014 级电子电器技术专业总共招生 130 多人，动员该专业 40 人左右通过 2016 年的单独招生考试升入广西工业职业技术学院机电一体化技术专业。

2015 级学生：在 2015 级电子电器技术专业中直接以升学班的名义在电子

电器技术专业中招收“2+3”教学模式的学生。

在确定好招生方式的对接后，两校相关专业的教师共同制定人才培养方案。

d. 师资对接及帮扶

通过广西工业职业技术学院机电类专业的教师对中职学校的相关教师进行师资培训、技能考证培训、专业讲座，以教师互派参与相关专业课程的教学活动的方式进行师资对接，增强对接中职学校机电类相关专业的实力，扩大招生规模。

e. 技能考证对接

对于学生的技能考试证书，应根据现行证书的考试资格和学校情况实现有效对接。在机电类专业中，可以参加的技能证书考证和培训主要有维修电工证书和电工上岗证证书，而两本证书的考试要求不一样，因此对接专业可分段式完成学生的考证和培训。学生在中职 2 年级阶段完成电工中级工的考证，到高职 1 年级阶段完成电工上岗证的考证，到高职 3 年级阶段完成电工高级工的考证。通过这样的对接可以满足技能证书中级到高级的考试周期和条件。

f. 教科研活动的对接

对接的中职学校的教科研能力相对薄弱，通过对接，在教科研方面能够与高职院校合作，提升对接中职学校的教科研能力。通过与对接中职学校的老师共同申报课改项目，能够指导相关的教师申报类似项目，提升对接专业相关老师的教科研水平，提升中职学校老师的职称，同时达到提升对接专业整体实力的目的。

g. 第二课堂活动和学生技能竞赛的对接和帮扶

对接学校因为实力较弱，该类专业基本不开展第二课堂活动和相关的学生技能竞赛。通过第二课堂活动的对接和帮扶，能够使得对接的中职学校顺利开展第二课堂活动并参加广西中职学校机电类的相关技能比赛。相关专业的学生在中职 2 年级的时候选出专业能力较好的学生参加中职学生技能竞赛，发挥职教集团的作用，让学生能够在职教集团下条件优越的中高职学校进行训练和模拟比赛，使对接专业的学生在全区技能竞赛中取得优异的成绩，达到以赛促学的目的。

h. 共同参与核心课程的教材开发

在重点课程和核心课程上，对接学校的老师以及企业兼职教师共同开发教材，使教材与教学计划和人才培养方案相对应，解决课程内容重复的问题、课程内容与企业岗位能力需求脱离的问题。

B. 具体实施情况

a. 招生对接情况

2015 年，桂平一职校完成招生工作，但 2015 级电子电器技术专业仅有 37 名学生就读，较以往招生规模缩减，增加了中高职对接项目的实施难度。进行升学动员后，电子电器技术专业报读的学生仍然不见起色，学生对于继续升入高职学习的动力和兴趣不强烈。因此，在桂平一职校电子电器技术专业中单独成立高职升学班无法实现。

b. 教学计划及人才培养方案制定的情况

双方经过深入的沟通和交流，针对各自学校的情况最终制定出了中高职对接的人才培养方案和教学计划，共制定出能够独立成立电子电器技术专业“2+3”模式升学班的人才培养方案和教学计划。

c. 两校间学生互动的情况

2015 年，先后组织桂平一职校计算机类、电子类和汽车类的学生到广西工业职业技术学院等集团内资源优势明显的院校进行交流学习，其中计算机类和电子类的学生先后到广西华侨学校和广西机电工程学校（在全国中职学生技能竞赛计算机类和电子类项目中都取得优秀成绩的学校）交流学习。通过交流学习，使桂平一职校的师生拓宽了视野，提升了专业水平。

d. 专业建设和教师能力帮扶

2015 年，组织桂平一职校相关教学团队到广西工业职业技术学院等集团内资源优势明显的院校交流学习，广西工业职业技术学院针对电子技术课程、机电技术的发展趋势和机电类实验室如何建设等内容对桂平一职校的相关教师进行了示范课演示和专题讲座，并组织参观了相关的实验室。通过开展专业建设活动，双方相关教师增进了交流、提高了信任，为后续进一步合作打下了基础。

e. 技能考证对接和帮扶情况

桂平一职校电子和机电类专业的招生情况之所以不稳定，主要是因为其在专业培养方面仍然存在缺陷，专业竞争力不强，而其中最重要的一个问题就是电子和机电类的学生无法有效开展技能培训和技能考证。针对此情况，广西工业职业技术学院于 2016 年 4 月在贵港二校区新建了电工上岗证和电工中级证的培训和考试用实训室，并在贵港地区申请获得相关鉴定资质，利用此平台与桂平一职校在电工上岗证和维修电工中级证的培训和鉴定上进行全面的帮扶和合作，增强其相关机电类专业的竞争力。

C. 项目实施存在的不足和困难

桂平一职校在当地口碑好，因此招生不是问题，每年招生人数约1 500人。该校的教育重点和目的是让学生升学，但其重心放在让学生升入本科上，该校近年来升入本科学习的学生在广西职校中名列前茅。该校学生不乐意一入学就读高职的升学班，有升学意愿的学生的第一目的还是升入本科，只有在考入本科无望的时候才考虑选择高职高专。因此，中高职对接的重心不应该放在入学时的宣传上，而应该放在升学考试的那个学期，有针对性地对那些成绩不足以升入本科的学生进行宣传。

项目提出的对接学生是桂平一职校电子电器技术专业的学生对接广西工业职业技术学院机电一体化技术专业学生。但是，桂平一职校电子电器专业的招生情况不稳定，2015 级别只招 30 多人，而在这些学生中有升学意愿的学生并不多，因此无法在该专业中单独成立高职升学班。同时，该校还分别与广西电力职业技术学院、广西机电职业技术学院等学校签订中高职对接的协议，各高职校之间也存在生源竞争。

②北流第一职业学校

广西工业职业技术学院与北流第一职业学校签订中高职对接协议，主要是在模具专业进行“2+3”对接。但是，北流第一职业学校并没有对应专业进行对接，且招生普遍困难，学生升学的意愿并不强烈。北流第一职业学校平均每年的招生人数在 800 人左右，经过动员，2015 年所有专业中有 120 多人参加了升学考试的报名，但是最终只有几十人真正参加了考试，因此针对某个专业设立“2+3”升学班的方案无法实施。

③前期两所中职学校开展对接效果分析

自 2015 年启动项目后，上述两所学校首先开展调研和项目实施，但实际效果没有达到预期目标，最终对接上来的学生也没有达到独立成班的要求。经验和启示如下：

a. 首先要确定对接的县级中职学校的定位，县级中职院校中实力较强的学校通常把学生升学到本科院校作为首要目标，而升入大专则作为辅助，碰到此类学校，不应把它们作为对接的重点学校，这类学校即使花费了大量精力和努力去做对接，成效也不理想。

b. 寻找对接学校的时候应该找一些办学实力不强、需要通过高职院校的帮扶以提升自身招生影响力的学校，这样，双方合作能够实现互利互惠，形成双赢的局面，后续也能持续、长久合作。

c. 选择对接的学校开设有自动化相关专业，并具有一定的招生规模。

d. 进行中高职对接，要在一个学校间完成整个班级的升学难度非常大，因此对于一个高职专业的对接，应该选择 2~3 所学校，同时开展一个专业的对接，这样对接上来的学生才有可能够人数独立成班。

e. 在制定中高职对接人才培养方案和教学计划时，应根据对接学校的对接专业的招生人数、实验实训条件、师资条件制订人才培养方案，并充分地与对接学校主管教学的领导和专业教师沟通，合理地规划好中职阶段授课课程、内容和难度。

f. 在对接专业中建立学校间、师生间长效的交流机制。因为中职学生年纪普遍偏小，对于未来的规划，主要根据班主任、任课老师和已经升学的校友的反馈来进行，因此这些人的认可和动员能够很有效地促进中职学生升学到我院对接专业。因此对接专业需要在后续通过师资帮扶交流、相关教师和学生到我院现场调研，通过这些活动在专业、招生、校企合作、就业、办学成果方面打动对接专业的师生。

2. 中期开展中高职对接的做法

吸取前期与桂平第一职业学校和北流第一职业学校合作开展中高职对接的经验和教训，项目团队及时调整方向，在充分调研的基础上，于 2016 年将昭平县职教中心、藤县中等专业学校、苍梧中等专业学校和都安瑶族自治县职教中心确定为重点开展对接工作的学校，并取得明显的合作成效。

（1）中期开展对接工作的重点学校的选择方案

通过调研，昭平县职教中心、藤县中等专业学校和都安瑶族自治县职教中心三所学校的办学规模适中，学校并不是以将学生升入本科为重点，学校都开设有自动化类专业，学校的专业建设、招生、师资水平等方面都需要优质的高职学校帮扶。因此，将此三所学校作为开展机电一体化技术专业和工业机器人技术专业重点对接的中职学校。

（2）与重点对接学校沟通，开展专业对接合作的洽谈，完成重点专业对接协议的签订、人才培养方案的制订、师生交流活动方案的制订以及招生方案的对接。

①共同推进专业对接，打通人才培养对接通道。

经过与上述相关学校教学主管领导和相关专业教师的有效沟通，这些学校相关专业对于广西工业职业技术学院工业机器人技术专业和机电一体化技术专业进行对接表现出浓厚的兴趣，促成了相关专业与广西工业职业技术学院对应专业的“2+3”人才培养模式的衔接，并以广西工业职业技术学院中高职对接班命名，进行招生，对接工作取得了初步成效，具体如下表 4-8 所示。

表 4-8　　对接学校及专业列表

序号	我院高职专业	对接中职专业	对接中职学校
1	机电一体化技术专业	模具、数控技术专业	藤县中等专业技术学校
2	工业机器人技术专业	模具、数控技术专业、电子电器应用于维修专业	藤县中等专业技术学校
3	机电一体化技术专业	电子电器应用于维修	昭平县职教中心
4	工业机器人技术专业	数控技术	都安瑶族自治县职教中心

②共同开展师生交流互动和帮扶。

2016 年以来，广西工业职业技术学院相关专业教师多次到对接学校开展交流活动，同时也邀请对接学校的相关师生到广西工业职业技术学院进行参观，召开人才培养方案交流会、技能竞赛帮扶指导、师资能力提升等交流活动，以此提升双方的信任感，最终有效地完成了对应专业对接工作。

③共同开展中职招生，完成对接专业“2+3”高职升学班的招生。

从 2016 年 3 月开始，项目建设团队积极地与对接学校开展招生宣传方面的沟通，积极地提供我院对接专业的相关宣传资料，同时还应相关中职学校的要求，与中职学校招生团队合作，积极地到相关学校开展招生宣传工作，并组织往届升入到高职对应专业的学生也参与招生宣传，此做法取得了很好的效果，最终藤县中等专业学校和昭平职教中心对接专业完成了近 80 人的对接班招生，都安瑶族自治县职教中心也完成了近 30 人的对接班招生。对接班招生完成了预期目标。

④共同开展专业建设，制定适合学校实际情况的人才培养方案及专业教学标准，做到人才培养和课程教学的有效对接。

在完成对接专业的招生后，最重要的任务就是制订人才培养方案，人才培养方案中，中职和高职阶段脱节、内容重复、教学目标不一致，是当前中高职衔接中存在的主要问题，为了解决此问题，我院自动化技术专业群相关专业教师积极参与对接学校相关专业的建设过程中，与对接中职学校的专业团队的相关教师建立了紧密的联系，积极参与相应的实训基地建设、教材编写、人才培养方案制订、实验实训项目的设计与开发等活动中，全面提升了对接中职学校的专业建设水平，依据后续对接合作企业对于人才的需求和要求制定对接专业的人才培养目标和毕业要求，参与人才培养方案的制订和教材的建设，解决了

2 个阶段课程脱节、能力培养目标不一致的问题。最终根据对接学校的师资情况、实验实训设备情况等方面综合考虑，制订出符合两校实际情况的“2+3”对接专业的人才培养方案，以此避免了中高职对接中课程和教学内容重复设置、培养目标不一致的问题。制定流程如图 4-6 所示。

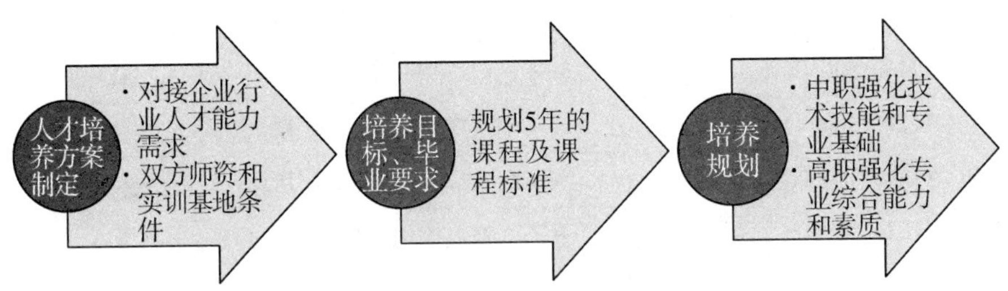

图 4-6　人才培养方案制订流程

⑤积极与对接专业的学生和班主任沟通，开展两校间的师生互动活动，让中职对接专业的学生从入校便开始对我院有认同感和归属感，以此提升学生的升学率。

3. 依托职教集团平台优势，有效开展自动化技术专业群的中高职对接工作。

利用广西工业职业教育集团平台，通过会议、网络资源积极开拓与集团内各中职院校的联系，并通过相应的专业技术委员会和专业建设平台与相关院校的负责人积极沟通，开展对应专业的中高职对接工作和宣传，以此带动相应专业的中高职对接工作的全面推进和开展。

综上所述，通过中高职对接两个阶段工作的开展，从中汲取经验，不断改进工作方式和方法，最终按预期效果完成阶段性的工作，并取得了一定的成效，为后续进一步开展中高职对接工作打下了基础，也为系部和专业群其他专业开展此项工作提供了依据。

4. 开展中高职对接的成效

（1）与合作学校有效对接招生，对接专业招生达到预期目标

通过与对接学校共同开展招生宣传和对接，积极地与相关专业报读学生进行积极沟通，使得学生充分了解了对接专业的情况，坚定了学生报读对接专业的决心，两所学校都按预期完成了对接专业的招生，具体如表 4-9、图 4-7 所示。

表 4-9　　　　　　昭平县职教中心对接专业报备学生名单

序号	高考报名序号	姓名	性别	中职就读专业	拟报读高职专业	成绩（分）
1	112107500501	黎大积	男	电子电器应用与维修	机电一体化技术	585
2	112107500502	黄伟杰	男	电子电器应用与维修	机电一体化技术	577
3	112107500503	陈声振	男	电子电器应用与维修	机电一体化技术	585
4	112107500504	黎洪成	男	电子电器应用与维修	机电一体化技术	584
5	112107500505	董观胜	男	电子电器应用与维修	机电一体化技术	571
6	112107500506	魏友次	男	电子电器应用与维修	机电一体化技术	579
7	112107500507	谢明焯	男	电子电器应用与维修	机电一体化技术	570
8	112107500509	贝为右	男	电子电器应用与维修	机电一体化技术	576
9	112107500510	刘兴国	男	电子电器应用与维修	机电一体化技术	586
10	112107500511	刘大灌	男	电子电器应用与维修	机电一体化技术	588
11	112107500512	邱立华	男	电子电器应用与维修	机电一体化技术	578
12	112107500513	范师枕	男	电子电器应用与维修	机电一体化技术	583
13	112107500514	刘焕	男	电子电器应用与维修	机电一体化技术	587
14	112107500515	李兴洁	男	电子电器应用与维修	机电一体化技术	575
15	112107500516	温庆千	男	电子电器应用与维修	机电一体化技术	590
16	112107500508	陆敏隆	男	电子电器应用与维修	机电一体化技术	584
17	112107500517	贝学易	男	电子电器应用与维修	机电一体化技术	572

（2）建立了由对接学校双方教师共同组成的专业建设团队，由双方共同参与制定对接专业的专业教学标准。

由双方根据后续对接企业对于人才的要求，结合自身的实训条件和教师条件，制定出合理的专业教学标准，并以此作为依据进行人才培养，这样既充分发挥了自身教学的优势特点，又避免了教学内容的重叠，使得对接专业的培养更加合理化、体系化，提升了人才培养的质量。由双方共参与的工业机器人技术专业及机电一体化技术专业中高职对接的专业教学标准如附件所示。

（3）以中高职对接为载体，在师资能力培养、专业建设、技能考证、学生技能竞赛方面对中职学校进行全面帮扶，全面提升了中职学校的专业办学水平。

通过对对接学校的帮扶，全面提升了对接学校的专业办学水平，其中帮助

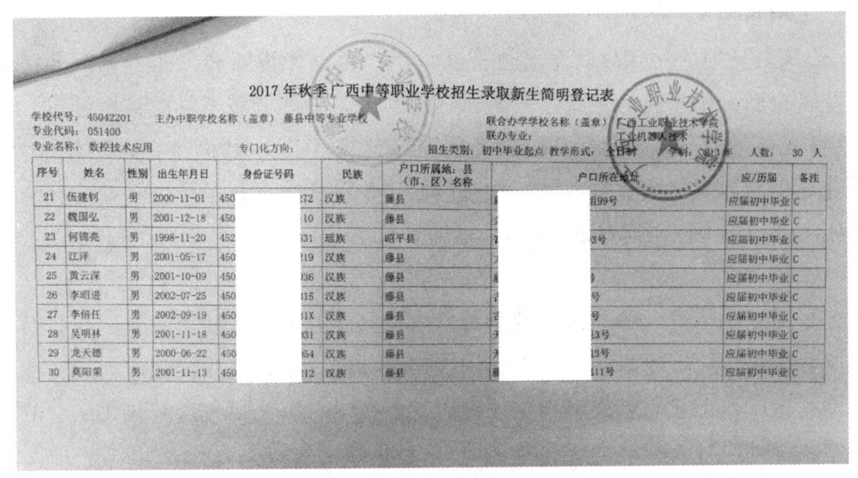

2017年秋季广西中等职业学校招生录取新生简明登记表

学校代号：45042201　主办中职学校名称（盖章）藤县中等专业学校　联合办学学校名称（盖章）广西工业职业技术学院

专业代码：051400　联办专业：工业机器人技术

专业名称：数控技术应用　专门化方向：　招生类别：初中毕业起点　教学形式：全日制　学制：2+3年　人数：30人

序号	姓名	性别	出生年月日	身份证号码	民族	户口所属地：县（市、区）名称	户口所在地址	应/历届	备注
21	伍建钊	男	2000-11-01	450 272	汉族	藤县	组99号	应届初中毕业	C
22	魏国弘	男	2001-12-18	450 10	汉族	藤县		应届初中毕业	C
23	何锦亮	男	1998-11-20	452 31	瑶族	昭平县	3号	应届初中毕业	C
24	江洋	男	2001-05-17	450 219	汉族	藤县		应届初中毕业	C
25	黄云深	男	2001-10-09	450 036	汉族	藤县	号	应届初中毕业	C
26	李昭进	男	2002-07-25	450 315	汉族	藤县	号	应届初中毕业	C
27	李倍任	男	2002-09-19	450 31X	汉族	藤县	号	应届初中毕业	C
28	吴明林	男	2001-11-18	450 031	汉族	藤县	43号	应届初中毕业	C
29	龙天德	男	2000-06-22	450 054	汉族	藤县	43号	应届初中毕业	C
30	莫阳荣	男	2001-11-13	450 212	汉族	藤县	411号	应届初中毕业	C

图4-7　藤县中等专业学校对接专业报备学生名单

桂平一职校建立了完善的电工职业鉴定认证体系，指导并完成了电工中级工的培训和认证；帮助藤县中等专业学校开展学生技能竞赛的指导，最终该校参加全区中职学生技能竞赛“电气安装与维修”项目，获得全区三等奖，实现了该校该项目全区获奖的突破；同时参与该校示范特色专业陶瓷专业的建设中，参与并指导了该专业的示范特色专业及实训基地建设项目的验收工作，并指导该校教师完成了《陶瓷企业供用电技术》教材的编写。

（二）与企业深度对接，以现代学徒制为载体开展“四合作”育人模式改革

为了能够全面提升自动化技术专业群的办学质量，以工业机器人技术专业为龙头，在自动化技术专业群中按照现代学徒制的要求，与优质的企业开展合作招生、合作育人、合作就业、合作办学的“四合作”育人模式改革，先后与亚洲最大、世界前10的林浆纸业集团金光纸业（中国）投资有限公司以及广西50强企业南南铝业股份有限公司开展了合作，并取得了显著的成效。

1. “圆梦计划”——“金光卓越人才”自动化技术现代学徒班

（1）合作思路

金光纸业（中国）投资有限公司，简称APP（中国），是由金光集团核心产业之一的亚洲浆纸有限公司（简称APP）在中国大陆投资设立，是亚洲最大、世界排名前10的林浆纸业集团。

“圆梦计划”的合作思路是以为贫困学子助学圆梦、培养社会卓越人才为宗旨的教育扶贫项目。由金光集团APP（中国）、广西大学、广西工业职业技术学院定向、订单培养高素质的技能型人才。具体建设内容如下：

①招生招工一体

“圆梦计划”采用现代学徒制模式培养，由金光集团和广西工业职业技术学院联合面试招收高考生，学生入学后由广西工业职业技术学院综合管理，课程由广西广业职业技术学院和金光集团 APP（中国）共同承担，学制三年，毕业后由广西工业职业技术学院颁发国家承认的大学专科学历，毕业后到金光集团 APP（中国）各事业部所在地就业。

②校企育人一体

采用双主体育人的现代学徒制培养方式。金光集团 APP（中国）与广西工业职业技术学院针对集团生产工作岗位需要共同办学，公共管理课程和专业基础课程由广西工业职业技术学院承担；专业课采取理论与生产实践相结合的培养模式，分段育人，学生在三年期间将定期到工厂进行认岗、识岗、顶岗实践，由金光集团技术人员指导，学生在寒暑假期间将在工厂参与生产实践。

③学习就业有保障

学生入学的所有费用（包括学费、住宿费等）由公司承担，每学期公司将为每一位学生提供一定的生活补贴。学生毕业后，工资及相关福利待遇不低于金光集团 APP（中国）项目区当地本科毕业生水准。学生毕业就业后，公司对工作业绩优秀者提供继续在岗本科教育的机会。

（2）具体合作步骤及措施

①发挥广西工业职业教育集团作用，面向造纸行业选择优质合作企业。

在广西工业职业教育集团秘书处和专业群产学合作委员会的组织下，2018年3月，集团成员单位金光集团（中国）、广西大学轻工与食品工程学院和广西工业职业技术学院三方领导共同商讨“圆梦计划”卓越人才联合培养项目，促成了在自动化技术相关专业中开展现代学徒制合作的意向。

2018年4月，广西工业职业技术学院、金光纸业集团、广西大学三方在位于广西钦州市钦州港的广西金桂浆纸有限公司隆重举行“圆梦计划”卓越人才联合培养项目签约仪式。本项目以“助学圆梦贫困学子、培养社会卓越人才”为宗旨，由金光纸业集团、广西工业职业技术学院、广西大学轻工与食品工程学院三方定向、订单培养高素质的企业人才。获得“圆梦计划”名额的学生在入学后由广西工业职业技术学院综合管理，课程由三方共同制定，在理论授课期间，校方还会定期安排学生到金光集团下工厂参加观摩学习和岗位实践活动，学制三年，毕业后获得国家承认的大学专科学历证书，金光集团将承担其在大学期间的全部学费和住宿费，并按月给予一定的生活费补助，在学生毕业后为其解决就业问题。

②与企业深入交流，共同确定符合企业要求的人才培养方案

2018 年 5 月，为了能够更好地制订人才培养方案，相关人员到企业开展调研，讨论金光自动化现代学徒制班人才培养方案，广西工业职业技术学院电子与电气工程系主任陶权与自动化专业群负责人庞广富到金光集团下属的位于钦州的广西金桂浆纸业有限公司进行讨论，讨论会采用视频会议形式，参加讨论会的有广西金桂浆纸业有限公司电气、仪表、配电、制浆、造纸等岗位的 10 多位技术人员，还有宁波亚洲浆纸业有限公司的 5 位技术人员、宁波中华浆纸业有限公司的 3 位技术人员。

三家企业就金光制浆、造纸、电气、仪表等岗位所需要的知识、技能和职业素养提出了新要求，希望在掌握制浆、造纸工艺的基础上要有自动化知识和操作技能，特别是要会 DCS 操作；同时要有较高的职业素养、与人沟通的能力、团队合作的精神。

根据岗位要求，校企双方人员对金光自动化现代学徒班开设的课程进行了讨论，由于该班是“制浆造纸专业+自动化专业”混合，双方一致认为课程要拓宽广度，降低深度，同时为了增强教学效果，一些课程要针对岗位进行设置；最后双方就如何根据制浆造纸企业岗位开发企业课程进行了深入交流并达成共识，经过后续方案制订和论证，最终确定了 2018 级金光自动化现代学徒制班人才培养方案。同时对专业教学标准、课程标准、教学组织（教学进度）、在企业挂“教师工作站”、金光自动化现代学徒班开班典礼议程等事项达成初步意见。

③招生招工一体，校企双方联合招生

2018 年 5 月至 6 月，金光集团（中国）学习与发展经理苗文峰亲自带领企业人员与学校老师一起到钦州各中学、贵港二校区及对接中职学校进行招生宣传与面试。组织面试并邀请通过高考录取分数线的学生及学生家长到广西金桂浆纸业有限公司参观，有 25 位学生与企业、学校签订了三方协议，顺利完成了预定招生计划。

（3）具体特色及成效

①校企共同制订“双元育人、校企交替、工程导向、实岗训练”（0.5+0.5+1.0+1.0）的现代学徒制人才培养方案

在广西工业职业教育集团专业群产学合作委员会指导下，合作三方校企共同成立专业建设指导委员会，在对制浆造纸企业岗位任职资格进行深入分析的基础上，遵循企业岗位的人才需求规律，确定专业人才培养的目标。依据人才培养目标，校企双方共同制订人才培养方案。

以现代学徒制为试点，校企共同实施“双元育人、校企交替、工程导向、实岗训练（成才）”（0.5+0.5+1.0+1.0）的人才培养模式改革。采取“校企一体、教师师傅一体、学生学徒一体、教室岗位一体”育人模式，通过双方双向深层嵌入、互动、互聘、互用等途径，双主体共育“现代学徒”、双导师传承“工匠精神”，让学生在“学习、实训、实习”过程中，实现“认岗、识岗、跟岗、顶岗”的价值提升和“学生、学徒、准员工、员工”的身份转变，实现学校学习与企业工作的有效对接，使学生快速成长成才，具体如图 4-8 所示。

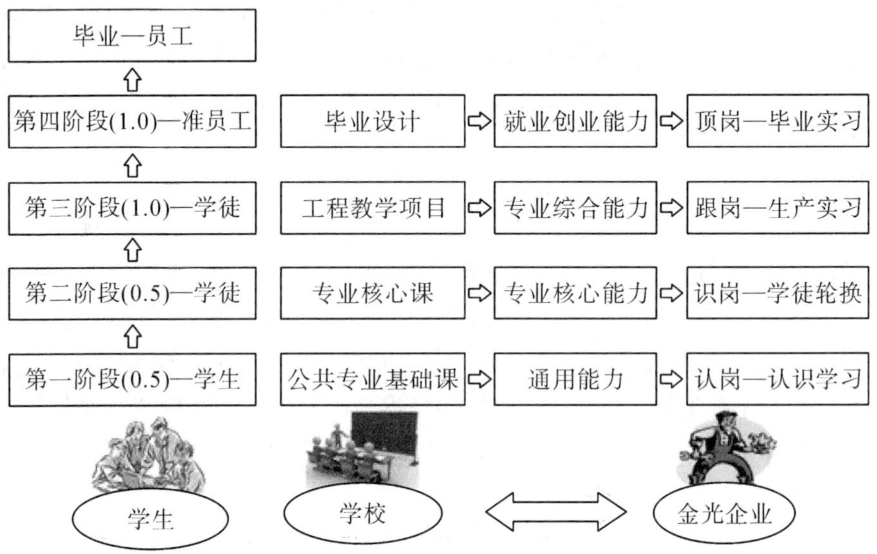

图 4-8 人才培养模式改革

②教学组织方式

基于现代学徒制人才培养模式，学院与金光纸业集团合作，打破传统的教学模式，实施三段式的教学组织模式。该模式下，人才培养过程划分为三个教学阶段，即：以适应金光纸业集团企业的职业岗位需求为导向，着力促进知识传授与生产实践的紧密衔接，改革教学组织方式，在学校和企业穿插进行，促进知识学习、技能实训、工作实践的融合，推动教、学、做的统一，形成 0.5（通识学习+企业认岗）+0.5（基本技能+企业识岗）+1.0（专业技能+企业跟岗）+1.0（就业创业+企业顶岗）教学组织方式，把理论学习与岗位实践有机融合起来，实现人才需求培养无缝对接。

试点班的教学组织实施分为四个阶段：

第一阶段：第一学期（0.5）（通识学习+企业认岗）。

在学校以学习文化基础课、专业基础知识课和基本技能操作为主，在企业以体验认识岗位为主，组织学生参观企业，了解集团企业及其整体业务，了解企业生产工艺流程、设备、控制及产品生产过程，感受企业的文化内涵，让学生真实感受企业工作氛围，促进学生与学徒双重身份的融合；并请企业的专家到校讲授企业文化、员工职业素养、岗位工作标准，使学生了解企业的相关内容。

第二阶段：第二学期（0.5）（基本技能+企业识岗）。

进行学校项目学习和轮岗实训，采取一个月在学校、一个月在企业的轮换模式。在学校期间，进行“理实”一体化教学，强化学生的专业理论知识和技能操作。在企业期间，进行企业课程学习实践，识别岗位技能，在强化技能训练的同时，融入企业标准、规范和职业素养。

第三阶段：第三、四学期（1.0）（专业技能+企业跟岗）。

进行工程项目学习和轮岗实训，采取一个月在学校、一个月在企业的轮换模式。在校期间，进行工程项目教学，强化学生的专业技能和应用知识解决问题的能力。在企业期间，进行企业工程项目课程学习，提高学生的综合能力和职业能力。

第四阶段：第五、六学期（1.0）（企业顶岗+就业创业）。

在企业进行顶岗实习，使学生通过一年的企业课程学习，真正接触到企业的先进设备，领悟企业文化，形成质量意识、产量意识、团队合作精神等。实现毕业设计和顶岗实习的有机结合，由企业师傅全程指导实习，对学徒进行综合评价，取得毕业证书和职业资格证书，成为企业员工。

③校企协同创新“工程项目引领、工作任务驱动、课程壁垒打通、能力分层递进”课程体系改革

以企业对人才需求为依据，以现代学徒制人才培养目标为出发点，以用人单位的岗位分析作为起点，以胜任职业岗位的能力、知识、素质为着眼点，共同构建以学生为中心、能力为本位的现代学徒制课程体系。

在人才培养方案中，构建“核心课程+工程项目”课程模块，创新“工程项目引领、工作任务驱动、课程壁垒打通、能力分层递进”课程体系。以企业真实项目和案例为导向，设计课程体系和内容，与企业一起开发应用型课程，教学内容根据企业需求，以制浆造纸企业实际运行的工程项目作为载体，把工程项目分解成多个工作任务，通过完成教学内容中的每个工作任务，掌握知识应用，训练技术、技能，养成职业素养，培养综合应用能力。具体如图 4-9 所示。

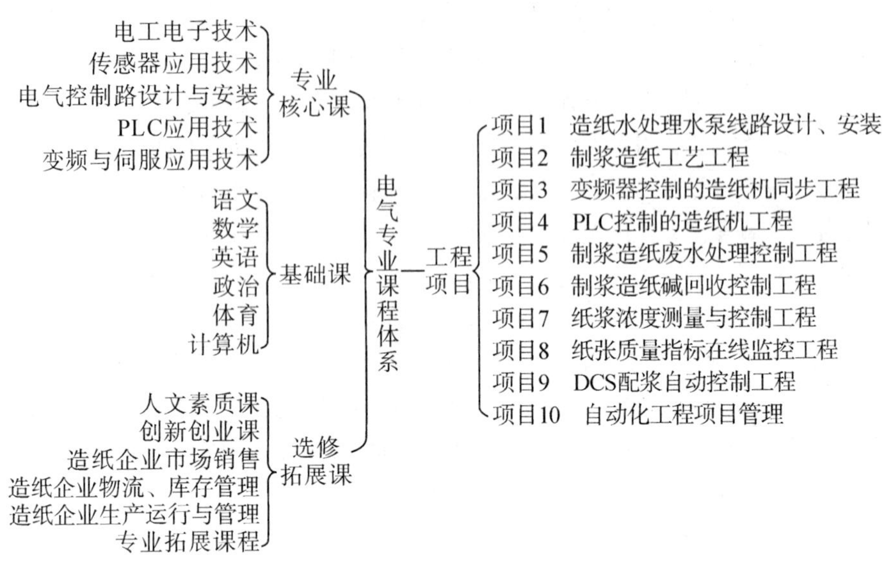

图 4-9　“核心课程+工程项目”课程模块

④课程纵向深入——以“工院云课堂”为平台，实施 5 门专业核心课程的改革创新（详见图 4-10）

将“成果导向、学生为中心”作为教育理念和教学设计理念，聚焦课堂教学主阵地，以“工院云课堂”平台为依托，将课堂教学管理与信息技术深度融合，对《电工应用技术》《应用电子技术》《PLC 应用技术》《电气线路安装与调试》《变频与伺服应用技术》等专业核心课程开展线上线下混合教学改革，以信息技术提升课堂教学管理效率，以信息化为支撑创新课堂教学环境，促进信息技术与专业教学深度、有效的融合，实现无痕的监控、有痕的管理，推动教师教学形态与学生学习方式的深层次变革，形成和推广新型教学模式。其中校企将《电工应用技术》《PLC 应用技术》《电气线路安装与调试》建成精品在线开放课程，建设一个自动化专业群资源库。

⑤课程横向整合——以制浆造纸企业自动化工程案例为载体，提炼 10 个工程教学项目

打破专业界限、课程壁垒，以制浆造纸企业真实的工程项目为载体和纽带，进行课程体系重构，树立大工程观，构建 10 个造纸企业工程项目案例课程体系，强调课程内容的综合性和职业性，将学生、教师和企业紧紧地融合在一起，创新产教深度融合的人才培养机制，形成一个可示范推广的电气自动化技术专业的“工程项目引领、工作任务驱动、课程壁垒打通、能力分层递进”

课程教学模式。

表 4-10　　　　造纸企业工程项目案例课程体系

序号	工程项目	周数	呈现内容（知识点、技能点）	合作企业	学期
1	制浆造纸工艺工程	1	制浆造纸工艺	广西金桂纸业有限公司	3
2	制浆造纸污水处理工程	2	PLC+变频器	广西金桂纸业有限公司	3
3	变频器控制的造纸机 同步工程	3	PLC+变频器+现场总线	广西金桂纸业有限公司	4
4	PLC 控制的造纸机工程	3	PLC+变频器+触摸屏	广西金桂纸业有限公司	4
5	制浆造纸废水处理 控制工程	2	PLC+变频器+触摸屏+电气柜安装	广西金桂纸业有限公司	4
6	制浆造纸碱回收控制工程	2	PLC+变频器+触摸屏	广西金桂纸业有限公司	4
7	纸浆浓度测量与控制工程	2	PLC+仪表+传感器	广西金桂纸业有限公司	4
8	纸张质量指标在线 监控工程	2	PLC+仪表+传感器	广西金桂纸业有限公司	4
9	DCS 配浆自动控制工程	4	DCS+组态+工业以太网	广西金桂纸业有限公司	4
10	自动化工程项目管理	1	招投标+ 图纸	广西金桂纸业有限公司	4
总计	22				

⑥“双导师”团队打造

影响现代学徒制教学质量的关键因素是教学团队的建设水平，因此专兼结合的“双导师”教学团队建设是推行现代学徒制的首要任务，应建立健全双方教师的选拔、培养、考核、激励制度，完善“双带头人”“双导师”“双向挂职”等双元育人制度，形成成熟的管理机制。

整合教学团队。为保证现代学徒制的师资力量，主要采取双导师制度，即在专业建设指导委员会的基础上，企业选派技术专家、高技能人才和能工巧匠等担任学校的兼职教师。

a. 校内导师

电子与电气工程系的自动化专业群教学团队是一支业务熟练、教学经验丰富、结构基本合理的师资队伍，其中教授 2 人、副教授 7 名、讲师 3 名、工程师 3 名、硕士 4 名。该教学团队教师负责金光自动化现代学徒班专业学生的教学工作任务。

b. 企业导师（师傅）

从金光纸业集团的广西金桂浆纸业有限公司中选拔一批技术过硬、业务熟练、现场经验丰富的工程技术人员和管理人员作为企业师傅。

c. 双师指导

学生入学后，每三名学生指定一名学院教师、一名企业师傅进行双师指导，对每位学生三年的学习、生活、个人成长等情况实施跟踪指导。

2. 与南南铝业有限公司校企深度合作开展工业机器人技术专业现代学徒制人才培养模式的探索

智能制造已经成为当今世界技术创新和经济发展的重要推动力，是全球新一轮制造变革的核心，也是主要工业化国家竞争的焦点，中国政府确定了引领《中国制造 2025》的主攻方向。为推进广西制造业统筹规划和前瞻布局，推动广西制造业转型升级和优化发展，加快广西新型工业化步伐，结合广西制造业发展实际，广西壮族自治区人民政府提出了在广西智能制造实施意见中大力推进传统产业“二次创业”。工业机器人技术专业是近年来随着中国制造业升级及技术发展而产生的新专业，是“中国制造 2025”战略的重要组成环节，因此近年来大多数传统工科类的高职院校都相继开设了该专业。由于该专业涉及的技术较为先进，且大多数企业急需该技术领域的相关人才，因此对符合企业要求的高素质技能型人才有着迫切的需求，为校企深度开展现代学徒制人才培养模式奠定了基础。

（1）建设思路

以工业机器人技术专业为龙头开展校企深度对接的“四合作“育人模式，与按照现代学徒制为载体的企业实施共同育人。以服务广西区域经济所需要的智能制造人才为宗旨，培养满足广西壮族自治区政府大力推进传统产业“二次创业”所需的高端技术技能型人才。以工业机器人技术专业为建设核心，通过创新人才培养机制，使人才培养对接国际标准和区域名企、课程设计对接工程项目、实训体系对接产业前沿、师资队伍建设对接名师标准，来带动自动化技术专业群的发展，培养出高质量的自动化类技术技能人才，为广西区域经济的发展做出贡献。

（2）与南南铝业股份有限公司合作，构建现代学徒制人才培养体系

①发挥广西工业职业教育集团的主导作用，由政府部门牵头，建立政、校、企长效联系机制，为开展现代学徒制奠定了基础。

广西工业职业教育集团主动争取上级主管部门自治区工业和信息化委员会的支持，促成广西工业职业技术学院与广西50强企业南南铝业股份有限公司建立了人才培养的长效联系机制，并将共育广西智能制造高素质人才、校企共建生产性实训基地、员工培训以及科研项目等方面的合作作为双方合作的主要方向。双方签订了《校企合作框架协议》《校企合作现代学徒制协议》以及《校企合作培训合同》，为与广西南南铝业股份有限公司深入开展校企合作打下了基础。

②在工业机器人技术专业中创新人才培养方案，校企双方对接国际标准共育智能制造人才。

引进国际职业教育标准悉，以悉尼协议为范式，以现代学徒制为载体，在专业群形成“OBE导向，柔性共育”的人才培养新模式。

依托广西区域经济中迫切需要转型和进行产业升级的大中型企业，以及战略性新兴产业滋生的大批高新企业，以广西南南铝业股份有限公司为合作试点，开展“现代学徒制”试点，在专业群形成“OBE导向，柔性共育”多元交叉并存的特色人才培养新模式，人才培养模式如图4-10所示。

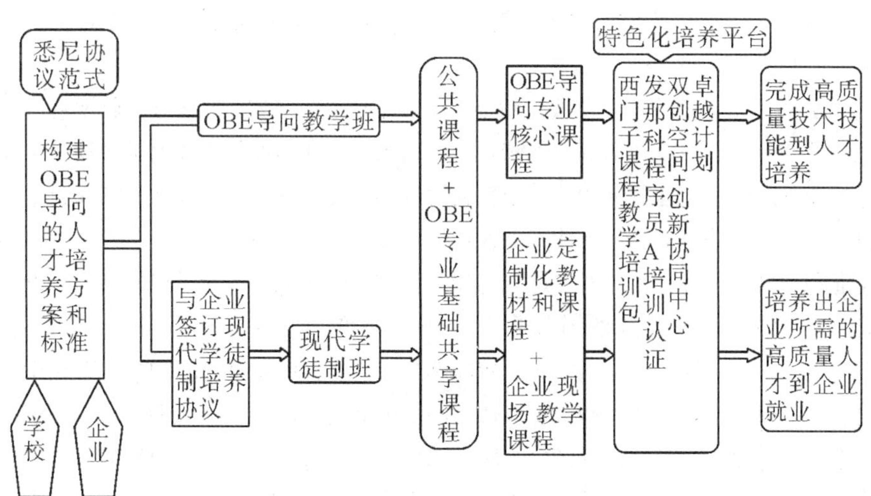

图4-10　“OBE导向，柔性共育”人才培养模式体系

a. “OBE 导向”

将《悉尼协议》为范式的专业建设方式引入专业群核心专业中，在专业群中开展成果导向的人才培养模式改革；同时将部分课程建设体例和方式引入专业群其他专业的核心课程中；在其他专业有条件的课程中开展成果导向的课程标准制定、课程设计、教学设计、教学资源库建设等。

b. 柔性共育

指企业和学校以现代学徒制为载体，共同参与人才的培养。

招生和管理柔性化：可根据企业每年的用人需求，灵活地调整“现代学徒制”班级数量和规模。也可将企业规模较小的“现代学徒制”合成 1 个班，开展教学。

教学柔性化：专业群与企业深度合作，共建 OBE 共享课程、工程案例共享课程，可根据用人单位的需求，灵活地选择课程，将其纳入人才培养方案。也可根据企业的需求，由双方一起定制化地开发课程项目。在教学形式上，可以由双方协商开设企业课程，部分课程到企业中完成。

成绩考核柔性化：建立弹性学分制，使学生到与学校合作的企业进行跟岗实习的学分互换机制，根据企业对于人才的需求，开设针对性的必修课程来与教学计划中的对应课程进行学分互换，以此满足双方的培养要求。

教学资源柔性化：对于不同企业对于人才培养能力的要求，每年完善专业群平台共享课程，开发工程案例教学共享课程，以此来满足不同企业对于能力培养专项课程的需求。

学校按照企业的用人需求，和企业共同制订招生计划，学生进校就读合作专业后即与企业签订就业协议，做到招生即招工，做到专业与产业岗位对接。学校根据企业的生产工业和流程，针对性地设计和开展工业机器人技术和电气自动化技术专业相关课程的教学，使专业课程内容与职业标准对接。学生在校期间，由企业和学校共同制订生产实习课程和教学计划，将一部分的教学内容放到企业中进行跟岗学习，把教室放到企业中去，把企业中的师傅作为老师，真正使教学过程与生产过程对接，教室车间化，教师师傅化。学校根据企业的要求，在校期间开展职业技能证书的培训和考证安排，使学历证书与职业资格证书对接。通过大专的学习，全面提升学生的综合素质，通过创新教育培养体系，培养学生的创新意识和自我学习的能力，使学生在技术上追求卓越的“工匠精神”，培养学生吃苦耐劳、勤俭节约、任劳任怨的“劳模精神”，做到职业教育与终身学习对接。以此推动整个专业群开展人才培养模式改革，全面提升人才培养质量。

③课程建设对接合作企业、国际标准，服务“一带一路”倡议

对照当今智能装备技术领域人才需求能力的要求，对照工业机器人技术专业学生的毕业要求、能力标准、岗位标准，依托具备国际标准的全生命周期智能装备技术实训基地，按照悉尼协议范式结合人才培养目标构建课程体系，设计教学内容。在课程体系中采用“工程项目引领、工作任务驱动、课程壁垒打通、能力分层递进”的课程体系教学改革，依托合作企业，建设18个企业工程项目共享课程，专业群中的专业可根据不同企业的需求选择相应的教学项目。专业群课程体系建设规划如图4-11所示。

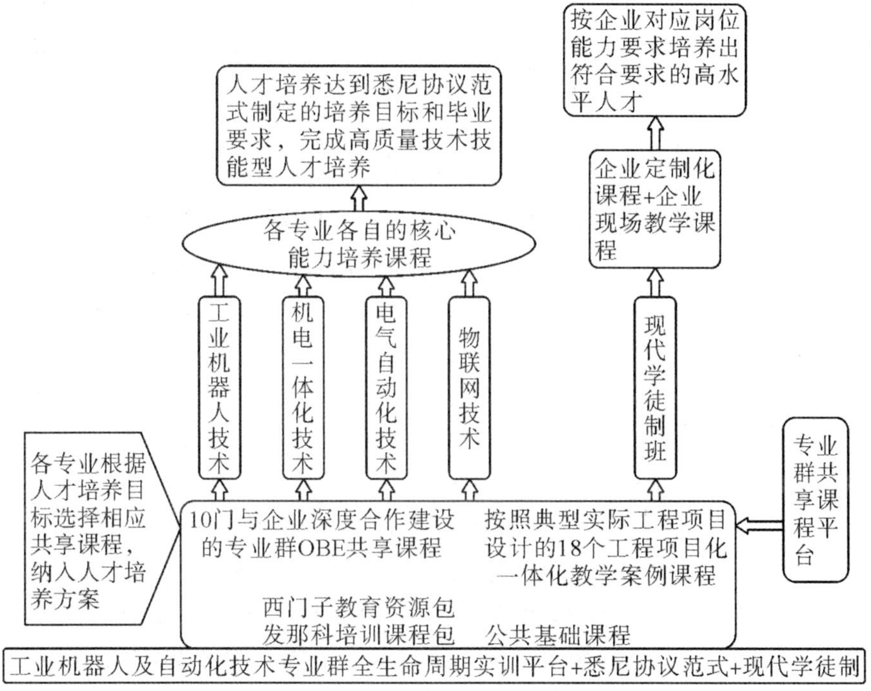

图4-11　专业群课程体系建设规划

④校企共建由双方人员共同组成的混编教学团队。

在工业机器人技术专业中实施校企“双带头”人制，由校企双方共同参与现代学徒制班的人才培养方案制订和课程标准制定，在界定学校课程和企业课程后，由双方各自承担相应课程的教学和成绩评定任务，学生通过企业课程的学习，由专门的师傅教授技艺，能够很快地掌握企业相应岗位的技术技能，通过学校课程的学习，掌握相应的专业基础知识，从而极大地满足了企业对于所需人才的相应能力的培养。

（3）建设成效

①与企业签订了合作协议，打通了合作通道。

学院与南南铝业股份有限公司签订了《校企合作框架协议》《校企合作现代学徒制协议》《校企合作培训合同》，明确将共育广西智能制造高素质人才人、校企共建生产性实训基地、员工培训以及科研项目等作为双方合作的主要方向，并为后续进一步全面开展深入合作打下了基础。

②在 2018 级工业机器人技术专业中尝试开展现代学徒制人才培养合作

计划以 2018 级工业机器人技术专业的学生为主体组建“南南铝现代学徒制”班，并与学生签订就业协议，做到招工即招生。为后续进行课程标准制定、实训基地共建打下了基础。

③为建设混合所有制二级学院打下了基础

在前期合作的基础上，双方就在南南铝业有限公司建设混合所有制二级学院形成了初步意向，计划由双方共同向上级部门申请建设经费，在南南铝业股份有限公司内建设“厂中校”型实训基地及培训中心，进而双方再投入部分资金建设混合所有制二级学院，该方案已经得到了自治区工信委的高度认可，为后续进一步深入开展校企合作明确了方向。

四、实践探索体会

（一）实施中高对接研究探索的体会

1. 应根据中职学校专业的结构特点和定位选择学校

在开展中高职对接实践中得知，在选择对接的中职学校时不能一味追求与规模大、实力相对强的中职学校进行对接，还要根据学校的定位来选择，因为有些学校对于学生培养的定位较高，如桂平一职校和岑溪中等职业技术学校，这些类型的中职学校定位主要以学生升入本科为重点，对于学生升入高职教育仅作为辅助，因此此类学校开展中高职对接的成效并是并不明显。此外，也要考虑对接学校招生的规模以及对于对接专业的重视及投入程度，如北流第一职业学校，其招生相对困难，重点建设的专业也不是自动化类专业，因此对接成功的可能性不大。

选择对接的学校规模适中，办学定位不把升入本科作为重点，同时又把机电类专业作为重点建设的学校，这类学校需要开展中高职对接，通过高职学校实力较强的专业的知名度来促进招生，同时通过高职学校的帮扶来提升自身的办学实力，因此与此类学校开展中高职对接的成功率较高。

2. 需加强与对接中职学校师资间的交流，专业团队教师之间保持长效联

系和沟通机制，深度参与中职学校的招生中

在中高职对接过程中，需建立与对接中职学校间专业教师团队的长效联系和沟通机制，因为中职学生年纪普遍偏小，因此专业教师或班主任对于这部分学生提出的意见往往对学生是否选择升学起到关键作用，只有充分与中职学校对接专业的教师深入沟通，让这些教师认可所对接的高职专业，并在学生中宣传，才能保证对接的成功。同时，需要积极地参与学校的招生，通过高职的影响力保证对接招生的稳定性。

3. 双方相关专业的教师深度参与对接专业的建设中，有利于沟通，有利于充分利用各自的条件合理地制定人才培养方案

双方教师共同参与专业建设、共同制订对接专业的人才培养方案，有利于增进双方教师团队相互间的信任，有利于根据两校的师资和实训设备情况合理地制订人才培养方案，确定合理的课程标准；同时也能够有效地帮助中职学校开展专业建设、教材编写、学生技能竞赛，提升对接学校相关专业的办学实力。

（二）推行现代学徒制人才培养模式体会

广西工业职业技术学院自动化技术专业群推行现代学徒制人才培养模式，有效地找到了企业与学校之间的利益共同点，并结合自身的办学特色，成功地与区域中相关行业的龙头企业开展了现代学徒制合作，并得出如下启示。

1. 根据自身的办学特色，找准行业，找到双方利益的共同点，选择合适的企业开展合作是成功的关键

我院自动化技术专业群在实施现代学徒制的过程中，依托学院轻工和化工行业办学特色的优势，成功与造纸行业的龙头企业金光集团以及有色金属行业的知名企业南南铝业股份有限公司开展了现代学徒制人才培养模式的合作。以企业急需稳定的高素质技术技能型人才为突破口，利用专业行业办学的优势及影响力与企业展开了洽谈，使得企业认可我院相关专业的人才培养模式，并愿意合作开展现代学徒制人才培养。

2. 需充分依据政府对于产业的规划以及人才规划，找准政策突破口，积极联系政府相关部门，使其牵头与相关企业建立长效联系机制

我院自动化技术专业群在实施现代学徒制过程中，充分依托了我院主管上级部门广西壮族自治区工业和信息化委员会主管广西工业规划的这样一个优势平台，在广西近期实施传统产业升级和二次创业这样的背景下，对于高素质技术技能型人才的培养有着强烈需求，因此我院提出的与区域经济相关企业开展现代学徒制人才培养合作，得到了自治区工信委的高度认可，并牵头为我院与

南南铝业股份有限公司建立了长效联系机制，促成了双方间开展现代学徒制人才培养的合作。

3. 需要学校和企业的主要负责人推动才能保证现代学徒制的顺利实施

开展现代学徒制合作，对于学校而言，需要制定专门的招生政策、教学管理制度、学生管理制度，因此涉及学校的多个部门联动，需要学校主要领导牵头推动才可有效实施。

对于企业而言，需要在后续派出专门的人员参与现代学徒制教学，并且要打破现有的部分生产管理制度，同时需要企业配套制定和调整相应的鼓励政策-制度，因此也需要企业的主要负责人牵头推动才可实施。

4. 双方需建立混编教师团队，共同制订人才培养方案，制定相应的课程标准

现代学徒制的目标就是为合作企业定制化的培养符合企业要求的高素质技术技能型人才，因此只有学校专业的骨干教师和企业相关岗位的技术人员共同参与人才培养方案的制订以及课程标准的制定。同时，需根据企业的情况合理地设置教学计划，制定出合理的考核和评价机制，这样才能有效地保证人才培养的质量。

五、应用与推广

（一）提升了专业群的影响力，配套获得了相应的专业建设项目，整体提升了专业的办学水平

通过在自动化技术专业群中有效开展中高职衔接与现代学徒制试点实践探索，有效提升了专业影响力，并获得了上级部门的认可，自动化技术专业群相关专业先后获批成立上级部门的专业建设项目，其中工业机器人技术专业于2015 年获批成立自治区示范特色专业级实训基地建设项目，配套获得了 1 000 万元的建设经费。同时，该专业也被学院列为学院未来发展的国家级一流专业建设规划。2018 年，自动化技术专业群获得广西第一批专业发展研究基地立项（桂教职成〔2018〕37 号文件）。通过这些专业建设项目，极大地推动了整个专业群在校企合作、专业建设、实训基地建设、人才培养质量等方面的提高，全面提升了专业群的办学实力及影响力。

（二）提高了专业建设水平，全面提升了人才培养质量

近几年，自动化技术专业群依托“双对接，四合作”人才培养模式的实践探索，取得了显著成效，其中近三年来教师与企业教师共同参与的课程建设获得广西壮族自治区信息化教学比赛一等奖 1 项、二等奖 2 项、三等奖 2 项，

有一项信息化比赛作品入围国赛，全面提升了课程建设质量。

近几年，学生参加全国职业院校大赛，获得全国高职学生技能竞赛国赛三等奖 2 项、自治区二等奖 2 项、区三等奖 3 项；获得国际级技能竞赛邀请赛三等奖 1 项；获得全国机器人行业类技能比赛二等奖 1 项。

专业学生近三年来的一次性就业率分别为 92.5%、93.2%、94.2%，对口就业率分别为 75.3%、81.2%、83.4%。

（三）自动化技术专业群现代学徒制模式得到了认可和推广

自动化技术专业群开展的现代学徒制建设，获得学院和上级部门的认可，于 2018 年获准成立教育厅立项建设的校企合作专业建设和课程开发试点专业（桂教亚行办〔2018〕1 号文件）。2018 年，被教育厅立项作为广西壮族自治区现代学徒制试点专业，通过立项建设，有了标志性的建设成果，并进行完善和推广。

六、附件：中高职衔接工业机器人技术专业教学标准

（一）专业名称

工业机器人技术专业。

（二）专业代码

560309。

（三）生源类型

对口、单招。

（四）学制与学历

学制：基本修业年限 5 学年，弹性学制可延长 2 年。

学历：大专。

（五）职业面向及职业能力要求

1. 职业面向

初始岗位群：工业机器人操作、工业机器人维护与保养、工业机器人安装与调试等。

发展岗位群：经过 3~5 年上述就业领域的工作，可从事面向汽车制造业、机械装备制造业、电工电子及其他制造业的从事工业机器人系统的模拟、编程、调试、操作、销售及工业机器人应用系统维护维修与管理、生产管理及服务于生产第一线的工作。

主要就业单位类型：加工制造类

主要就业部门：生产或者维修部门

可从事的工作岗位：工业机器人操作、工业机器人机械安装、工业机器人电器安装、工业机器人电气调试、工业机器人程序设计、工业机器人维护保养、工业机器人销售、工业机器人售后服务等岗位。

岗位能力分析表如表 4-11 所示。

表 4-11　　岗位能力分析表

序号	岗位名称	岗位类别		岗位描述	岗位能力要求
		初始岗位	发展岗位		
1	工业机器人基础编程与调试	工业机器人电气调试员、工业机器人维修工	工业机器人编程工程师、工业机器人系统集成工程师	进行元器件选型，绘制电气原理图、触摸屏，进行 PLC 编程，进行调节变频器，步进，进行伺服调试、使用说明书及资料归档	1. 能使用编程并调试工具； 2. 能对机器人 I/0 进行设定； 3. 能对工业机器人工具坐标系进行设定； 4. 能对工业机器人工件坐标系进行设定； 5. 能对工业机器人载荷测定； 6. 能创建宏程序并调用子程序； 7. 能读懂已有程序； 8. 能判定程序错误并修改； 9. 能使用指令进行简单编程； 10. 能完成手动、自动程序调试； 11. 能进行信号通信，查询信号缺失； 12. 能使用安全功能防护功能。
2	工业机器人电气安装与维护	工业机器人电气调试员、工业机器人电气安装员	工业机器人电气安装工程师	按照设备安装规范或者要求安装设备、敷设电缆及接线 1. 进行配线电气的调整及用户接改线工作； 2. 进行用户引线的架设拆除及整修； 3. 进行直接、复接、交接配线。	1. 能读懂电气线路图； 2. 能进行电气线路接线； 3. 能发现并确定电气线路故障，检查并锁定电气故障原因，并排除故障； 4. 能正确操作停电、送电； 5. 能查阅故障手册，锁定故障代码； 6. 组合电气元件安装及调试； 7. 能定义机器人 I/0； 8. 能定义用户信号； 9. 能修改用户信号； 10. 在生产过程中由非硬件损坏导致的报警停机后，能快速恢复生产。

表4-11(续)

序号	岗位名称	岗位类别		岗位描述	岗位能力要求
		初始岗位	发展岗位		
3	工业机器人机械安装与维护	工业机器人机械调试员、工业机器人机械安装员	工业机器人机械安装工程师	布置计划调度人员做好各项生产准备工作；监督检查生产过程的指挥与控制，保证生产作业的连续性、均衡性。 1. 对生产部人员进行培训； 2. 对零部件的要求进行加工与检测； 3. 软件的运用以及软件的测试。	1. 能发现确定机械故障； 2. 能锁定机械故障原因； 3. 能对除机器人本体外机械附件进行机械调试； 4. 能对变速箱油位、动力电缆保护壳进行检查及维护并能更换齿轮油、润滑油； 5. 能清洁机器人、机械手、控制柜和空气过滤器； 6. 能对机器人周边设备进行维护； 7. 能对机器人装夹具进行检查和维护。
4	工业机器人销售	工业机器人销售员	工业机器人市场销售策划师	受理各种销售业务，接受顾客的咨询，办理顾客的投诉处理以及客户的维系等 1. 受理机器人业务咨询； 2. 受理机器人用户的安装、迁移、过户及账务处理等业务； 3. 解决受理中的各种疑难问题。	1. 制定营销策略，向客户宣传、销售公司的产品和服务； 2. 开发新的市场领域，维护客户关系，建立稳定的客户资源； 3. 整理相关客户的资料，收集市场信息，并及时予以反馈； 4. 能读懂电气线路图； 5. 能进行电气线路接线； 6. 能发现并确定电气线路故障； 7. 检查并锁定电气故障原因； 8. 能排除故障。

2. 典型工作任务及其工作过程（见表 4-12）

表 4-12 典型工作任务及工作过程分析表

序号	典型工作任务	工作过程
1	工业机器人设定	1. 工作内容：设定工业机器人 I/O、工具坐标系、工件坐标系，校验新出厂工业机器人。 2. 工作对象：设定控制柜、校验机器人 3. 工具：产品手册、用户手册 4. 工作方法： （1）查阅资料的方法； （2）示教器的使用方法； （3）机器人载荷计算方法。 5. 劳动组织： （1）一般以小组形式施工； （2）从项目负责人处领取工作任务； （3）与其他部门有效沟通、协调，创造施工条件； （4）与同事有效沟通，合作完成施工任务； （5）从仓库领取专用工具和材料； （6）完工自检后交付项目负责人验收。 6. 工作要求： （1）能对机器人 I/0 进行设定； （2）能对工业机器人工具坐标系进行设定； （3）能对工业机器人工件坐标系进行设定； （4）能对工业机器人进行载荷测定。
2	工业机器人基础编程操作	1. 工作内容：使用测试工具进行编程，能够检验程序的正确性和合理性，能够查找程序错误并修正。 2. 工作对象：控制柜、机器人本体、示教器。 3. 工具：计算机、编程软件、工业机器人虚拟仿真软件、产品手册。 4. 工作方法： （1）编程软件使用方法； （2）计算机使用方法； （3）查阅资料的方法。 5. 劳动组织： （1）独立施工； （2）从项目负责人处领取工作任务； （3）与其他部门有效沟通、协调，创造施工条件； （4）与同事有效沟通，合作完成施工任务； （5）从仓库领取专用工具和材料； （6）完工自检后交付项目负责人验收。 6. 工作要求： （1）能使用编程及调试工具； （2）能创建宏程序及调用子程序； （3）能读懂已有程序； （4）能判定程序错误并修改； （5）能使用指令进行简单编程。

表4-12(续)

序号	典型工作任务	工作过程
3	工业机器人功能调试	1. 工作内容：调试工业机器人手动、自动程序，查询缺失信号，进行信号通信。 2. 工作对象：机器人本体及控制柜。 3. 工具：计算机、电工工具、万用表。 4. 工作方法 （1）常用电工工具和仪表的使用方法； （2）安装工具的使用方法； （3）安全用电、触电急救的方法； （4）查阅资料的方法； 5. 劳动组织： （1）一般以小组形式施工； （2）从项目负责人处领取工作任务； （3）与其他部门有效沟通、协调，创造施工条件； （4）与同事有效沟通，合作完成施工任务； （5）从仓库领取专用工具和材料； （6）完工自检后交付项目负责人验收。 6. 工作要求： （1）能完成手动、自动程序调试； （2）能进行信号通信，查询信号缺失； （3）能使用安全功能、防护功能。

表4-12(续)

序号	典型工作任务	工作过程
4	电气线路接线与维护	1. 工作内容： 正确停电后，进行电气线路接线（或维护设备），用专用仪器、仪表测试设备的正确性和安全性后，正确恢复送电。 2. 工作对象： 电气设备或控制柜。 3. 工具：电工常用工具（如电笔、剥线钳、尖嘴钳等等）、仪表（万用表、兆欧表等等）、安装工具（如冲击钻、切割机电钻、手锯、弯管弹簧、梯子等）、劳保用品。 4. 工作方法： （1）常用电工工具和仪表的使用方法； （2）导线的连接和绝缘恢复方法； （3）线路的敷设方法； （4）安装工具的使用方法； （5）查阅资料的方法； （6）导线的选择方法； （7）安全用电、触电急救的方法； （8）钳工工具和量具的使用方法； （9）导线的选择方法。 5. 劳动组织： （1）一般以小组形式施工； （2）从项目负责人处获知工作任务； （3）与其他部门有效沟通、协调，创造施工条件； （4）与同事有效沟通，合作完成施工任务； （5）从仓库领取专用工具和材料； （6）完工自检后交付项目负责人验收。 6. 工作要求： （1）能读懂电气线路图； （2）能进行电气线路接线； （3）能发现并确定电气线路故障，检查并锁定电气故障原因，并排除故障； （4）能正确操作停电、送电； （5）能查阅故障手册，锁定故障代码； （6）组合电气元件安装并调试。

表4-12(续)

序号	典型工作任务	工作过程
5	I/O 设置及应用	1. 工作内容： 定义工业机器人 I/O，定义用户信号及修改用户信号。 2. 工作对象： 工业机器人控制柜。 3. 工具： 计算机、编程软件、产品手册。 4. 工作方法： （1）编程软件使用方法； （2）计算机使用方法； （3）信号分配的方法。 5. 劳动组织： （1）独立施工； （2）从项目负责人处领取工作任务； （3）与其他部门有效沟通、协调，创造施工条件； （4）与同事有效沟通，合作完成施工任务； （5）从仓库领取专用工具和材料； （6）完工自检后交付项目负责人验收。 6. 工作要求： （1）能定义机器人 I/O； （2）能定义用户信号； （3）能修改用户信号。

表4-12(续)

序号	典型工作任务	工作过程
6	生产设备恢复	1. 工作内容： 快速查找出非硬件故障所产生的影响生产因素并排除。 2. 工作对象： 机器人本体、机器人外围设备。 3. 工具： 电工常用工具（如电笔、剥线钳、尖嘴钳等等）、仪表（万用表、兆欧表等等）、安装工具（如冲击钻、切割机电钻、手锯、弯管弹簧、梯子等）、劳保用品。 4. 工作方法： （1）常用电工工具和仪表的使用方法； （2）导线的连接和绝缘恢复方法； （3）安装工具的使用方法； （4）查阅资料的方法； （5）安全用电、触电急救的方法； （6）钳工工具和量具的使用方法。 5. 劳动组织： （1）一般以小组形式施工； （2）从项目负责人处获知工作任务； （3）与其他部门有效沟通、协调，创造施工条件； （4）与同事有效沟通，合作完成施工任务； （5）从仓库领取专用工具和材料； （6）完工自检后交付项目负责人验收。 6. 工作要求： 在生产过程中由非硬件损坏导致的报警停机后，快速恢复生产。

表4-12(续)

序号	典型工作任务	工作过程
7	机械故障诊断	1. 工作内容: 预防机械故障的发生，发现机械故障并排除机械故障。 2. 工作对象: 机器人本体、机器人外围设备 3. 工具: (1) 机械加工技术规范、标准等资料; (2) 钳工常用工具: 手锤、锯弓、铰手、平板、V 型铁 、样冲 ; (3) 钳工常用量具: 游标卡尺、万能量角器、千分尺、直角尺、塞尺、高度尺; (4) 钳工常用刀具: 锉刀、錾子、锯条、钻头、铰刀、丝锥; (5) 钳工常用设备: 钻床、台虎钳、砂轮机。 4. 工作方法: (1) 确定必要的加工零配件的工量刃具; (2) 确定加工工艺; (3) 读图、手工绘图方法; (4) 材料选择、技术参数查找; (5) 与班长、车间主任或工作协作人员沟通。 5. 劳动组织: (1) 自定义或从班长、车间主任处获知工作任务; (2) 根据任务要求，独立或是以合作形式完成作业内容; (3) 确定工作任务后，分析工艺、准备加工的工量刃具，到仓库处领取材料及工量刃具。 6. 工作要求: (1) 能发现机械故障; (2) 能锁定机械故障原因。

表4-12(续)

序号	典型工作任务	工作过程
8	附件机械调试	1. 工作内容: 调试与工业机器人相联系的外围设备机械。 2. 工作对象: 外围设备机械 3. 工具 (1) 机械加工技术规范、标准等资料。 (2) 钳工常用工具:手锤、锯弓、铰手、平板、V 型铁 、样冲。 (3) 钳工常用量具:游标卡尺、万能量角器、千分尺、直角尺、塞尺、高度尺。 (4) 钳工常用刀具:锉刀、錾子、锯条、钻头、铰刀、丝锥。 (5) 钳工常用设备:钻床、台虎钳、砂轮机。 4. 工作方法: (1) 确定必要的加工零配件的工量刃具; (2) 确定加工工艺; (3) 读图、手工绘图方法; (4) 材料选择、技术参数查找; (5) 与班长、车间主任或工作人员沟通。 5. 劳动组织: (1) 自定义或从班长、车间主任获知工作任务; (2) 根据任务要求,独立或是以合作形式完成作业内容; (3) 确定工作任务后,分析工艺、准备加工的工量刃具,到仓库处领取材料及工量刃具。 6. 工作要求: 能对除机器人本体外的机械附件进行机械调试。

表4-12(续)

序号	典型工作任务	工作过程
9	机器人保养	1. 工作内容： 检查变速箱油位、动力电缆保护壳；清洁工业机器人、机械手、控制柜和空气过滤气；检查和维护机器人周边设备及工业机器人工装夹具。 2. 工作对象： 变速箱、保护壳、机器人、机械手、控制柜、周边设备、公装夹具。 3. 工具： (1) 工业机器人检修与维护任务要求、企业网站、电工手册、PLC 编程手册、变频器使用手册及各种参考资料。 (2) 完成该任务需要电工常用工具。 (3) 随机配套工具和自制工具，特种螺丝批、气动工具、电动工具等。 4. 工作方法： (1) 与车间主任、班长、设备操作工、调度员、质检员和维修合作伙伴就工作内容或工作单进行沟通； (2) 确定必要的专用工具和保养设备； (3) 设备保养方法； (4) 制定并完成设备保养作业项目的工作计划； (5) 自检、互检或检验保养质量； (6) 填写设备保养记录单。 5. 劳动组织： (1) 教师安排工作任务； (2) 采取独立或合作形式，在老师指导下完成作业内容； (3) 确定作业项目后，准备保养工具，到材料或备件仓库领取相关材料和配件； (4) 完工后自检，视情况将设备交给操作人员并检验是否合格。 6. 工作要求： (1) 能对变速箱油位、动力电缆保护壳进行检查及维护，并能更换齿轮油、润滑油； (2) 能清洁机器人、机械手、控制柜和空气过滤器； (3) 能对机器人周边设备进行维护； (4) 能对机器人装夹具进行检查和维护。

表4-12(续)

序号	典型工作任务	工作过程
10	销售工业自动化及机器人设备	1. 工作内容： (1) 负责企业产品和服务的推广、网络营销、广告宣传等。 (2) 对工业机器人的营销现状进行分析，以确定机器人在网络营销过程中所存在的问题。 (3) 了解企业的投入和期望回报，确认网络营销的目标。 2. 工作对象：客户 3. 工具：产品资料、销售资料 4. 工作方法： (1) 与客户沟通的方法； (2) 了解客户需求的方法； (3) 制定完成销售作业项目的工作计划。 5. 劳动组织 (1) 教师安排工作任务； (2) 采取独立或合作的形式，在老师的指导下完成作业内容。 6. 工作内容： (1) 制定营销策略，向客户宣传、销售公司的产品和服务； (2) 开发新的市场领域，维护客户关系，建立稳定的客户资源； (3) 整理相关客户的资料，收集市场信息，并及时予以反馈。

表4-12(续)

序号	典型工作任务	工作过程
11	售后服务工作	1. 工作内容：为客户解决使用设备过程中遇到的问题；调试客户购买的设备；保障客户购买的设备正常使用。 2. 工作对象：客户、工业机器人及附件设备 3. 工具：电工常用工具（如电笔、剥线钳、尖嘴钳等等）、仪表（万用表、兆欧表等等）、安装工具（如冲击钻、切割机电钻、手锯、弯管弹簧、梯子等）、劳保用品。 4. 工作方法： （1）常用电工工具和仪表的使用方法； （2）导线的连接和绝缘的恢复方法； （3）安装工具的使用方法； （4）查阅资料的方法； （5）安全用电、触电急救的方法； （6）钳工工具和量具的使用方法。 5. 劳动组织： （1）一般以小组形式施工； （2）从项目负责人处获知工作任务； （3）与其他部门有效沟通、协调，创造施工条件； （4）与同事有效沟通，合作完成施工任务； （5）从仓库领取专用工具和材料； （6）完工自检后交付项目负责人验收。 6. 工作要求： （1）能读懂电气线路图； （2）能进行电气线路接线； （3）能发现并确定电气线路故障； （4）检查并锁定电气故障原因； （5）能排除故障。

（六）培养目标

本专业主要面向智能制造装备、汽车、机械加工、食品、新能源等行业，培养拥护党的基本路线，德、智、体、美等全面发展，具有良好的科学文化素养、职业道德和扎实的文化基础知识，具有获取新知识、新技能的意识和能力，能适应不断变化的工作需求，掌握现代工业机器人安装、调试、维护方面的专业知识和操作技能，具备机械结构设计、电气控制、传感技术、智能控制等专业技能，能从事工业机器人系统的模拟、编程、调试、操作、销售及工业机器人应用系统维护维修与管理、生产管理及服务于生产第一线工作的高素质的技术技能型人才，详见表4-13。

表 4-13　　　　　　　　**工业机器人技术专业培养目标**

序号	具体内容
A	能够解决工业机器人程序设计、安装、调试、维护保养的实际问题
B	能够在工作中发挥有效的组织、沟通和协调作用
C	能够使自己的工作行为符合道德伦理的要求
D	能够通过继续教育或职业培训不断提升自身的能力
E	能够为广西地区工业机器人的发展做出贡献

（七）毕业要求（见表 4-14）

表 4-14　　　　　　　　**工业机器人技术专业毕业要求**

序号	毕业要求	对应的培养目标
1	能够具备良好的口头和书面表达能力	B
2	能够熟练地操作计算机及相关软件	A，B
3	能够运用英文进行简单的对话交流，能看懂专业技术文献	A，B
4	能够熟练掌握检索工具，运用现代信息技术进行自主学习	A，D
5	能够运用电工基础、电子技术基础、PLC、液压与气动、变频调速、传感技术、编程技术等知识解决工程中的问题	A
6	能掌握基本的创新方法，具有创新的意识和创业的素质	A
7	能够根据工艺要求对工业机器人进行程序设计、安装、调试、维护和保养	A
8	在工业机器人进行程序设计、安装、调试、维护和保养的过程中综合考虑经济、安全、环境、健康、道德伦理等因素	A，C
9	具备团队领导能力，能够有效沟通、协调工作中的各项问题，具有责任意识和职业道德	B，C
10	具备终身学习的意识，了解对接本专业继续深造以及参加职业培训的途径	D
11	熟悉广西地区工业机器人技术领域发展的现状、趋势	E

（八）毕业要求指标点（见表4-15）

表4-15　　工业机器人技术专业毕业要求指标点

序号	毕业要求	指标点序号	对应的指标点
1	能够具备良好的口头和书面表达能力	1.1	能够准确表达自己的观点
		1.2	能够撰写规范的科技论文
2	能够熟练地操作计算机及相关软件	2.1	能够熟练操作计算机，开展编程及人机界面组态
		2.2	能熟练使用办公软件及自动化专业软件
3	能够运用英文进行简单的对话交流，能看懂专业技术文献	3.1	能用英语进行简单的口头和书面交流
		3.2	能阅读国内外专业技术文献和国际标准
4	能够熟练地掌握检索工具，运用现代信息技术进行自主学习	4.1	能利用各类检索工具，收集各类信息
		4.2	能利用现代各种信息技术，进行自主学习
5	能够运用电工基础、电子技术基础、PLC、液压与气动、变频调速、传感技术、编程技术等知识解决工程中的问题	5.1	能利用自动化专业知识解决工作中的问题
		5.2	能利用PLC等知识解决实际工程中出现的技术改造问题
6	能掌握基本的创新方法，具有创新的意识和创业的素质	6.1	能利用基本的技术创新方法，开展程序设计
		6.2	具备创新意识和创业的基本素质
7	能够根据工艺要求对工业机器人进行程序设计、安装、调试、维护和保养	7.1	能利用工业机器人技术知识，根据工艺要求编写程序、安装设备及调试设备
		7.2	能利用工业机器人基本知识维护和保养设备
		7.3	按照规范整理、记录相关资料
8	在工业机器人进行程序设计、安装、调试、维护和保养的过程中能综合考虑经济、安全、环境、健康、道德伦理等因素	8.1	遵守有关环保、安全的规范制度要求
		8.2	在工作过程中养成良好的基本工作规范
		8.3	遵守安全施工规范，树立责任意识、环保意识，遵守职业道德

表4-15(续)

序号	毕业要求	指标点序号	对应的指标点
9	具备团队领导能力，能够有效沟通、协调工作中的各项问题，具有责任意识和职业道德	9.1	能进行有效的沟通、协调，完成工作任务
		9.2	能很好地领导团队出色地完成工作任务，并具有责任意识和职业道德
10	具备终身学习的意识，了解对接本专业继续深造以及参加职业培训的途径	10.1	能根据工业机器人专业发展的现状及趋势，制定学习目标
		10.2	了解继续深造及参加培训的途径
11	熟悉广西地区及珠三角地区工业机器人技术领域的发展现状、趋势	11.1	能利用现代信息技术，了解工业机器人相关品牌及技术性能
		11.2	了解工业机器人的现状及发展趋势

（九）专业课程体系（见表4-16、表4-17）

表4-16　　工业机器人技术专业课程体系

序号	课程名称（学习领域）	对应的典型工作任务
1	★工业机器人应用基础	1. 工具坐标系设置 2. 用户坐标系设置 3. 编写工业机器人程序 4. 工业机器人I/O配置 5. 系统备份和加载 6. 工业机器人保养
2	★工业机器人系统集成	1. KUKA机器人 2. 机器人连接PLC 3. 机器人搬运 4. 机器人焊接 5. 传感器的连接 6. 电机的连接 7. 夹具和手爪 8. 电气成套设计

表4-16(续)

序号	课程名称（学习领域）	对应的典型工作任务
3	★变频伺服驱动及工业网络技术	1. 变频、伺服的速度给定 2. 变频、伺服的启动与正反转控制 3. 变频器制动及保护控制电路 4. 变频器并联控制电路 5. 工频-变频切换控制电路 6. 西门子 S7-200 控制步进电动机的调速 7. PLC 的高速输出点控制步进电动机 8. 基于多个 S7-200PLC 的工业以太网络构建与运行 9. 基于 S7-300/S7-200PLC 的工业以太网络构建与运行 10. 任务 7.4 基于 S7-300/S7-200PLC 与 WinCC 的工业以太网络构建与运行 11. 基于 S7-300/S7-200 与 HMI 的 DP 网络构建与运行 12. 基于多个 S7-300 与 WinCC 的 DP 网络构建与运行 13. 基于 S7-300 与 MM440 的 DP 网络构建与运行 14 任务 8.5 基于 S7-300/S7-200 的 MPI 网络构建与运行 15. 基于多个 S7-200 的 PPI 网络构建与运行
4	★工业机器人生产线仿真技术	1. 轨迹实训模块虚拟仿真 2. 模拟涂胶虚拟仿真 3. 焊接虚拟仿真 4. 数控加工虚拟仿真
5	液压与气动技术	1. 机械加工生产线上零件的加工和组装 2. 黏稠液体的自动计量灌装 3. 有毒气体（如煤气等）的自动计量灌装
6	机械基础	1. 齿轮的装配 2. 轴承的装配 3. 电机的装配 4. 螺母的装配 5. 螺杆的装配
7	★ SOLIDWORKS 及机器人工具设计	1. 机械识图和制图 2. 常见机构 3. 简单零件设计 4. 机构设计实例

表4-16(续)

序号	课程名称（学习领域）	对应的典型工作任务
8	传感检测与 PLC 应用技术	1. PLC 控制三相异步电动机正反转 2. PLC 控制三相异步电动机星三角降压启动 3. PLC 控制十字路口交通灯 4. PLC 制作四路抢答器 5. 电容传感器启动 PLC 控制四个 LED 不同的工作状态 6. 光电式传感器启动 PLC 控制四个 LED 不同的工作状态 7. 使用电感传感器启动 PLC 控制四个 LED 不同的工作状态 8. 几种传感器组合识别不同的物料 9. 超声波传感器制作水箱控制系统 10. 压力传感器制作恒液位控制系统
9	EPLAN 技术与电气控制	1. 认识并简单使用 EPLAN 软件 2. 使用 EPLAN 软件绘制三相异步电动机连续运行控制柜的电气图形 3. 安装三相异步电动机连续运行控制柜 4. 检修三相异步电动机连续运行控制电路 5. 使用 EPLAN 软件绘制三相异步电动机正反转控制柜的电气图形 6. 安装三相异步电动机正反转控制柜 7. 检修三相异步电动机正反转控制电路 8. 使用 EPLAN 软件绘制三相异步电动机两地控制的电气图形 9. 安装三相异步电动机两地控制控制柜 10. 检修三相异步电动机两地控制控制电路 11. 使用 EPLAN 软件绘制三相异步电动机星三角降压启动控制柜的电气图形 12. 安装三相异步电动机星三角降压启动控制柜 13. 检修三相异步电动机星三角降压启动控制电路 14. 使用 EPLAN 软件绘制三个典型机床控制柜的电气图形 15. 检修三个典型机床转控制电路 16. 设计并绘制一典型继电控制线路 17. 安装并调试典型继电控制线路

表4-16(续)

序号	课程名称（学习领域）	对应的典型工作任务
10	电子应用技术	1. 常用电子仪器仪表的使用及简单维护 2. 元器件识别、分类、检测及整形 3. 直流电源（整流、滤波、稳压）电路的安装调试 4. 放大电路的安装调试 5. 运算放大电路的安装调试 6. 振荡电路的安装调试 7. 门电路和触发器的安装调试 6. 计数显示电路的安装调试 7. 555 电路的安装调试
11	机械制图	1. 零件图的绘制 2. 装配图的绘制 3. 三维实体的绘制
12	电工应用技术	1. 电气安全用电 2. 电工基本常识及测量仪表使用 3. 万用表电路分析及维护 4. 室内照明线路的设计与安装 5. 小型变压器的应用与测试 6. 电动机控制线路安装与调试

表 4-17　　工业机器人技术专业课程体系

毕业要求	毕业要求指标点	★工业机器人应用基础	★工业机器人系统集成	★变频伺服驱动及工业网络技术	★工业机器人生产线仿真技术	液压与气动技术	机械基础	★SOLIDWORKS 及机器人工具设计	传感检测与 PLC 技术	EPLAN 技术与电气控制	电子应用技术	机械制图	电工应用技术	工业机器人视觉技术
1	能够准确表达自己的观点	√	√	√	√			√	√					√
2	能够撰写规范的科技论文	√	√	√	√									
3	能熟练使用办公软件及自动化专业软件	√			√	√		√	√	√		√		√

表4-17(续)

毕业要求	毕业要求指标点	★工业机器人应用基础	★工业机器人系统集成	★变频伺服驱动及工业网络技术	★工业机器人生产线仿真技术	液压与气动技术	机械基础	★SOLIDWORKS及机器人工具设计	传感检测与PLC技术	EPLAN技术与电气控制	电子应用技术	机械制图	电工应用技术	工业机器人视觉技术
4	能够熟练操作计算机，开展编程及人机界面组态	√	√	√	√				√					√
5	能用英语进行简单的口头和书面交流								√	√				
6	能阅读国内外专业技术文献和国际标准	√	√	√	√									
7	能利用各类检索工具，收集各类信息	√	√		√			√	√				√	√
8	能利用现代各种信息技术，进行自主学习	√		√			√	√		√				√
9	能利用自动化专业知识解决工作中的问题					√			√	√	√	√	√	
10	能利用PLC等知识解决实际工程中出现的技术改造问题			√					√					
11	能利用基本的技术创新方法，开展程序设计	√							√					
12	具备创新意识和创业的基本素质						√					√	√	

表4-17(续)

毕业要求	毕业要求指标点	★工业机器人应用基础	★工业机器人系统集成	★变频伺服驱动及工业网络技术	★工业机器人生产线仿真技术	液压与气动技术	机械基础	★SOLIDWORKS及机器人工具设计	传感检测与PLC技术	EPLAN技术与电气控制	电子应用技术	机械制图	电工应用技术	工业机器人视觉技术
13	能利用工业机器人技术知识，根据工艺要求编写程序，安装设备并调试设备	√	√	√	√				√					√
14	能利用工业机器人基本知识维护和保养设备		√			√	√					√		
15	按照规范整理、记录相关资料	√	√	√			√	√		√		√		√
16	遵守有关环保、安全的规范制度要求	√	√	√			√					√	√	
17	在工作过程中养成良好的基本工作规范		√	√	√									√
18	遵守安全施工规范，树立责任意识、环保意识，遵守职业道德	√	√		√									
19	能进行有效的沟通、协调，完成工作任务	√	√		√			√		√				
20	能很好地领导团队出色完成工作任务，并具有责任意识和职业道德		√					√		√				

表4-17(续)

毕业要求	毕业要求指标点	★工业机器人应用基础	★工业机器人系统集成	★变频伺服驱动及工业网络技术	★工业机器人生产线仿真技术	液压与气动技术	机械基础	★SOLIDWORKS 及机器人工具设计	传感检测与 PLC 技术	EPLAN 技术与电气控制	电子应用技术	机械制图	电工应用技术	工业机器人视觉技术
21	能根据工业机器人专业发展的现状及趋势，制定学习目标	√	√		√									
22	了解继续深造及参加培训的途径	√	√		√									
23	能利用现代信息技术，了解工业机器人相关品牌及技术性能	√	√		√									√
24	了解工业机器人当前现状及发展趋势	√	√		√									

（十）主要课程内容（见表4-18至表4-28）

表4-18　★工业机器人应用基础

课程名称	★工业机器人应用基础		
开设学期	第6学期	基准学时	96学时
职业能力要求： 能进行工业机器人的操作、编程及简单的维护保养，根据工业生产选择适合的机器人型号。			

表4-18(续)

课程目标： （一）知识目标 1. 熟悉工业机器人的定义； 2. 熟悉工业机器人的种类及发展趋势； 3. 熟悉工业机器人坐标系的建立与变换知识； 4. 熟悉工业机器人机械结构类型与特点； 5. 熟悉工业机器人中常用传感器类型与结构； 6. 熟悉工业机器人常用的控制方式； 7. 了解工业机器人编程种类； 8. 熟悉工业机器人应用。 （二）能力目标 1. 能看懂工业机器人技术参数； 2. 能绘制工业机器人运动简图； 3. 能按坐标系计算工业机器人运动； 4. 能识别工业机器人常用传动机构； 5. 能识别工业机器人常用传感器； 6. 能识别工业机器人常用驱动机构。 （三）素质目标 1. 提高分析与解决问题的能力； 2. 提高团队协作能力； 3. 提高组织管理能力； （4）具备相应岗位职业素养和创新意识。

表4-18(续)

课程内容： 项目一　工业机器人技术的特点、发展及应用 　任务一　工业机器人技术的发展史 　任务二　工业机器人的技术特点和发展应用 项目二　机器人硬件系统的认知和简单调试 　任务一　机器人本体、控制柜和示教盒子的认知 　任务二　机器人本体的硬件连接及示教盒简单操作 项目三　机器人仿真软件的应用 　任务一　机器人仿真软件的安装及工程的构建 　任务二　机器人仿真软件构建搬运工作站 　任务三　机器人搬运工作站的仿真编程与调试 项目四　机器人工作站运动调试 　任务一　机器人示教器调试走迷宫 　任务二　机器人编程调试走迷宫 项目五　机器人的坐标系 　任务一　工具坐标系 训练一　工具坐标系训练 　任务二　用户坐标系 训练二　用户坐标系训练 项目六　机器人信号的配置 　任务一　常规信号配置及测试 训练一　常规信号配置训练 　任务二　PROFIBUS 通信信号配置及测试 训练二　PROFIBUS 通信信号配置训练 　任务三　PROFINET 通信信号配置训练 训练三　PROFIBUS 通信信号配置训练 项目七　机器人常用编程指令 　任务一　寄存器及 I/O 指令的应用 　任务二　条件和等待指令的应用 　任务三　常用控制指令 　任务四　搬运工作站单机调试 　任务五　搬运工作站单机自动运行

表 4-19　　★工业机器人系统集成

课程名称	★工业机器人系统集成		
开设学期	第 8 学期	基准学时	78 学时
职业能力要求： 　　熟机器人基本操作，掌握机器人连接外部设备的方法，掌握机器人系统的机械和电气工程识图和制图。			

表4-19(续)

课程目标： (一) 知识目标 1. 熟悉 KUKA 机器人系统结构； 2. 熟悉焊接和金属材料知识； 3. 熟悉各种开关型和模拟型传感器的原理； 4. 熟悉各种电机和驱动器的原理； 5. 熟悉机械工程制图的国家标准； 6. 熟悉电气工程制图的国家标准。 (二) 能力目标 1. 掌握机器人连接 PLC 的方法； 2. 掌握机器人搬运系统的设计和调试； 3. 掌握机器人焊接系统的设计和调试； 4. 掌握机器人连接传感器的方法； 5. 掌握机器人控制电机的方法； 6. 掌握机器人夹具和手爪的设计； 7. 掌握机器人系统成套电气设计。 (三) 素质目标 1. 具有坚定、正确的政治方向； 2. 具有良好的职业道德和科学的创新精神； 3. 具有良好的心理素质和健康的体魄； 4. 具有分析与决策的能力； 5. 具有与他人合作、沟通的能力和团队工作能力。

表4-19(续)

课程内容： 项目一　KUKA 机器人 　任务一　机器人理论基础，系统结构、坐标系 　任务二　机器人开箱通电的步骤 　任务三　编程器基本操作 项目二　机器人连接 PLC 　任务一　信号电缆连接机器人和 PLC 　任务二　网络连接机器人和 PLC 项目三　机器人搬运 　任务一　机器人常用指令的在线编程 　任务二　IO 板卡配置 　任务三　程序的备份与恢复 　任务四　矩形码垛实例 　任务五　环形码垛实例 项目四　机器人焊接 　任务一　焊接理论和金属材料 　任务二　机器人的焊接指令 　任务三　点焊：汽车车门 　任务四　弧焊：汽车车架 项目五　传感器的连接 　任务一　机器人 IO 的配置 　任务二　机械开关与机器人的连接 　任务三　接近开关与机器人的连接 　任务四　光电编码器与机器人的连接 　任务五　光栅尺与机器人的连接 　任务六　模拟量传感器与机器人的连接 项目六　电机的连接 　任务一　机器人通过继电器控制异步电机 　任务二　机器人控制步进电机 　任务三　机器人控制伺服电机 　任务四　机器人控制变频调速系统 项目七　夹具和手爪 　任务一　机械工程识图 　任务二　SOLIDWORKS 和 UG 基本操作 　任务三　焊装夹具设计 　任务四　手爪设计 项目八　电气成套设计 　任务一　电气工程识图 　任务二　AUTOCAD 和 EPLAN 基本操作 　任务三　机器人电气系统图

表 4-20　　　　　　　　**★变频及伺服驱动技术**

<table>
<tr><td>课程名称</td><td colspan="3">★变频及伺服驱动技术</td></tr>
<tr><td>开设学期</td><td>第 7 学期</td><td>基准学时</td><td>96 学时</td></tr>
<tr><td colspan="4">职业能力要求：
　　能够应用变频器解决工程实际问题，能够应用交流伺服解决工程实际问题。具备现场总线控制系统正常运行的维护和故障检修能力，具有一定的团队精神和解决问题的能力。</td></tr>
<tr><td colspan="4">课程目标：
（一）知识目标
（1）了解感应电机的变频调试原理；
（2）掌握变频器的使用、调试、维修方法；
（3）了解交流伺服的控制原理；
（4）掌握交流伺服的使用、调试、维修方法；
（5）熟悉工业控制系统体系结构；
（6）熟悉现场总线常用的主要连接件、仪表和接口设备；
（7）熟悉现场总线技术指标；
（8）熟悉现场总线工程与设计。
（二）能力目标
（1）知道感应电机、伺服电机的调速原理；
（2）会使用、选择变频器；
（3）能调试、维修变频调速系统；
（4）能使用、选择交流伺服；
（5）能调试、维修交流伺服系统；
（6）能够应用变频器解决工程实际问题；
（7）能够应用交流伺服解决工程实际问题；
（8）掌握主要连接件使用；
（9）掌握接口设备使用；
（10）掌握硬件和软件组态操作。
（三）素质目标
1. 能够把所学的电气控制、交流伺服、变频器等相关知识加以综合应用，培养学生的专业综合实践能力。同时使学生对常见的通用型变频调速系统、交流伺服系统有较完整的了解，具备调试、维修各类系统的专业知识与职业能力；
2. 通过知识教学的过程培养学生爱岗敬业与团队合作的精神。</td></tr>
</table>

表4-20(续)

课程内容： 项目一　三菱变频器的运行与功能解析 　任务一　认识变频器 　任务二　三菱变频器的面板运行操作 　任务三　三菱变频器的外部运行操作 　任务四　三菱变频器的组合运行操作 　任务五　三菱变频器的多段速运行操作 　任务六　三菱变频器的升降速运行操作 项目二　西门子变频器的运行与操作 　任务一　西门子变频器的面板运行操作 　任务二　西门子变频器的外部运行操作 　任务三　西门子变频器的多段速运行操作 项目三　变频器常用控制电路 　任务一　变频器正反转控制电路 　任务二　变频器同步运行控制电路 　任务三　变频器工频切换控制电路 　任务四　变频器 PID 控制电路 项目四　变频器与 PLC 在工程中的典型应用 　任务一　物料分拣输送带的正反转变频控制系统 　任务二　工业搅拌机的多段速变频控制系统 　任务三　风机的变频/工频自动切换控制系统 　任务四　验布机的无级调速控制系统 　任务五　多泵恒压供水控制系统 项目五　步进电机的应用 　任务一　步进电机的正反转控制 　任务二　剪切机的定长控制 项目六　伺服电机的应用 　任务一　伺服驱动器的认识及试运行 　任务二　伺服电机的多段速控制 　任务三　伺服电机的转矩控制 　任务四　伺服电机的位置控制 项目七　工业以太网的构建与运行 　任务一　基于多个 S7-200PLC 的工业以太网络构建与运行 　任务二　基于 S7-300/S7-200PLC 的工业以太网络构建与运行 　任务三　于多个 S7-300PLC 的工业以太网络构建与运行 　任务四　基于 S7-300/S7-200PLC 与 WinCC 的工业以太网络构建与运行 项目八　现场总线网络的构建与运行 　任务一　基于 S7-300/S7-200 与 HMI 的 DP 网络构建与运行 　任务二　基于多个 S7-300 与 WinCC 的 DP 网络构建与运行 　任务三　基于 S7-300 与 MM440 的 DP 网络构建与运行 　任务四　基于 S7-300 与 ET200S 的 DP 网络构建与运行 　任务五　基于 S7-300/S7-200 的 MPI 网络构建与运行 　任务六　基于多个 S7-200 的 PPI 网络构建与运行 项目九　组态案例 　任务一　基于现场总线的物料加工分拣生产线

表 4-21　　　　　　　　**★工业机器人生产线仿真技术**

<table>
<tr><td>课程名称</td><td colspan="3">★工业机器人生产线仿真技术</td></tr>
<tr><td>开设学期</td><td>第 6 学期</td><td>基准学时</td><td>96 学时</td></tr>
<tr><td colspan="4">职业能力要求：
　　掌握机器人系统知识并能与各行业工艺要求相结合，帮助用户解决工业机器人在应用过程中的实际问题。</td></tr>
<tr><td colspan="4">课程目标：
（一）知识目标
（1）了解机器人仿真软件，了解机器人仿真软件的应用；
（2）掌握构建基本仿真工业机器人工作站的方法；
（3）掌握码垛机器人工作站、焊接机器人工作站、打磨抛光机器人工作站的设计理念和设计方法；
（4）掌握 FANUC 机器人仿真软件 VISUALONE、ROBOGUIDE 中的建模功能，能运用所学制图软件在 VISUALONE、ROBOGUIDE 中进行建模；
（5）掌握 FANUC 工业机器人离线轨迹编程方法；
（6）了解 FANUC 机器人仿真软件 VISUALONE、ROBOGUIDE 中的其他功能。
（二）能力目标
（1）掌握基本仿真工业机器人工作站的构建方法；
（2）掌握码垛、焊接、打磨抛光机器人工作站的设计理念和设计方法；
（3）掌握 FANUC 机器人仿真软件 VISUALONE、ROBOGUIDE 中的建模功能；
（4）掌握 FANUC 工业机器人离线轨迹编程方法；
（5）掌握 FANUC 机器人仿真软件 VISUALONE、ROBOGUIDE 与实际 FANUC 机器人的结合使用。
（三）素质目标
（1）结合课堂教学和生产实习获得的认识，在学习机器人与机器人视觉技术的基本理论等内容的过程中，使学生的思维和分析方法得到一定的训练并逐步形成科学、有效的学习方法；
（2）具有爱岗敬业、团队协作的精神；
（3）具有质量意识、环保意识。</td></tr>
</table>

表4-21(续)

课程内容： 项目一　初识离线编程软件 VISUALONE、ROBOGUIDE 　任务一　初识 VISUALON、ROBOGUIDEE 软件界面 　任务二　VISUALONE、ROBOGUIDE 软件中的三维球基本操作 项目二　在软件中构建工业机器人工作站 　任务一　准备机器人底座 　任务二　准备机器人工件 　任务三　准备机器人工具 项目三　工业机器人工作轨迹的生成 　任务一　导入轨迹 　任务二　生成轨迹 项目四　工业机器人工作轨迹设计 　任务一　工作站构建 　任务二　轨迹设计 项目五　轨迹实训模块虚拟仿真实训 项目六　模拟涂胶虚拟仿真实训 项目七　焊接虚拟仿真实训 项目八　数控加工虚拟仿真实训 　任务一　数控加工虚拟仿真实训 　任务二　CATIA 生成 CAM 轨迹

表 4-22　**液压与气动技术**

课程名称	液压与气动技术		
开设学期	第 4 学期	基准学时	64 学时
职业能力要求： 能根据要求正确选择常用液压及气动元件，组装基本控制回路并进行调试，分析及排除一般故障。			
课程目标： （一）知识目标 （1）使学生能够系统地学习、掌握液压与气动技术的基础知识； （2）使学生能够系统地学习、掌握液压与气动元件的工作原理、结构； （3）使学生能够系统地学习、掌握液压与气动基本回路的组成、工作原理、应用等相关知识。 （二）能力目标 （1）能够掌握液压元件、气动元件结构及使用方法，要提高选用、维修液压元件与气动元件的能力； （2）能够组装液压基本回路并进行调试，具有分析、排除一般故障的能力； （3）能够仔细地阅读液压系统原理图，掌握对典型液压系统的分析能力。 （三）素质目标 （1）能够把理论知识与应用性较强实例有机结合起来，培养学生的专业实践能力。同时，使学生对专业知识职业能力有深入的了解，学生对机械设备液压系统的设计、安装、故障排除的技能水平； （2）通过知识教学的过程，培养学生爱岗敬业与团队合作的精神。			

表4-22(续)

课程内容： 项目一　认知液压与气压传动技术 　任务一　液压千斤顶的使用与维护 　任务二　公共汽车开关门系统分析 项目二　动力源 　任务三　齿轮泵的拆装 　任务四　叶片泵的拆装 项目三　执行元件 　任务五　液压缸的选用 　任务六　液压马达的选用 　任务七　气缸的选用与维护 　任务八　液压缸的拆装与维护 项目四　方向控制阀与换向回路 　任务九　换向阀的拆装与维护 　任务十　构建液压换向回路 　任务十一　构建气动压传换向回路 项目五　压力控制阀与压力控制回路 　任务十二　溢流阀的拆装与维护 　任务十三　构建液压压力控制回路 　任务十四　构建气动压力控制回路 项目六　流量控制阀与速度控制回路 　任务十五　流量控制阀的拆装与维护 　任务十六　构建液压速度控制回路 　任务十七　构建气动节流调速回路

表 4-23　★SOLIDWORKS 及机器人工具设计

课程名称	★SOLIDWORKS 及机器人工具设计		
开设学期	第 7 学期	基准学时	96 学时
职业能力要求： 能进行工业机器人机械部件的设计和绘制，完成中等复杂部件的装配设计工作。			
课程目标： （一）知识目标 （1）熟悉 solidworks 软件基本操作； （2）熟悉机械设计基础； （3）熟悉机械制图国家标准； （4）熟悉常用机构的形式和特点。 （二）能力目标 （1）掌握机械工程图的制图方法； （2）掌握紧固件的画法； （3）掌握常用工装夹具的设计方法； （4）掌握常用抓手的设计方法。 （三）素质目标 （1）按照国家标准设计规范的机械工程图； （2）掌握常用标准件的设计方法； （3）掌握常用机构的设计方法； （4）学会分析工艺要求，设计合格的结构。			

表4-23(续)

课程内容： 第 1 章　机械识图和制图 　1. 1　机械识图 　1. 2　零件图 　1. 3　装配图 　1. 4　尺寸标注 　1. 5　公差配合 　1. 6　形位公差 　1. 7　机械测量 　1. 8　螺纹 　1. 9　紧固件 　1. 10　齿轮 第 2 章　常见机构 　2. 1　机械基础 　2. 2　平面机构 　2. 3　平面连杆机构 　2. 4　焊接工装夹具 　2. 5　柔性焊接工装 夹具 　2. 6　焊接变位机 　2. 7　机器手爪 　2. 8　气动执行器 　2. 9　电磁执行器 　2. 10　电动执行器 第 3 章　简单零件设计 　3. 1　轴承支架 　3. 2　轴承 　3. 3　连轴器 　3. 4　异步电机 　3. 5　齿轮 　3. 6　齿轮减速机 　3. 7　蜗杆传动 第 4 章　机构设计实例 　4. 1　电磁吸盘 　4. 2　真空吸盘 　4. 3　快速螺旋锁紧杆 　4. 4　快速连杆夹紧机构 　4. 5　焊接变位机 　4. 6　直动气缸 　4. 7　旋转气缸 　4. 8　支点旋转两爪 　4. 9　支点旋转四抓 　4. 10　滑槽平移两爪 　4. 11　支点旋转三爪 　4. 12　渐开线式旋转三爪

表 4-24　　　　　　　　　　传感检测与 PLC 技术

<table>
<tr><td>课程名称</td><td colspan="3">传感检测与 PLC 技术</td></tr>
<tr><td>开设学期</td><td>第 4 学期</td><td>基准学时</td><td>128 学时</td></tr>
<tr><td colspan="4">职业能力要求：
（1）掌握使用各类传感器；
（2）能够应用传感器解决工程测控系统中的具体问题；
（3）能够掌握基本类型 PLC 电气控制；
（4）掌握基本掌握常用 PLC 控制生产机械控制线路的故障分析及检修。</td></tr>
<tr><td colspan="4">课程目标：
（一）知识目标
（1）培养学生对应用系统的分析方法，具有元件、部件、组件、系统的明确概念、意识；
（2）常见传感器的选用；
（3）理解、掌握 PLC 硬件的基本结构和工作原理；
（4）熟悉 PLC 的基本结构与扫描工作原理；
（5）懂得 PLC 的寻址方式；
（6）熟悉 PLC 的操作指令含义；
（7）熟悉 PLC 的特殊模块的应用；
（8）熟悉 PLC 的通信技术；
（9）熟悉 PLC 系统的设计方法。
（二）能力目标
（1）能正确使用常用的传感器；
（2）熟练掌握传感器的文字和图形符号；
（3）能够根据给定原理图按工艺进行接线；
（4）能根据任务的实际情况结合 PLC 性能、特点及控制功能正确地进行 PLC 选型；
（5）能熟练绘制外部设备的接线图，并能按照接线图进行系统的硬件接线；
（6）能使用编程软件编制、修改与优化 PLC 控制程序；
（7）能够对 PLC 实现联机控制，懂得 PLC 的通信参数的设置；
（8）具备分析 PLC 控制系统的能力，能合作完成简单的控制系统的设计、安装和调试工作。
（三）素质目标
（1）基本职业素质培养，遵守操作时间、劳动纪律及安全操作规程；
（2）团结协作能力培养，根据工作任务进行合理的分工，相互配合，协作完成工作任务；
（3）技术资料整理能力培养，在完成工作之后能对所完成的工作进行资料收集、整理和存档；
（4）语言表达能力培养，学习正确描述工作任务、要求及工作完成之后的技术总结。</td></tr>
</table>

表4-24(续)

课程内容： 项目一　认识 PLC 及其编程软件 项目二　使用按钮控制 PLC 控制四个 LED 不同的工作状态 项目三　使用 PLC 控制三相异步电动机正反转 项目四　使用 PLC 控制三相异步电动机星三角降压启动 项目五　使用 PLC 控制十字路口交通灯 项目六　使用 PLC 制作四路抢答器 项目七　使用电容传感器启动 PLC 控制四个 LED 不同的工作状态 项目八　使用光电式传感器启动 PLC 控制四个 LED 不同的工作状态 项目九　使用电感传感器启动 PLC 控制四个 LED 不同的工作状态 项目十　使用几种传感器组合识别不同的物料 项目十一　使用超声波传感器制作水箱控制系统 项目十二　使用压力传感器制作恒液位控制系统

表 4-25　　EPLAN 技术与电气控制

课程名称	EPLAN 技术与电气控制		
开设学期	第 3 学期	基准学时	120 学时
职业能力要求： 能通过课内实训和课外练习，培养从事电气设备运行、维护、技术改造和安装调试的现场技术人员，提高学生综合运用多种知识和技能解决实际问题的能力、创新能力和可持续发展能力。能够应用 EPLAN 软件，按照企业或行业要求进行电气图形的设计，能按要求绘制出符合要求和规范的工程图纸。			
课程目标： （一）知识目标 （1）了解电气控制线路电路图、布置图和接线图的特点，并掌握绘制、识读的原则； （2）掌握电气控制线路的原理、安装与故障排除； （3）掌握电气控制工程图的识图和绘制； （4）掌握电气接线图的识图与绘制； （5）掌握电气平面图的识图与绘制。 （二）能力目标 （1）掌握电动机基本控制线路的安装步骤。掌握三相异步电动机的启动、正反转、制动和调速控制线路的构成、工作原理及其安装、调试与维修； （2）掌握位置控制、自动循环控制、顺序控制等各种典型控制线路的构成、工作原理及其安装、调试与维修； （3）掌握绕线转子异步电动机控制线路的构成、工作原理及其安装、调试与维修； （4）掌握电动机的各种控制、保护及选用方法； （5）了解电气图的基础知识、电气识图的基本识图技能、国家标准、项目符号等； （6）熟悉电气电子线路图形的基本绘制过程以及绘制标准； （7）能够应用 EPLAN 软件按照企业或行业要求进行电气图形的设计； （8）能按要求绘制出符合要求和规范的工程图纸。 （三）素质目标 （1）促使学生了解建筑类设计图和竣工图的图纸标准、制图规范和图纸质量要求； （2）培养学生收集信息、制订计划、交流合作、分析问题和解决问题的能力，提高其就业能力。			

表4-25(续)

课程内容： 项目一　认识并简单使用 EPLAN 软件 项目二　使用 EPLAN 软件绘制三相异步电动机连续运行控制柜的电气图形 项目三　安装三相异步电动机连续运行控制柜 项目四　检修三相异步电动机连续运行控制电路 项目五　使用 EPLAN 软件绘制三相异步电动机正反转控制柜的电气图形 项目六　安装三相异步电动机正反转控制柜 项目七　检修三相异步电动机正反转控制电路 项目八　使用 EPLAN 软件绘制三相异步电动机两地控制的电气图形 项目九　安装三相异步电动机两地控制控制柜 项目十　检修三相异步电动机两地控制控制电路 项目十一　使用 EPLAN 软件绘制三相异步电动机星三角降压启动控制柜的电气图形 项目十二　安装三相异步电动机星三角降压启动控制柜 项目十三　检修三相异步电动机星三角降压启动控制电路 项目十四　使用 EPLAN 软件绘制三个典型机床控制柜的电气图形 项目十五　检修三个典型机床转控制电路 项目十六　设计并绘制典型继电控制线路 项目十七　安装并调试典型继电控制线路

表 4-26　　电子应用技术

课程名称	电子应用技术		
开设学期	第 2 学期	基准学时	90 学时
职业能力要求： 掌握中级电子技术人员所必须具备的电子技术基本理论和基本技能，为学习其他后续专业课打下坚实的基础。这门课程将把理论教学与实际工作情境相结合，通过电子产品的设计、开发和制作等学习领域的实际训练，使学习者的专业知识与实际操作技能有机地结合起来，以培养学生的实操能力和职业能力，从而获得就业所必备的知识。			

表4-26(续)

课程目标： （一）知识目标 （1）掌握电源变压器、二极管、稳压管，桥式整流、滤波电路、集成稳压器的基本知识； （2）掌握三极管基本放大电路、三极管电子开关电路、运算放大电路、继电器控制电路反馈的概念和流程框图； （3）了解推免功放电路、振荡的概念，掌握自激振荡的工作原理、正弦波振荡电路的组成和分析； （4）掌握集成运算放大器的比例、跟随、加减法、积分基本应用电路； （5）掌握逻辑代数基本运算方法和逻辑函数的化简方法； （6）理解各种数制的规则及相互间的转换，了解常见的 BCD 码规则； （7）掌握基本逻辑门电路组成和集成门电路的逻辑功能和使用方法； （8）掌握常用组合逻辑电路的分析方法、设计方法和实际应用设计； （9）掌握常用集成触发器的特点、组成、功能和应用； （10）掌握常用时序逻辑电路的分析方法和设计方法； （11）了解 555 定时器的组成和工作原理，掌握多谐振荡器、单稳态电路、施密特电路等脉冲单元电路的特点、功能和工作原理。 （二）能力目标 （1）能陈述电子设备及电气系统、自动化生产线中电子线路的工作原理，绘制并测绘电路图； （2）能制定电子设备及自动化生产线中电子线路的制作调试、故障诊断、维护维修作业计划； （3）能采购与筛选电子元器件； （4）能设计、制作与修复印制电路板； （5）能板卡级、芯片级电子设备及相应电子线路的故障定位与检修； （6）能安装或更换二极管、三极管、电容、集成电路等电子元器件； （7）能组装、调试电气电子设备； （8）能提供电气、电子设备售后技术服务； （9）能正确阅读、撰写产品说明书及技术文件； （10）能进行工作记录、技术文件存档与评价反馈。 （三）素质目标 （1）培养理论联系实际的习惯； （2）培养辨证和逻辑思维的能力，具备创新意识，具有电子产品创新的专业能力； （3）培养制定、实施工作计划的能力和交接工作流程的能力； （4）培养语言表达、沟通协调的能力； （5）培养班组管理、团队组织的能力； （6）培养学生的责任心与职业道德； （7）培养资料收集、整理的能力。

表4-26(续)

课程内容： (1) 掌握二极管、稳压管、桥式整流、滤波电路、集成稳压器的基本知识。 (2) 掌握三极管基本放大电路、三极管电子开关电路、继电器控制电路反馈的概念和流程框图。 (3) 了解推免功放电路、振荡的概念，掌握自激振荡的工作原理、正弦波振荡电路的组成和分析。 (4) 掌握集成运算放大器的比例、跟随、加减法、积分基本应用电路。 (5) 掌握逻辑代数的基本运算方法和逻辑函数的化简方法； (6) 理解各种数制的规则及其相互间的转换，了解常见的 BCD 码规则； (7) 掌握基本逻辑门电路组成和集成门电路的逻辑功能和使用方法； (8) 掌握常用组合逻辑电路的分析方法、设计方法和实际应用设计； (9) 掌握常用集成触发器的特点、组成、功能和应用； (10) 掌握常用时序逻辑电路的分析方法和设计方法； (11) 了解 555 定时器的组成和工作原理，掌握多谐振荡器、单稳态电路、施密特电路等脉冲单元电路的特点、功能和工作原理。

表 4-27 **电工基础**

课程名称	电工基础		
开设学期	第 1 学期	基准学时	128 学时
职业能力要求： 能进行电路的分析及计算，使用常用的电工仪器仪表对电路进行测量。			
课程目标： (一) 知识目标 (1) 掌握安全用电基本知识； (2) 掌握直流电路基本概念； (3) 掌握直流电路基本原理，基本定律； (4) 掌握单相、三相正弦交流电概念； (5) 掌握元件分析计算方法； (6) 掌握串并联电路电压、电流、功率分析及计算方法； (7) 掌握谐振概念、特点； (8) 掌握三相正弦交流电路电压、电流、功率分析及计算方法； (9) 了解磁路基本概念、分析方法； (10) 了解变压器结构、类型及工作原理。 (二) 能力目标 (1) 能安全用电； (2) 会使用电压表、电流表、万用表测量直流电路； (3) 会使用电压表、电流表、功率表、万用表测量交流电路； (4) 会测试、分析变压器； (5) 会识读基本电路图； (6) 会分析基本的直流电路、交流电路。 (三) 素质目标 (1) 具有较强的安全用电意识； (2) 具有爱岗敬业、团队协作精神； (3) 具有质量意识、环保意识。			

表4-27(续)

课程内容： 项目一　电工基本常识及测量仪表使用 　任务一　安全用电知识及触电急救 　任务二　电气设备的保护接地、保护接零 　任务三　常用电工工具使用和电工材料 　任务四　万用表、摇表的使用 项目二　万用表电路分析及维护 　任务一　认识直流电路、电路元器件 　任务二　基尔霍夫定律 　任务三　直流电路分析与计算 　任务四　万用表电路分析及维护 项目三　室内照明线路的设计与安装 　任务一　认识正弦交流电路 　任务二　正弦交流电路分析 　任务三　日光灯电路安装与调试（带电度表） 　任务四　室内照明线路的安装 项目四　小型变压器的应用与测试 　任务一　认识磁路 　任务二　小型变压器的测试 　任务三　特种变压器应用 项目五　电动机控制线路安装与调试 　任务一　认识三相交流电源 　任务二　认识三相交流负载 　任务三　三相交流电功率 　任务四　电动机结构与原理 　任务五　电动机控制线路安装 　任务六　电动机正反转控制线路安装 　任务七　室内低压配电箱安装与检修

表 4-28　　工业网络应用技术

课程名称	工业网络应用技术		
开设学期	第 8 学期	基准学时	78 学时
职业能力要求： 　　通过本课程的学习使学生掌握现场总线网络拓扑结构，掌握现场总线主要技术指标，掌握主要连接件和接口设备使用和维护，了解硬件和软件组态操作，了解现场总线工程与设计。			

表4-28(续)

课程名称	工业网络应用技术
课程目标： (一) 知识目标 (1) 熟悉工业控制系统体系结构； (2) 熟悉计算机局域网及其拓扑结构； (3) 了解信号的传输和编码技术； (4) 了解现场总线网络结构与互联网的网络结构的不同； (5) 熟悉现场总线常用的主要连接件、仪表和接口设备； (6) 熟悉现场总线技术指标； (7) 熟悉现场总线工程与设计； (8) 掌握现场总线使用和维护原则； (二) 能力目标 (1) 掌握主要连接件使用； (2) 掌握接口设备使用； (3) 掌握现场总线常用的电缆和电源操作； (4) 掌握现场总线项目改造指标和原则； (5) 掌握硬件和软件组态操作； (6) 掌握现场总线三级网络拓扑结构和布线。 (三) 素质目标 (1) 具有勤奋学习的态度，严谨求实、创新的工作作风； (2) 具有良好的心理素质、职业道德素质以及高度责任心和良好的团队合作精神； (3) 具有一定的判断、分析、解决问题的能力； (4) 具备良好的服务意识和市场观念； (5) 养成“认真负责、精检细修、文明生产、安全生产”等良好的职业道德。	

表4-28(续)

课程名称	工业网络应用技术
课程内容： 项目一　数字通信及网络技术基础 　任务一　数字通信基本原理 　任务二　介质访问控制 MAC 　任务三　网络协议模型 　任务四　现场总线与信息化集成技术 项目二　Modbus 网络及应用 　任务一　Modbus 工作过程 　任务二　Modbus 报文格式 　任务三　Modbus 测试软件 　任务四　Modbus Plus 网络 　任务五　Modbus 网络应用实例 项目三　PROFIBUS-DP 总线及应用 　任务一　DP 的传输技术 　任务二　DP 总线存取控制 　任务三　DP 数据链路层 　任务四　DP 应用层行规 PROFIdrive 　任务五　S7-300 PLC 及 STEP7 软件 　任务六　S7-300/400 常用的组网方式 项目四　DeviceNet 　任务一　DeviceNet 的物理层和传输介质 　任务二　DeviceNet 的数据链路层 　任务三　DeviceNet 应用层 　任务四　DeviceNet 对象模型及设备描述 项目五　工业以太网及 OPC 技术 　任务一　工业以太网 　任务二　常用工业以太网 　任务三　OPC 项目六　工业控制网络的设计与应用 　任务一　NC 与 PLC 的信息交换 　任务二　PLC 信息的直接读入和通道等待 　任务三　刀具磨损的自动检测及产品合格自动检测 　任务四　产品合格检测	

（十一）集中实践教学进程

1. 钳工实训

通过学习，让学生了解钳工的适用范围、在生产过程中的作用、安全文明生产知识及规章制度，进行职业素质及职业道德训导，使他们掌握钳工基本操作方法，钳工工具名称、规格及其选用和适用范围，钳工的基本操作技能，重点讲述锯、锉、錾以及划线方法。

通过学习钳工的基本操作技能，结合操作讲解金工基本知识。使学生学会使用工具和量具，了解机械加工的一般方法，训练钳工的基本操作技能。

2. 电工实训

本课程充分体现以技术为主线的职教特色，在能力目标指导下，基于职业教育的校企合作、工学结合和基于生产过程等课程标准整体设计思路，以能力培养为本位，加强校企合作，推行工学结合的人才培养模式。本课程是一门实践性比较强的课程，在教学过程中，每讲述一种仪器的时候都尽量以现场教学的方式让学生对各种仪表仪器进行感性的认识，或者举一些常用的产品为例，以便联系实际，叙述得更具体、清楚些。特别是着重介绍仪器的使用方法，以提高学生对仪表、仪器的使用和选择、维修的能力。另外，考虑到学生学习的需要，加深了某些仪器理论分析方面的内容。其教学方式采用讲授、实物演示及室内外实践相结合的方式来提升学生的主观能动性。提高实验教学、实践环节所占学时比例。强化学生的综合能力、实际动手能力，达到融会贯通的目的。

具体目标

（1）知识与技能

①掌握安全用电的基本常识，会对触电者进行急救处理，能正确处理电气设备突发事故。

②能根据工程实际正确选用和装拆常用电气元件。

③初步掌握电工电子测量技术，能正确选用测量仪器，实施简单的电气测量。

④会安装与维护一般照明电路。

⑤通过技能训练，培养学生的工程素质、实践技能、创新思维和创新能力。

⑥养成理论联系实际、学以致用的优良学风。

⑦培养学生合作学习、自主学习、研究性学习的良好习惯。

（2）过程与方法

①经历各种科学探究过程，进一步理解科学探究的意义，学习科学探究的基本方法，提高科学探究能力。

②在学习过程中，学会运用观察、实验、查阅资料等多种手段获取信息，并运用比较、分类、归纳、概括等方法对信息进行加工。

③能对自己的学习过程进行计划、反思、评价和调控，提高自主学习的能力。

④通过理论知识和实践活动相结合的一体化学习过程，深入了解实践和理论之间的相互关系。

⑤通过各种实践活动，尝试经过思考发表自己的见解，尝试运用技术知识和研究方法解决一些工程实践问题。

⑥具有一定的质疑能力，分析、解决问题的能力，交流、合作能力。

（3）情感态度与价值观

①能领略本领域科技发展的过程，激发对科学技术探究的好奇心与求知欲，能体验技术改革的艰辛与喜悦。

②有参与科技活动的热情，有将科学知识应用于生活和生产实践的意识，勇于探究各种工程问题。

③具有敢于坚持真理、勇于创新和实事求是的科学态度和科学精神。

④主动与他人合作，将自己的见解与他人交流，敢于坚持正确观点，勇于修正错误，具有团队精神。

⑤养成认真细致、实事求是、积极探索的科学态度和工作作风，形成理论联系实际、自主学习和探索创新的良好习惯。

⑥关心国内、外科技发展的现状与趋势，有振兴中华的使命感与责任感，有将科学技术服务于人类的意识。

3. 电子实训

以工作过程和岗位需求为课程开发基础，以工学结合为平台，以实际产品为项目载体，以任务驱动、讲练结合实施课程教学，以岗位所需的素质和能力要求为培养目标。

（1）职业能力目标：

①能识别、会检测常用电子元器件，熟练使用万用表、示波器、信号发生器、交流毫伏表等常用仪器仪表测试元器件参数，判断元器件的质量。

②能阅读电子产品原理图，按照图纸进行电路板焊接与装配，能分析并排除电路中的简单故障。

③能分析常见的单元电子电路（组合逻辑电路、时序逻辑电路、数字信号和模拟信号产生电路、信号的接收与放大电路、信号处理电路、低频功率放大电路、电源电路等）的工作原理。

④能根据要求设计、制作、测试、调试简单功能的实用电路。

⑤勤劳、诚信的人品、善于协作、配合、沟通、交流。

（2）知识要求

①熟悉电路所涉及的元器件的结构、性质和用途。常见的元器件包括电阻、电感、电容等。

②熟悉半导体分立器件、半导体集成电路、电声器件、光器件和压电器

件、片状元器件。

③熟练掌握晶体二极管电路和三极管电路的结构和工作原理。

④掌握直流放大与集成运算放大器的工作原理、安装、调试与检测。

⑤掌握串联型稳压电源的制作；了解稳压电源的短路保护电路。

⑥掌握可控硅电路的工作原理、安装与调试及常见故障的排除。

⑦掌握门电路的工作原理、安装、调试与检测。

⑧掌握与非电路定时器的工作原理、安装、调试与检测。

（3）技能要求

①能判别元器件好坏；

②能测试电路中各电极电压；

③会分析直流电源电路，排除常见故障；

④会熟练使用示波器和低频信号发生器；

⑤会对多级放大器的故障进行检查；

⑥会分析、触摸开关电路；

⑦能装配半导体收音机并进行调试、检测；

4. 机电设备拆装实训

通过学习，让学生具备以下能力：

（1）了解机械设备的拆卸规范和要求、装配工艺。

（2）了解机床变速箱中轴部件的结构及轴的支承、轴的支承调整、传动元件的联结方式。

（3）了解变速操纵机构的类型、结构与工作原理并掌握解体变速箱的操作技能。

（4）熟悉数控机床的构造和原理。

（5）初步掌握数控机床正反转电路的原理。

（6）初步掌握刀架工作原理及电路控制。

（7）了解设备的调试方法。

5. 控制设备设计实训

典型控制设备线路安装与调试课程是机电技术应用专业的一门核心课程、专业技能课程，工程应用性与操作性较强。在前修课程“电工电子技术及技能”“机床电气控制”学习的基础上，学生对电气线路的基本组成、原理及检测方法已有一定基础，通过本课程的学习，使学生掌握企业电气控制设备的安装、调试与维护方面的基本职业能力。

6. 工业机器人维护实训

完成一个机器人系统的设计和装调项目，系统包括两台机器人、一台搬运机器人和一台焊接机器人，要求完成系统的整体设计、图纸绘制、程序编程和设备的安装调试。

7. 生产实习

通过下厂实习，了解工业机器人的结构、组成及工作原理，了解工业机器人的加工过程与工艺要求，结合图纸、资料等熟悉设备的结构，找出其特点，了解 PLC、变频器、触摸屏等新技术在机电设备中的应用。使学生了解、认识所学专业的工作要求和特点，培养学生实际工作的技能和技巧，在生产实习中进行工程实践训练，培养学生综合运用所学的基础理论、专业知识和基本技能，分析与解决实际问题的能力，从而为学生能够很快适应本专业工作奠定初步基础。

8. SOLIDWORKS 夹具设计实训

课程学习以 Solidworks 软件应用为主，使学生创建简单或复杂的草图，会使用阵列、拉伸、切除等基本指令，掌握 SolidWorks 软件中旋转、扫描等较复杂的指令，能够完成中等难度的装配体设计，了解工程图设计流程等。通过学习，培养学生一定的机械设计能力和较好的创新创造能力。

9. 电工上岗证考证训练

了解电气安全用电知识规范，会人工急救，熟悉电工测量仪表的使用方法，掌握电气照明线路安装、接线。进行交直流电路的分析、测量，能分析电动机的单向启动线路和电动机的正反转线路工作原理并进行安装接线，考取电工上岗证。

10. 毕业设计

毕业设计的目的是培养学生综合运用所学的基础理论、专业知识和基本技能，分析与解决实际问题的能力，使学生得到科学研究与科技开发的初步训练与创新意识的训练，综合检验学生所学知识和技能，以完成学生从学习岗位到工作岗位的初步过渡。并且培养学生调查、收集、加工各种信息的能力和获取新知识的能力，以及撰写科技论文、学术报告，正确运用国家标准和技术语言阐述理论和技术问题的能力。

（十二）专业教学计划（见表 4-29）

表 4-29　　广西工业职业技术学院 2018 级五年一贯制

工业机器人技术专业课程设置与教学实践安排表

学年												
第一学年	× ☆ ☆	× × × × × ×	× × × × × × ×	0	2							
第二学年	×	× × × × × ×	× × × × × × ×	0	2							
第三学年	×	× × × × × ×	× × × × × × ×	∷	2							
第四学年	×	× × × × × ×	: × × × × × ×	∷	2							
第五学年	× ●	× × × × × ×	● × × × × × × ×	0	0		53					

课程教学进程

课程类型	课程名称	课程性质	考试学期	学分	总课时	学时分配 理论课时	实践课时	第一学年 一 16	第一学年 二 15	第二学年 一 15	第二学年 二 16	第三学年 一 16	第三学年 二 16	第四学年 一 16	第四学年 二 13	第五学年 一 0	第五学年 二 0	开课部门
基础素质能力模块（中职公共基础课模块）	职业道德与法律	必修	2	2.0	30	30	0		2									社科
	经济政治与社会	必修		2.0	30	30	0			2								社科
	哲学与人生	必修	4	2.0	32	32	0				2							社科
	思政课理论	必修		4.0	64	64	0					2	2					社科
	思政课实践	必修		3.0	46	0	46					课外完成						社科
	形势与政策	必修		1.0	16	16	0					讲座形式						社科
	心理健康	必修		1.0	16	16	0	讲座形式										社科
	安全教育	必修		2.5	36	18	18	讲座形式										教务
	体育与健康	必修		8.0	124	24	100	2	2	2	2							基础
	体育	必修		4.0	64	24	40					2	2					基础
	英语	必修	2，4	7.0	124	96	28	2	2	2	2							基础
	大学英语	必修	5	8.0	128	128	0					4	4					基础
	数学	必修	1，3	7.0	124	96	28	2	2	2	2							基础
	高等数学	必修	5	4.0	64	64	0					4						基础
	计算机应用基础	必修		4.0	60	24	36		4									基础
	公共艺术	必修		2.0	30	30	0			2								教育
	语文	必修	1,2,3,4	12.0	186	126	60	4	4	2	2							教育
	应用文写作	必修		2.0	32	32	0							2				教育
	职业生涯规划	必修		1.0	18	18	0	讲座形式										社科
	大学生就业与创业指导	必修		2.5	38	28	10					讲座形式						教务
	课程小计			79.0	1202.0	896	366											
	学分比例			31.6%														
专业（群）基础能力模块（中职专业技能课程模块）	电工基础	必修	1	8.0	128	108	20	8										中职校
	电子应用技术	必修	2	5.5	90	60	30		6									中职校
	AUTOCAD 工程制图	必修	5	6.0	96	66	30					6						中职校
	EPLAN技术与电气控制	必修	3	7.5	120	100	20			8								中职校
	SOLIDWORKS夹具设计	必修	7	6.0	96	66	30							6				中职校
	机械基础	必修	3	4.0	60	25	35			4								中职校
	液压与气动技术	必修	4	4.0	64	34	30				4							中职校
	传感检测与PLC技术	必修	4	8.0	128	100	28				8							中职校
	课程小计			49.0	782	559	223											
	学分比例			19.6%														
专业（群）核心能力模块（中职专业技能课程模块）	工业机器人应用基础	必修	6	6.0	96	66	30						6					中职校
	工业机器人系统集成	必修	8	5.0	78	48	30								6			中职校
	工业机器人生产线仿真技术	必修	6	6.0	96	66	30						6					中职校
	变频及伺服驱动技术	必修	7	6.0	96	66	30							6				中职校
	工业网络应用技术	必修	8	5.0	78	48	30								6			中职校
				0.0	0	0												
	课程小计			28.0	444	294	150											
	学分比例			11.2%														
素质与专业能力拓展课程模块	人文素质任选课	任选		4.0								注： （1）任选课一般安排在第5～8学期进行； （2）公共任选课一般开设素质拓展课程，由教务科研处统一协调安排，专业拓展任选课一般开设专业素质和专业能力拓展课程，由系部安排； （3）任选课学分一般为2学分，学生在学习年限内任选课学分至少达到10学分。						
		任选																
	单片机	任选		6.0														中职校
	计算机网络	任选																中职校
	C语言应用基础	任选																中职校
	机电设备计算机辅助设	任选																中职校
	DCS应用技术	任选																中职校
	智能电梯装调技能竞赛	任选																中职校
	课程小计			10.0														
	学分比例			4.0%														
统计栏																		
考试周								1	1	1	1	1	1	1	1	0	0	
考试门数								4	4	4	3	3	3	3	3			
实践周数								3	3	3	2	2	2	2	5	19	19	
周学时（不含任选课）								18	22	24	22	18	20	14	12	0	0	
总学分、总课时				250.0	4288	1740	2530											
理论与实践课时比例						41%	59%											

集中实践教学进程

学期	职业素养与职业技能训练项目	学分	周数	学时	开课部门
第一学年第一学期	入学教育、军训	2	2	60	
	认识实习	2	1	30	
				0	
				0	
				0	
第一学年第二学期	钳工实训	1	1	30	电子
	电工实训	1	1	30	
	电子技术实训	1	1	30	
				0	
				0	
				0	
第二学年第一学期	机电设备拆装实训	2	1	30	电子
	控制设备设计实训	4	2	60	
				0	
				0	
				0	
第二学年第二学期	工业机器人维护实训	2	2	60	电子
				0	
				0	
				0	
				0	
				0	
				0	
第三学年第一学期	生产实习	4	2	60	电子
				0	
				0	
				0	
第三学年第二学期	工业机器人拆装实训	2	2	60	电子
				0	
				0	
				0	
				0	
				0	
				0	
				0	
第四学年第一学期	SOLIDWORKS夹具设计	4	2	60	电子
				0	
				0	
				0	
				0	
				0	
				0	
第四学年第二学期	中级电工考证综合实	3	3	90	电子
	毕业设计（论文）	6	2	60	电子
				0	
				0	
				0	
第五学年第一学期	顶岗实习	25	19	570	电子
第五学年第二学期	顶岗实习	25	19	570	电子
合计		84.0		1800	
学分比例		33.6%			

（十三）专业教学基本要求

1. 专业教学团队基本要求

专业建议师生比为 24∶1 左右，企业兼职教师参与授课的课时占专业课时比为 50%以上，专、兼职教师比例一般为 2∶1，校企合作或者服务于工业机器人一线工作 5 年以上的高级技术人员、工程师等特别适合的可以为 1∶1。专业教师与企业兼职教师任教资格及水平要求如下：

（1）专业带头人要求

除满足专任教师应具备的基本条件外，专业带头人应具有五年以上的教学经验，熟悉高职教育规律，具备工业机器人技术应用的能力，实践经验丰富，教学效果良好，在行业企业有一定影响力，是具有高级职称的“双师型”教师。

（2）骨干教师要求

教学经验丰富，具有一定的工业机器人行业从业经验，熟悉高职教育规律，由学校专任教师组成。专任教师主要负责工业机器人技术专业基本技能课程与工业机器人技术专业核心技能课程的教学；企业兼职教师主要负责专业核心技能课程的教学与实习指导。

（3）专业教师

承担理论实践一体化课程、工学结合课程、教学做一体化课程的教师应为“双师型”教师。要求专业教师每两年进行工业机器人相关的企业一线实践一个月，制定教师利用假期到生产企业挂职锻炼的培训制度，通过挂职锻炼，提高工业机器人的实践能力，收集案例资料，学习工业机器人相关的新技术、新工艺、新设备，丰富教学内容。

（4）兼职教师

兼职教师包括课程任课教师和顶岗实习指导教师。聘请具有机器人相关的工程师、技师职业资格及以上的工业机器人专业技术人员，应现岗在企业或连续工作 5 年以上，在专业技术与技能方面具有较高水平，具有良好的语言表达能力，通过教学法培训合格后，主要承担工业机器人实训教学或顶岗实习指导教师工作。

（5）年龄结构

工业机器人技术专业是一个发展十分迅速的应用型专业，与一些传统专业不同，它需要教师具有较强的获取、吸收、应用新知识、新技术的能力。年龄在 50 岁以下的教授及 35 岁以下的副教授分别占教授和副教授的比例要适宜，中青年教师所占的比例要高。

（6）学历（学位）和职称结构

具有研究生学历、硕士以上学位和讲师以上职称的教师要占专职教师比例的 80%以上，具有副高级以上职称的专职教师要占 20%。

2. 实践教学条件的基本要求

（1）校内实训室的基本要求

实训室建设依据职业岗位的要求，按照生产流程、生产工艺、生产环境建设实训室，并完善相应的实训室管理制度和实训教学资料，对学生的实训要求与企业标准一致。在校内建成具有真实工作环境的，融“教、学、做”于一体的多功能、综合性的实训中心，实现课堂与实习地点的一体化，满足学生技能训练、生产性实训、职业培训、技能鉴定和社会服务等需求，即将工厂“搬进”校园（见表 4-30 至表 4-36）。

表 4-30　　　　工业机器人仿真实训室

实训室名称	工业机器人仿真实训室	面积要求	$80m^2$
序号	核心设备	数量要求	备注
1	电脑	40 套	
2	多媒体	1 套	
3	仿真软件	若干	

表 4-31　　　　工业机器人焊接实训室

实训室名称	工业机器人焊接实训室	面积要求	$80m^2$
序号	核心设备	数量要求	备注
1	焊接机器人	2 套	
2	焊接设备	2 套	
3	焊线	若干	

表 4-32　　　　搬运机器人实训室

实训室名称	搬运机器人实训室	面积要求	$80m^2$
序号	核心设备	数量要求	备注
1	搬运机器人	6 套	
2	外围设备	6 套	

表 4-33 **电工电子实训室**

实训室名称	电工电子实训室	面积要求	$80m^2$
序号	核心设备	数量要求	备注
1	维修电工实训台	20 套	
2	多媒体设备	1 套	

表 4-34 **电气控制实训室**

实训室名称	电气控制实训室	面积要求	$80m^2$
序号	核心设备	数量要求	备注
1	电气控制实训台	40 套	
2	低压电气元件	40 套	
3	常用电工工具	40 套	
4	万用表	40 块	
5	连接导线	若干	

表 4-35 **液压与气动实训室**

实训室名称	液压与气动实训室	面积要求	$80m^2$
序号	核心设备	数量要求	备注
1	液压与气动实训台	20 套	
2	电脑	20 套	
3	气源	1 台	

表 4-36 **柔性生产线实训室**

实训室名称	柔性生产线实训室	面积要求	$80m^2$
序号	核心设备	数量要求	备注
1	搬运机器人	3 套	
2	VGA 小车	1 台	
3	立体车库	1 台	
4	视觉控制器	1 台	

（2）校外实习基地的基本要求

根据实训和顶岗实习的需求，选择行业特点突出、具有行业引领作用、经济增长势头强劲、人才需求量较大的企业作为高效依托、合作紧密、动态遴选型校外实训基地，开展企业认知实习、跟岗实习和顶岗实习。

校外实践教学基地的标准如表 4-37：

表 4-37　　工业机器人专业校外实习基地

序号	校外实习基地名称	合作企业名称	用途	合作深度要求
1	广西工业职业技术学院校外实习基地	广西机械工业研究院	毕业实习、顶岗实习	（1）企业人员参与专业建设，并聘请为相关专业建设指导委员会成员。 （2）企业每年接收相关专业“顶岗实习”的学生不低于 5 名，实习时间达到半年。 （3）企业每年接收相关专业认识实习、专业实习的学生不低于两批。 （4）学院每年聘请承担校内外专业时间教学的企业高技能人员大于 1 名。 （5）学院优先承担企业人员的进修培训。 （6）校企相关设备和信息资源共享。 （7）企业每年接纳学院教师现场实习，并提供不低于 4 名的指导教师。 （8）学院为企业展示产品、推广技术、宣传企业文化提供活动空间和展示窗口。
2	认识实习及生产性实训基地	南宁烟厂	认识实习、生产性实训	（1）结合学院需要，企业人员可参与专业建设与咨询。 （2）企业动态接收相关专业“顶岗实习”学生。 （3）双方可以签订“订单培养”，学校为订单学生提供专门的技术培训。 （4）学院结合需要，聘请企业高素质、高技能人员承担实践教学。 （5）学院优先承担企业技术人员的进修培训。 （6）结合企业需要，学院不定期为企业提供有偿的现场技术服务与技术咨询。 （7）企业结合实际情况，接纳学院教师现场实习，并提供指导。

表4-37(续)

序号	校外实习基地名称	合作企业名称	用途	合作深度要求
3	认识实习及顶岗实习基地	广西建工集团建设机械制造责任有限公司	认识实习、顶岗实习	(1) 企业人员参与专业建设。 (2) 企业每年接收相关专业“顶岗实习”的学生不低于30名。 (3) 企业每年接收相关专业认识实习、专业实习的学生不低于两批。 (4) 学院每两年聘请承担校内外专业行业实践教学的企业高素质、高技能人员不低于1名。 (5) 学院优先承担企业技术人员的进修培训。 (6) 结合企业需要,学院不定期为企业提供有偿的现场技术服务与技术咨询。 (7) 企业集合实际情况,接纳学院教师现场实习,并提供不低于2名的指导教师。
4	顶岗实习基地	桂林正菱第二机床有限责任公司	顶岗实习	(1) 企业人员参与专业建设。 (2) 企业每年接收相关专业“顶岗实习”的学生不低于30名。 (3) 企业每年接收相关专业认识实习、专业实习的学生不低于两批。 (4) 学院每两年聘请承担校内外专业行业实践教学的企业高素质、高技能的人员不低于1名。 (5) 学院优先承担企业技术人员的进修培训。 (6) 结合企业需要,学院不定期为企业提供有偿的现场技术服务于技术咨询。 (7) 企业集合实际情况,接纳学院教师现场实习,并提供不低于2名的指导教师。

表4-37(续)

序号	校外实习基地名称	合作企业名称	用途	合作深度要求
5	顶岗实习基地	中国铝业广西分公司	顶岗实习	(1) 企业人员参与专业建设。 (2) 企业每年接收相关专业“顶岗实习”的学生不低于30名。 (3) 企业每年接收相关专业认识实习、专业实习的学生不低于两批。 (4) 学院每两年聘请承担校内外专业行业实践教学的企业高素质、高技能的人员不低于1名。 (5) 学院优先承担企业技术人员的进修培训。 (6) 结合企业需要，学院不定期地为企业提供有偿的现场技术服务与技术咨询。 (7) 企业集合实际情况，接纳学院教师现场实习，并提供不低于2名的指导教师。
6	生产性实训基地	柳州化学工业集团有限公司	生产性实训	(1) 企业人员参与专业建设。 (2) 企业每年接收相关专业“顶岗实习”的学生不低于30名。 (3) 企业每年接收相关专业认识实习、专业实习的学生不低于两批。 (4) 学院每两年聘请承担校内外专业行业实践教学的企业高素质、高技能人员不低于1名。 (5) 学院优先承担企业技术人员的进修培训。 (6) 结合企业需要，学院不定期为企业提供有偿的现场技术服务与技术咨询。 (7) 企业集合实际情况，接纳学院教师现场实习，并提供不低于2名的指导教师。

表4-37(续)

序号	校外实习基地名称	合作企业名称	用途	合作深度要求
7	生产性实训基地	来宾东糖集团	生产性实训	(1) 企业人员参与专业建设。 (2) 企业每年接收相关专业“顶岗实习”的学生不低于30名。 (3) 企业每年接收相关专业认识实习、专业实习的学生不低于两批。 (4) 学院每两年聘请承担校内外专业行业实践教学的企业高素质、高技能人员不低于1名。 (5) 学院优先承担企业技术人员的进修培训。 (6) 结合企业需要，学院不定期为企业提供有偿的现场技术服务与技术咨询。 (7) 企业集合实际情况，接纳学院教师现场实习，并提供不低于2名的指导教师。
8	广西工业职业技术学院校外实习基地	南华糖业集团	毕业实习、顶岗实习	(1) 结合学院需要，企业人员可参与专业建设与咨询。 (2) 企业动态接收相关专业“顶岗实习”的学生。 (3) 双方可以签订“订单培养”，学校为订单学生提供专门的技术培训。 (4) 学院结合需要，聘请企业高素质、高技能人员承担实践教学。 (5) 学院优先承担企业技术人员的进修培训。 (6) 结合企业需要，学院不定期地为企业提供有偿的现场技术服务与技术咨询。 (7) 企业集合实际情况，接纳学院教师进行现场实习，并提供指导。

表4-37(续)

序号	校外实习基地名称	合作企业名称	用途	合作深度要求
9	广西工业职业技术学院校外实习基地	南宁发电设备总厂	毕业实习、顶岗实习	(1)结合学院需要，企业人员可参与专业建设与咨询。 (2)企业动态接收相关专业“顶岗实习”的学生。 (3)双方可以签订“订单培养”，学校为订单学生提供专门的技术培训。 (4)学院结合需要，聘请企业高素质、高技能的人员承担实践教学。 (5)学院优先承担企业技术人员的进修培训。 (6)结合企业需要，学院不定期地为企业提供有偿的现场技术服务与技术咨询。 (7)企业结合实际情况，接纳学院教师进行现场实习，并提供指导。

3. 使用的教材、数字化（网络）资料等学习资源（见表4-38）

表4-38　工业机器人技术专业数字化资源选列表

序号	数字化资源名称	资源网址
1	智慧职教网	http://www.icve.com.cn/
2	职教云课堂	http://zjy.icve.com.cn/zjy/view/download/index.html
3	工业机器人应用技术入门	http://www.cmpedu.com/
4	工业机器人操作与编程技术	http://www.cmpedu.com/
5	工业机器人入门实用教程:FANUC机器人	http://hitpress.hit.edu.cn/
6	变频调速技术基础教程(ISBN:9787111358657)	http://www.cmpedu.com/
7	液压和气压传动与控制(ISBN:9787308099110)	http://www.zjupress.com/default.html
8	电气制图(ISBN:9787111256724)	http://www.cmpedu.com/
9	电工基础(ISBN:9787508398716)	http://jc.cepp.sgcc.com.cn/
10	模拟电子技术基础(ISBN:9787040189223)	http://www.hep.com.cn/

表4-38(续)

序号	数字化资源名称	资源网址
11	数字电子技术基础(ISBN:9787040130263)	http://www.hep.com.cn/
12	传感器应用技术(ISBN:9787504558152)	http://www.cmpedu.com/
13	电力电子技术基础(ISBN:9787111251828)	http://www.cmpedu.com/
14	电机与电力拖动基础(ISBN:9787111290919)	http://www.cmpedu.com/
15	可编程控制技术(ISBN:9787122104342)	http://download.cip.com.cn/
16	工业控制组态软件应用技术(ISBN:9787564046842)	http://www.bitpress.com.cn
17	电气控制技术(ISBN:9787111260875)	http://www.cmpedu.com/

(十四)教学建议

在教学过程中,教师要依据以行动为导向的教学方法,在课程教学过程中,重点倡导将“要我学”过渡为“我要学”的学习理念,突出“以学生为中心”,加强创建真实企业情景,强调探究性学习、互动学习、协作学习等多种学习策略,充分运用行动导向教学法,采用任务驱动教学法、项目教学法、小组协作学习、角色扮演教学法、案例教学法、引导文教学法、头脑风暴法、卡片展示法、模拟教学法、自主学习法等多种教学方法,践行“做中学”,在教学过程中突出“以学生为中心”,从而促进学生的职业能力培养,有效地培养学生解决问题及可持续发展的能力。

根据专业课程改革,采取以实践为主线来组织课程内容,开展教学,工业机器人技术专业的教学模式广泛采取理论与实践教学一体化、教室与实训室一体化。教学内容采用企业的真实项目,实现以“一体化、开放式”“能力进阶项目导向式”等为主要的教学模式,教学过程体现“做中学、做中教”,学生通过完成工作任务的行动,获得工业机器人的相关知识和技能,同时获得职业能力,提高人才的培养质量。

(十五)考核方案

1. 教学评价建议

教学评价主要包括用人单位对毕业生的综合评价,行业企业对顶岗实习学生的知识、技能、素质的评价，兼职教师对学生实践能力的评价，教学督导对教学过程组织实施的评价，教师对教学效果的评价，学生对教学团队教学能力的评价，学生专业技能认证水平和职业资格通过率的评价，专业技能竞赛参赛成绩的评价，社会对专业的认可度等，形成独具学院特色、开放式、自主型的教学质量保障体系。

2. 教学考核建议

（1）公共基础课程建议采用笔试的形式，平时成绩占 40%，笔试成绩占 60%。

（2）专业基础课建议采用笔试与实践能力考核相结合的形式，实践成绩占 40%，笔试成绩占 60%。

（3）专业核心课程和拓展课程采用技能测试、笔试相结合的方法，笔试成绩占 40%；技能测试包括功能测试、工艺评测和过程评价，笔试成绩占 60%。

（4）专业实习课程主要采用技能测试，重点关注功能测试、工艺评测和过程评价。

（5）顶岗实习和毕业设计由校企人员和专业教师组成的评定委员会根据学生出勤情况、周实习报告、月实习报告、顶岗实习总结、毕业设计论文或作品、带队或指导教师对学生的鉴定报告、企业对学生的评价鉴定或答辩情况进行综合定性，给出优秀、良好、及格、不及格四个评定等级。

（6）学生毕业前考取相应的职业资格证书，相应的职业资格证书标准应该纳入专业人才培养方案。

（十六）继续专业学习深造的途径

1. 成人高考升本

专科毕业工作一年后，可通过全国成人高考中的专升本考试进入成人院校学习，一般不脱产或半脱产。

2. 自考升本

高教自考中有独立本科段考试，每个专业有 10 多门课程，全部通过可获得国家承认本科学历。考生可自学，也可参加业余辅导班，可边工作边学习。

3. 专升本考试

招生对象为省内普通高等学校、高等职业技术学校（包括电大普专班）的优秀应届专科毕生。在考试内容与教学衔接上更符合当前专科教育的特点，应该成为专升本的主渠道。

（十七）其他说明（见表 4-39）

表 4-39　　本专业学生毕业应获取的职业技能（资格）证书

职业资格证书	考证要求	发证机关
维修电工（四级）	选考	国家人社部
电工（特种作业）上岗证	必考	南宁市安监局
可编程序控制系统（PLC）（三级）	选考	国家人社部
FANUC 机器人技术认证	必考	FANUC 公司
国家大学生计算机二级	选考	国家教育部
全国大学生英语 B 级、四级	选考	国家教育部

七、附件：中高职衔接机电一体化技术专业教学标准

（一）专业名称

机电一体化技术。

（二）专业代码

560301。

（三）生源类型

对口、单招。

（四）学制与学历

学制：五年。

学历：大专。

（五）职业面向及职业能力要求

1. 职业面向

就业面向的行业：制糖行业、粮油食品加工行业、烟草制造行业、炼油行业、钢铁加工行业、铝加工行业、造纸及纸制品行业、化学品制造行业、医药制造行业、橡胶塑料制品行业及物业服务行业等。

主要就业单位类型：加工制造类、物业服务类。

主要就业部门：机电设备生产部门、机电设备安装部门、机电设备维修部门、机电设备的管理部门、机电设备技改部门及机电设备营销部门等。

可从事的工作岗位：机电产品设计和零件加工工艺设计，机电设备维修和维护，普通机床和数控机床操作与产品加工，机电产品营销，机电产品生产、安装、调试以及技术管理、技术服务等，具体岗位能力及其描述见表 4-40

所示。

表 4-40 **岗位能力分析表**

序号	岗位名称	岗位类别		岗位描述	岗位能力要求
		初始岗位	发展岗位		
1	机电产品生产现场操作岗位	设备操作员	机电工程师	机械绘图、机械零件测绘、零件加工工艺编制、机械零件检验、机械产品的装配、电子产品的装接与调试等工作。	能够进行零部件的测绘；机械产品的测绘与识图；掌握互换性与测量技术；AutoCAD 软件的使用；掌握金属切削机床基本原理；掌握金属切削机床结构；掌握数控编程与操作；掌握液压与气动回路结构；掌握产品装配工艺；刀具知识。
2	机电产品销售及售后服务岗位	销售或售后员	销售经理	机电设备配件选配与管理、机电设备的安装与调试、电气线路的故障诊断与排除、电子线路的故障诊断与排除、机电设备的故障检修、机电产品营销等工作	能够进行电子元器件的组装，及电子产品的安装调试；熟悉机电一体化系统的结构组成，并能够对系统的各部分进行功能关系分析；能够对电气设备进行装接与维护；熟悉现代加工技术，能够对典型机电一体化设备进行维护；熟悉机电一体化系统的结构组成；能够进行电子元器件的组装及电子产品的安装调试；具有对光、机、电、液设备的综合调试能力。
3	企业的机电设备维护和管理岗位	维修员	生产管理员	设备的机械维护、电气线路的检查与维护、交直流电机的检查与维护、机电产品技术文件管理、简单的机电一体化设备性能检测与评估等工作。	了解典型机电产品结构、性能及使用常识；掌握典型机电产品的安装与调试；掌握机电产品或设备在安装、调试、运行和维护方面的基本知识；掌握机电设备的故障诊断与维修的基本知识；掌握安全知识。
4	机电一体化设备的应用与维护岗位	操作员	生产管理主任	机电控制系统装配、PLC 可编程控制器的安装编程调试、自动化生产线设备的维护、对设备系统进行局部改造和升级等工作。	熟悉机电一体化系统的结构组成；熟悉 PLC 指令，并进行编程，对设备系统进行改造；具有对光、机、电、液设备的综合调试能力；具有沟通能力、团队协作能力、自我学习能力、信息检索与分析能力、创新能力。

表4-40(续)

序号	岗位名称	岗位类别		岗位描述	岗位能力要求
		初始岗位	发展岗位		
5	机器人编程与操作员	技改员	质量管理主任	机器人编程与操作、机械绘图、机械零件测绘、零件加工工艺编制、机械零件检验、机器人维护	能够进行零部件的测绘、机械产品的测绘与识图、掌握互换性与测量技术，AutoCAD 软件的使用，掌握金属切削机床基本原理，掌握数控编程与操作、刀具知识，掌握机器人编程与操作、机器人维护技术。

2. 典型工作任务及其工作过程（见表 4-41）

表 4-41　　典型工作任务及其工作过程析表

序号	典型工作任务	工作过程
1	安装低压配电箱	1. 工作内容： 读懂电气原理图，根据电气接线图安装低压配电箱用专用仪器仪表测试其正确性和安全性后，通电试运行。 2. 工作对象： 电气设备或控制柜。 3. 工具： 电工常用工具（如电笔、剥线钳、尖嘴钳等等）、仪表（万用表、兆欧表等等）、安装工具（如冲击钻、切割机电钻、手锯、弯管弹簧、梯子等等）、劳保用品。 4. 工作方法： （1）常用电工工具和仪表的使用方法； （2）导线的连接和绝缘恢复方法； （3）线路的敷设方法； （4）安装工具的使用方法； （5）查阅资料的方法； （6）导线的选择选用方法； （7）安全用电、触电急救的方法； （8）钳工工具和量具的使用方法； （9）导线的选择方法。 5. 劳动组织： （1）一般以小组形式施工； （2）从项目负责人处领取工作任务； （3）与其他部门有效沟通、协调，创造施工条件； （4）与同事有效沟通，合作完成施工任务； （5）从仓库领取专用工具和材料； （6）完工自检后交付项目负责人验收。 6. 工作要求： （1）能读懂电气线路图； （2）能进行电气线路接线； （3）能发现并确定电气线路故障，检查并锁定电气故障的原因，并排除故障； （4）能正确操作停电、送电； （5）能查阅故障手册，锁定故障代码； （6）组合电气元件安装及调试。

表4-41(续)

序号	典型工作任务	工作过程
2	检修小型三相异步电动机	1. 工作内容: 维修三相异步电动机，测试三相异步电动机。 2. 工作对象: 三相异步电动机 3. 工具: (1) 机械加工技术规范、标准等资料; (2) 钳工常用工具：手锤、拉马、铰手、平板、V 型铁 、样冲; (3) 钳工常用量具：游标卡尺、塞尺、高度尺。 4. 工作方法: (1) 测试三相异步电动机; (2) 拆三相异步电动机; (3) 绘制三相异步电动机绕组展开图; (4) 与班长、车间主任或工作协作人员沟通。 5. 劳动组织: (1) 自定义或从班长、车间主任处获知工作任务; (2) 根据任务要求，独立或是以合作形式完成作业内容; (3) 确定工作任务后，分析工艺，制定施工计划。 6. 工作要求: 能测试及维修三相异步电动机。
3	绘制 PLC 控制系统图	1. 工作内容: 用 CAD 绘制 PLC 控制系统图。 2. 工作对象: CAD 软件 3. 工具: 电脑、电工常用工具（如电笔、剥线钳、尖嘴钳等等)、仪表（万用表、兆欧表等等)、劳保用品。 4. 工作方法: (1) 停电; (2) 测试电气节电; (3) 绘制线路; (4) 与班长、车间主任或工作协作人员沟通。 5. 劳动组织: (1) 自定义或从班长、车间主任处获知工作任务; (2) 根据任务要求，以独立或是合作形式完成作业内容; (3) 确定工作任务后，分析工艺，制定施工计划。 6. 工作要求: 能测试及绘制 PLC 控制系统图。

表4-41(续)

序号	典型工作任务	工作过程
4	制作三相异步电动机控制线路	1. 工作内容： 读懂电气原理图，根据电气接线图安装低压配电箱用专用仪器、仪表，测试其正确性和安全性后，通电试运行。 2. 工作对象： 电气设备或控制柜。 3. 工具：电工常用工具（如电笔、剥线钳、尖嘴钳等）、仪表（万用表、兆欧表等）、安装工具（如冲击钻、切割机电钻、手锯、弯管弹簧、梯子等）、劳保用品。 4. 工作方法： (1) 常用电工工具和仪表的使用方法； (2) 导线的连接和绝缘的恢复方法； (3) 线路的敷设方法； (4) 安装工具的使用方法； (5) 查阅资料的方法； (6) 导线的选择方法； (7) 安全用电、触电急救的方法； (8) 钳工工具和量具的使用方法； (9) 导线的选择方法。 5. 劳动组织 (1) 一般以小组形式施工； (2) 从项目负责人处领取工作任务； (3) 与其他部门有效沟通、协调，创造施工条件； (4) 与同事有效沟通，合作完成施工任务； (5) 从仓库领取专用工具和材料； (6) 完工自检后交付项目负责人验收。 6. 工作要求： (1) 能读懂电气线路图； (2) 能进行电气线路接线； (3) 能发现并确定电气线路故障，检查并锁定电气故障的原因，并排除故障； (4) 能正确操作停电、送电； (5) 能查阅故障手册，锁定故障代码； (6) 组合电气元件安装及调试。

表4-41(续)

序号	典型工作任务	工作过程
5	制作三相异步电动机 PLC 控制系统	1. 工作内容： 读懂 PLC 控制系统图，根据电气接线图安装低压配电箱用专用仪器仪表进行测试，检验其正确性和安全性后，通电试运行。 2. 工作对象： PLC 控制系统。 3. 工具： 电工常用工具（如电笔、剥线钳、尖嘴钳等）、仪表（万用表、兆欧表等）、安装工具（如冲击钻、切割机电钻、手锯、弯管弹簧、梯子等）、劳保用品。 4. 工作方法： （1）常用电工工具和仪表的使用方法； （2）导线的连接和绝缘的恢复方法； （3）线路的敷设方法； （4）安装工具的使用方法； （5）查阅资料的方法； （6）导线的选择选用方法； （7）安全用电、触电急救的方法； （8）钳工工具和量具的使用方法； （9）导线的选择方法。 5. 劳动组织： （1）一般以小组形式施工； （2）从项目负责人处获知工作任务； （3）与其他部门有效沟通、协调，创造施工条件； （4）与同事有效沟通，合作完成施工任务； （5）从仓库领取专用工具和材料； （6）完工自检后交付项目负责人验收。 6. 工作要求： （1）能读懂电气线路图； （2）能进行电气线路接线； （3）能发现并确定电气线路故障，检查并锁定电气故障原因，并排除故障； （4）能正确操作停电、送电； （5）能查阅故障手册，锁定故障代码； （6）组合电气元件安装及调试。
6	现场检测仪表和传感器	1. 工作内容： 使用温度检测传感器。 2. 工作对象： 温度检测传感器 3. 工具： 电工常用工具（如电笔、剥线钳、尖嘴钳等）、仪表（万用表、兆欧表等）、劳保用品。 4. 工作方法： （1）根据要求选用温度传感器； （2）正确安装温度传感器； （3）与班长、车间主任或工作协作人员沟通。 5. 劳动组织： （1）自定义或从班长、车间主任处获知工作任务； （2）根据任务要求，独立或是以合作形式完成作业内容； （3）确定工作任务后，分析工艺，制定施工计划。 6. 工作要求： 能正确选用温度传感器并正确安装。

表4-41(续)

序号	典型工作任务	工作过程
7	维护保养工业机器人	1. 工作内容： 检查变速箱油位、动力电缆保护壳；清洁工业机器人、机械手、控制柜和空气过滤气；检查和维护机器人周边设备及工业机器人工装夹具。 2. 工作对象：变速箱、保护壳、机器人、机械手、控制柜、周边设备、公装夹具。 3. 工具： （1）工业机器人检修与维护任务要求手册、企业网站手册、电工手册、PLC 编程手册、变频器使用手册及各种参考资料； （2）完成该任务需要电工常用工具； （3）随机配套工具、自制工具，特种螺丝批、气动工具、电动工具等。 4. 工作方法： （1）与车间主任、班长、设备操作工、调度员、质检员和维修合作伙伴就工作内容或工作单进行沟通； （2）确定必要的专用工具和保养设备； （3）设备保养方法； （4）制定并完成设备保养作业项目的工作计划； （5）自检、互检或检验保养质量； （6）填写设备保养记录单。 5. 劳动组织： （1）教师安排工作任务； （2）采取独立或合作形式，在老师的指导下完成作业内容； （3）确定作业项目后，准备保养工具，到材料或备件仓库领取相关材料和配件； （4）完工后自检，视情况将设备交操作人员并检验合格。 6. 工作要求： （1）能对变速箱油位、动力电缆保护壳进行检查及维护并能更换齿轮油、润滑油； （2）能清洁机器人、机械手、控制柜和空气过滤器； （3）能对机器人周边设备进行维护； （4）能对机器人装夹具进行检查和维护。
8	制作典型现代机电设备	1. 工作内容： 制作机械手抓取机构气压传动系统。 2. 工作对象： 气压传动系统 3. 工具： 电工常用工具（如电笔、剥线钳、尖嘴钳等）、仪表（万用表、兆欧表等）、劳保用品。 4. 工作方法： （1）根据要求设计气压传动系统； （2）正确安装气压传动系统； （3）能正确控制气压传动系统； （3）与班长、车间主任或工作协作人员沟通。 5. 劳动组织： （1）自定义或从班长、车间主任处获知工作任务； （2）根据任务要求，独立或是以合作形式完成作业内容； （3）确定工作任务后，分析工艺，制定施工计划。 6. 工作要求： 能正确设计、安装及控制气压传动系统。

表4-41(续)

序号	典型工作任务	工作过程
9	安装并控制自动化生产设备	1. 工作内容： 安装并控制自动化生产设备。 2. 工作对象： 自动化生产设备 3. 工具：电工常用工具（如电笔、剥线钳、尖嘴钳等）、仪表（万用表、兆欧表等）、劳保用品。 4. 工作方法： （1）能正确识读各种自动化生产设备图纸； （2）正确安装自动化生产设备； （3）能正确控制自动化生产设备； （3）与班长、车间主任或工作协作人员沟通。 5. 劳动组织： （1）自定义或从班长、车间主任处获知工作任务； （2）根据任务要求，独立或是以合作形式完成作业内容； （3）确定工作任务后，制订施工计划。 6. 工作要求： 正确安装及控制自动化生产设备。
10	使用变频器	1. 工作内容： 使用西门子 G120 变频器。 2. 工作对象： G120 变频器 3. 工具： 电工常用工具（如电笔、剥线钳、尖嘴钳等）、仪表（万用表、兆欧表等）、劳保用品。 4. 工作方法： （1）能正确选用 G120 变频器； （2）能正确安装 G120 变频器； （3）正确设置 G120 变频器运行参数； （3）与班长、车间主任或工作协作人员沟通。 5. 劳动组织： （1）自定义或从班长、车间主任处获知工作任务； （2）根据任务要求，独立或是以合作形式完成作业内容； （3）确定工作任务后，分析工艺，制定施工计划。 6. 工作要求： 正确安装 G120 变频器及参数设置。
11	使用伺服系统	1. 工作内容： 使用松下 A5 伺服系统。 2. 工作对象： 松下 A5 伺服系统。 3. 工具： 电工常用工具（如电笔、剥线钳、尖嘴钳等）、仪表（万用表、兆欧表等）、劳保用品。 4. 工作方法： （1）能正确选用松下 A5 伺服系统； （2）能正确安装松下 A5 伺服系统； （3）正确设置松下 A5 伺服系统运行参数； （3）与班长、车间主任或协作人员沟通。 5. 劳动组织： （1）自定或从班长、车间主任工作任务； （2）根据任务要求，独立或是以合作形式完成作业内容； （3）确定工作任务后，分析工艺，制定施工计划。 6. 工作要求： 正确安装松下 A5 伺服系统及参数设置。

表4-41(续)

序号	典型工作任务	工作过程
12	销售工业自动化及机器人设备	1. 工作内容： （1）负责企业产品和服务的推广、网络营销、广告宣传等； （2）对工业机器人的营销现状进行分析，以确定机器人在网络营销过程中所存在的问题； （3）了解企业的投入和期望回报，确认网络营销的目标。 2. 工作对象： 客户。 3. 工具：产品资料、销售资料。 4. 工作方法： （1）与客户沟通的方法； （2）了解客户需求的方法； （3）制订完成销售作业项目的工作计划。 5. 劳动组织 （1）教师安排工作任务； （2）以独立或合作的形式，在老师指导下完成作业内容； 6. 工作内容： （1）制定营销策略，向客户宣传、销售公司的产品和服务； （2）开发新的市场领域，维护客户关系，建立稳定的客户资源； （3）整理相关客户的资料，收集市场信息，并及时予以反馈。
13	售后服务工作	1. 工作内容： （1）为客户解决使用设备过程中遇到的问题； （2）调试客户购买的设备； （3）保障客户购买的设备正常使用。 2. 工作对象： 客户、工业机器人及附件设备。 3. 工具： 电工常用工具（如电笔、剥线钳、尖嘴钳等）、仪表（万用表、兆欧表等）、安装工具（如冲击钻、切割机电钻、手锯、弯管弹簧、梯子等）、劳保用品。 4. 工作方法： （1）常用电工工具和仪表的使用方法； （2）导线的连接和绝缘的恢复方法； （3）安装工具的使用方法； （4）查阅资料的方法； （5）安全用电、触电急救的方法； （6）钳工工具和量具的使用方法。 5. 劳动组织： （1）一般以小组形式施工； （2）从项目负责人处领取工作任务； （3）与其他部门有效沟通、协调，创造施工条件； （4）与同事有效沟通，合作完成施工任务； （5）从仓库领取专用工具和材料； （6）完工自检后交付项目负责人验收。 6. 工作要求： （1）能读懂电气线路图； （2）能进行电气线路接线； （3）能发现并确定电气线路的故障； （4）检查并锁定电气故障的原因； （5）能排除故障。

（六）培养目标

本专业主要面向制造业生产一线，培养拥护党的基本路线，掌握电工电子、机械基础、液压与气动、电气控制与 PLC 技术等专业基本理论和专业技术知识，具有识机械电器工程图纸、电器控制安装调试、PLC 控制程序设计、自动化生产线安装、维护等专业能力，具备安全生产、爱岗敬业、团队协作、信息搜集与整理等职业素质，在机电一体化设备的生产、服务第一线能从事机电设备的操作、维修、维护及技术支持等工作的德、智、体、美全面发展的高素质技术技能型人才，为区域经济和社会发展做贡献。具体如表 4-42 所述。

表 4-42　　　　机电一体化技术专业培养目标

序号	具体内容
A	能够解决机电一体化设备的操作、维修、维护及技术支持的实际问题
B	能够在工作中发挥有效的组织、沟通和协调作用
C	能够使自己的项目行为符合道德伦理的要求
D	能够通过继续教育或职业培训不断提升自身的能力
E	能够为广西、珠三角地区制造业的发展做出贡献

（七）毕业要求（见表 4-43 至表 4-46）

表 4-43　　　　机电一体化专业毕业要求

序号	毕业要求	对应的培养目标
1	能够具备良好的口头和书面表达能力	B
2	能够熟练地操作计算机及相关软件	A、B
3	能够运用英文进行简单的对话交流，能看懂专业技术文献	A、B
4	能够熟练掌握检索工具，运用现代信息技术进行自主学习	A、D
5	能够运用电工基础、电子技术基础、PLC、液压与气动、变频调速、传感技术、编程技术等知识解决工程中的问题	A、E
6	能掌握基本的创新方法，具有创新的意识和创业的素质	A、D
7	能够根据工艺要求对自动化生产设备进行程序设计、安装、调试、维护和保养	A
8	在对机电一体化项目的施工过程中，能综合考虑经济、安全、环境、健康、道德伦理等因素	A、C
9	具备团队领导能力，能够有效沟通、协调工作中的各项问题，具有责任意识和职业道德	A、C
10	具备终身学习的意识，了解对接本专业继续深造以及参加职业培训的途径	D
11	熟悉广西地区及珠三角地区机电一体化技术领域的发展现状、趋势	E

（八）毕业要求指标点（见表4-44）

表4-44　　五年一贯制机电一体化专业毕业要求指标点

序号	毕业要求	能力要求指标点	对应的指标点
1	能够具备良好的口头和书面表达能力	1.1	能够准确表达自己的观点
		1.2	能够撰写规范的科技论文
		1.3	能够撰写规范的工作材料
2	能够熟练的操作计算机及相关软件	2.1	能够熟练地使用办公软件
		2.2	能够熟练地使用专业制图软件
		2.3	能够熟练地使用专业编程软件
3	能够运用英文进行简单的对话交流，能看懂专业技术文献	3.1	能用英语进行简单的口头交流
		3.2	能阅读英文专业技术文献
4	能够熟练掌握检索工具，运用现代信息技术进行自主学习	4.1	能利用各类检索工具，收集有用信息
		4.2	能利用现代各种信息技术，进行自主学习
5	能够运用电工基础、电子技术基础、PLC、液压与气动、变频调速、传感技术、编程技术等知识解决工程中的问题	5.1	能利用自动化专业知识解决工作中的问题
		5.2	能利用PLC等知识对机电一体化设备进行技术改造
		5.3	能用3D打印技术打印简单零配件
6	能掌握基本的创新方法，具有创新的意识和创业的素质	6.1	能利用基本的技术创新方法，开展程序设计
		6.2	具备创新意识和创业的基本素质
7	能够根据工艺要求对自动化生产设备进行程序设计、安装、调试、维护和保养	7.1	能利用自动化生产线知识，根据工艺要求编写程序、安装设备、调试设备
		7.2	能利用自动化生产线基本知识维护和保养设备
		7.3	按照规范整理、记录相关资料

表4-44(续)

序号	毕业要求	能力要求指标点	对应的指标点
8	在对机电一体化项目施工过程中能综合考虑经济、安全、环境、健康、道德伦理等因素	8.1	遵守有关环保、安全的规范制度要求
		8.2	遵守安全施工规范，树立责任意识、环保意识，遵守职业道德
		8.3	在工作过程中养成良好的基本工作规范
9	具备团队领导能力，能够有效沟通，协调工作中的各项问题，具有责任意识和职业道德	9.1	能进行有效的沟通、协调完成工作任务
		9.2	能很好地领导团队，出色地完成工作任务，并具有责任意识和职业道德
10	具备终身学习的意识，了解对接本专业继续深造以及参加职业培训的途径	10.1	能根据机电一体化专业发展的现状及趋势，制定学习目标
		10.2	了解继续深造及参加培训的途径
11	熟悉广西地区及珠三角地区机电一体化技术领域的发展现状、趋势	11.1	能利用现代信息技术，了解机电设备相关品牌及技术性能
		11.2	了解工业机器人的现状及发展趋势

（九）专业课程体系

1. 专业课程体系可用图、表的方式进行阐述，应体现所设置的课程体系与岗位典型工作任务间的关系，可参考表4-45、表4-46的描述。

表4-45　　　　机电一体化专业课程体系

序号	课程名称（学习领域）	对应的典型工作任务
1	电工基础	电路基础知识
		直流电路
		磁与电磁感应
		正弦交流电路

表4-45(续)

序号	课程名称 (学习领域)	对应的典型工作任务
2	电子技术基础	设计直流稳压电源电路图
		测试直流稳压电源及其单元电路的基本特性
		维修直流稳压电源
		安装台灯调光电路板
3	电机与电气控制	制作小型变压器
		维修三相异步电动机
		三相异步电动机直接起动控制电路的连接与检修
		三相异步电动机降压起动控制电路和制动控制电路的连接与检修
4	电工应用技术	认识直流电路
		认识交流电路
		触电急救
		安装单户住宅的用电系
		安装低压配电箱
		检修小型三相异步电动机
5	电子应用技术	测试与辨别常用电子器件
		制作功率放大器
		设计集成运放的应用电路
		制作直流稳压电源的
		制作三人表决电路
		制作计数器电路
6	自动检测与仪表技术	时间与频率测量
		数据域测量
		计算机仿真测量技术
		自动测量

表4-45(续)

序号	课程名称（学习领域）	对应的典型工作任务
7	工业机器人应用技术	认识工业机器人
		简单调试机器人硬件系统
		应用机器人仿真软件
		调试及编程机器人工作站运动轨迹
		设置机器人的坐标系
		配置机器人信号
		掌握机器人常用编程指令
		编程和调试搬运工作站整体功能
		维护保养工业机器人常规
8	AutoCAD 计算机辅助设计	认识绘图软件
		平面图形绘制
		三视图绘制
		轴测图绘制
9	Solidworks 及工作站设计	使用 Solidworks 软件建模典型机械零件
		使用 Solidworks 软件装配体建模与装配
		使用 Solidworks 软件工程图创建
		使用 Solidworks 软件进行机器人工作站设计
10	PLC 应用基础	传统继电器设备的 PLC 改造
		星三角通电延时降压启动、正反转控制
		超市流量统计
		绕线电机旋转圈数控制
		液体混合控制
		机械手控制
		交通灯控制

表4-45(续)

序号	课程名称（学习领域）	对应的典型工作任务
11	变频器应用基础	面板电位器操作
		外控电位器方式测试
		外控 4-20mA 方式测试
		多段速度测试
		频率信号切换输入功能测试
12	电气控制及 PLC 应用技术	基本电气控制电路
		常见机床控制电路
		PLC 基本指令的应用
		基本电气控制电路
		PLC 特殊功能模块及数据通信
		PLC 与触摸屏的综合应用
13	★液压与气动技术	制作机械手抓取机构气压传动系统
		制作剪切装置气压传动系统
		制作自动送料装置气压传动系统
		制作剪板机气压传动系统
		制作压膜机气压传动系统
		制作压印机气压传动系统
		制作塑料圆管熔接装置气压传动系统
		制作圆柱塞分送装置气压传动系统
		制作工件推出装置液压传动系统
		制作汽车起重机支腿液压传动系统
		制作粘压机液压传动系统
		制作喷漆室传动带装置液压传动系统
		制作钻床液压传动系统
		制作夹紧装置液压传动系统
		制作专用刨削设备液压传动系统
		维护并维修轨梁厂淬火轨收集装置液压系统
		维护并的维修立式加工中心气动控制系统

表4-45(续)

序号	课程名称（学习领域）	对应的典型工作任务
14	★自动化生产线技术	认识自动化生产线
		安装并控制供料单元
		安装并控制搬运单元
		安装并控制安装单元
		安装并控制加工与检测单元
		安装并控制分类单元
		安装并控制主控单元
15	★变频调速与伺服电机驱动技术	认识变频调速及伺服驱动系统行业的应用
		使用西门子 G120 变频器
		使用松下 A5 伺服系统
		维护、维修西门子 G120 变频器
		维护、维修松下 A5 伺服系统

表 4-46　　　　机电一体化专业课程体系

毕业要求	毕业要求指标点	电工基础	电子技术基础	电工应用技术	电子应用技术	自动检测与仪表技术	工业机器人应用技术	CAD 计算机辅助设计	SoLiDwOrks及工作站设计	★PLC 应用基础	★变频器应用基础	★电气控制及 PLC 应用技术	★液压与气动技术	★自动化生产线技术	★变频调速与伺服电机驱动技术
能够具备良好的口头和书面表达能力	能够准确表达自己的观点	√	√	√	√		√						√	√	√
能够具备良好的口头和书面表达能力	能够撰写规范的科技论文						√						√	√	√
能够具备良好的口头和书面表达能力	能够撰写规范的工作材料			√	√	√	√						√	√	√

表4-46(续)

毕业要求	毕业要求指标点	电工基础	电子技术基础	电工应用技术	电子应用技术	自动检测与仪表技术	工业机器人应用技术	CAD 计算机辅助设计	SoLiDwOrks及工作站设计	★PLC 应用基础	★变频器应用基础	★电气控制及 PLC 应用技术	★液压与气动技术	★自动化生产线技术	★变频调速与伺服电机驱动技术
能够熟练地操作计算机及相关软件	能够熟练使用办公软件	√	√		√		√	√	√	√		√	√	√	
能够熟练地操作计算机及相关软件	能够熟练使用专业制图软件			√	√	√	√						√	√	√
能够熟练地操作计算机及相关软件	能够熟练使用专业编程软件					√	√							√	√
能够运用英文进行简单的对话交流，能看懂专业技术文献	能用英语进行简单的口头交流						√						√	√	√
能够运用英文进行简单的对话交流，能看懂专业技术文献	能阅读英文专业技术文献					√	√							√	√
能够熟练掌握检索工具，运用现代信息技术进行自主学习	能利用各类检索工具，收集有用信息	√	√	√	√	√	√	√	√	√	√	√	√	√	√
能够熟练掌握检索工具，运用现代信息技术进行自主学习	能利用现代各种信息技术，进行自主学习	√	√	√	√	√	√	√	√	√	√	√	√	√	√
能够运用专业知识解决工程中的问题	能利用自动化专业知识解决工作中的问题	√	√	√	√	√	√	√	√	√	√	√	√	√	√
能够运用专业知识解决工程中的问题	能利用 PLC 等知识对机电一体化设备进行技术改造	√	√	√	√	√	√	√	√	√	√	√	√	√	√

表4-46(续)

毕业要求	毕业要求指标点	电工基础	电子技术基础	电工应用技术	电子应用技术	自动检测与仪表技术	工业机器人应用技术	CAD 计算机辅助设计	SoLiDwOrks及工作站设计	★PLC 应用基础	★变频器应用基础	★电气控制及 PLC 应用技术	★液压与气动技术	★自动化生产线技术	★变频调速与伺服电机驱动技术
能掌握基本的创新方法，具有创新的意识和创业的素质	能用 3D 打印技术打印简单零配件	√	√			√		√	√	√	√	√			
能掌握基本的创新方法，具有创新的意识和创业的素质	能利用基本的技术创新方法，开展程序设计					√	√						√	√	√
能掌握基本的创新方法，具有创新的意识和创业的素质	具备创新意识和创业的基本素质					√	√						√	√	√
能够根据工艺要求对自动化生产设备进行程序设计、安装、调试、维护和保养	能利用自动化生产线知识根据工艺要求编写程序，安装并调试设备	√	√	√	√	√	√	√	√	√	√	√	√	√	√
能够根据工艺要求对自动化生产设备进行程序设计、安装、调试、维护和保养	能利用自动化生产线基本知识维护和保养设备	√	√	√	√		√	√	√	√	√	√	√	√	√
在对机电一体化项目施工过程中能综合考虑经济、安全、环境、健康、道德伦理等因素	按照规范整理、记录相关资料						√						√	√	√

表4-46（续）

毕业要求	毕业要求指标点	电工基础	电子技术基础	电工应用技术	电子应用技术	自动检测与仪表技术	工业机器人应用技术	CAD 计算机辅助设计	SoLiDwOrks及工作站设计	★PLC 应用基础	★变频器应用基础	★电气控制及 PLC 应用技术	★液压与气动技术	★自动化生产线技术	★变频调速与伺服电机驱动技术
在对机电一体化项目施工过程中能综合考虑经济、安全、环境、健康、道德伦理等因素	遵守有关环保、安全的规范制度要求	√	√	√	√	√	√	√	√	√	√	√	√	√	√
在对机电一体化项目施工过程中能综合考虑经济、安全、环境、健康、道德伦理等因素	遵守安全施工规范，树立责任意识，环保意识，遵守职业道德			√	√	√	√	√	√	√	√	√	√	√	√
在对机电一体化项目施工过程中能综合考虑经济、安全、环境、健康、道德伦理等因素	在工作过程中养成良好的基本工作规范	√	√	√	√	√	√	√	√	√	√	√	√	√	√
具备团队领导能力，能够有效沟通、协调工作中的各项问题，具有责任意识和职业道德	能进行有效的沟通、协调完成工作任务	√	√	√	√	√	√	√	√	√	√	√	√	√	√
具备团队领导能力，能够有效沟通、协调工作中的各项问题，具有责任意识和职业道德	能很好地领导团队，出色地完成工作任务，并具有责任意识和职业道德	√	√	√	√	√	√	√	√	√	√	√	√	√	√

表4-46(续)

毕业要求	毕业要求指标点	电工基础	电子技术基础	电工应用技术	电子应用技术	自动检测与仪表技术	工业机器人应用技术	CAD 计算机辅助设计	SoLiDwOrks及工作站设计	★PLC 应用基础	★变频器应用基础	★电气控制及 PLC 应用技术	★液压与气动技术	★自动化生产线技术	★变频调速与伺服电机驱动技术
具备终身学习的意识，了解对接本专业继续深造以及参加职业培训的途径	能根据机电一体化专业发展的现状及趋势，制定学习目标					√	√						√	√	√
具备终身学习的意识，了解对接本专业继续深造以及参加职业培训的途径	了解继续深造及参加培训的途径					√	√						√	√	√
熟悉广西地区及珠三角地区机电一体化技术领域发展现状、趋势	能利用现代信息技术，了解机电设备相关品牌及技术性能						√	√	√	√	√	√	√	√	√
熟悉广西地区及珠三角地区机电一体化技术领域发展现状、趋势	了解机电技术当前现状及发展趋势					√	√						√	√	√

（十）主要课程内容（见表 4-47 至表 4-61）

表 4-47　　**电工基础**

课程名称	电工基础		
开设学期	第 1 学期	基准学时	102 学时
职业能力要求： （1）理解简单电路的基本原理与特性； （2）掌握对电路的参数的计算。			

表4-47(续)

课程目标： 1. 知识目标 （1）了解常用电阻、电容、电感等各种电子元器件的特性与作用； （2）重点学习直流电路的基本原理与特性，了解电路的各种分析方法； （3）初步学习、分析交流电路，能对给定的电路进行电压、电流、功率等参数的计算，交流电路的分析方法，及中级以上装配电工应知理论知识。 2. 能力目标 （1）正确使用常用电工仪器仪表； （2）学习一般电气线路进行故障分析与排除； （3）掌握安全用电。 3. 素质目标 （1）具有热爱科学、实事求是的学风和刻苦钻研、精益求精的精神； （2）具有较强的职业道德意识； （3）具有质量意识、环保意识。
课程内容： 一、电路基础知识 1. 了解电场的基本知识 2. 掌握电的常用物理量 3. 掌握库仑定理、欧姆定律和最大功率输出定理。 二、直流电路 1. 了解电阻串、并联电路的分析和特点 2. 掌握基尔霍夫定律、戴维宁定理。 三、电容器 1. 了解电容器的结构与特点、参数，掌握电容器的串联并联的连接方式 2. 了解电容器的电场能的转换 四、磁与电磁感应 1. 了解电流的磁效应 2. 掌握磁场的基本物理量、电磁感应定律 3. 了解电感线圈的指标、作用 4. 了解自感和磁场能量的转换 五、正弦交流电路 1. 了解正弦交流电的三要素，掌握 T、f、角频率的关系，了解相位差 2. 学会分析单一参数的正弦交流电路和串联正弦交流电路 六、三相交流电路和电动机 1. 了解三相交流电源的组成与特点 2. 掌握三相负载的接法，学会分析三相电路的计算 3. 了解三相异步电动机的结构和起动方法 4. 掌握安全用电的技术措施 七、变压器 1. 了解变压器的构造和工作原理 2. 学会比较常用的变压器的种类、特点和用途

表 4-48　　　　　　　　　　　　**电子技术**

<table>
<tr><td>课程名称</td><td colspan="3">电子技术</td></tr>
<tr><td>开设学期</td><td>第 2 学期</td><td>基准学时</td><td>80 学时</td></tr>
<tr><td colspan="4">职业能力要求：
1. 能够分析简单的电子电路；
2. 能够使用电子工具；
3. 能够使用常见的仪器仪表。</td></tr>
<tr><td colspan="4">课程目标：
1. 知识目标
（1）通过模块化教学使学生独立完成简易电子门铃、多路抢答器、直流稳压电源、台灯调光电路制作；
（2）电子元器件的焊接、测量、调试等实践；
（3）能够掌握常用电子器件（二极管、三极管、晶闸管、集成运放、触发器、计数器、译码器、定时器等）的基本特性和主要参数；
（4）熟悉常用的基本单元的电路组成、工作原理、使用特性和特点以及放大器的主要性能指标的估算方法。
2. 能力目标
（1）能够正确使用焊烙铁；
（2）能够正确使用示波器，并调整波形以及对波形进行分析；
（3）能够正确使用万用表，准确测量电压、电流以及元器件的阻值；
（4）能够焊接、测量、分析常用基本单元电路；
（5）能够设计和制作简易的电子门铃；
（6）能够制作完整的收音机；
（7）能够设计和制作多路抢答器；
（8）能够设计和制作直流稳压电源；
（9）能够设计和制作台灯调光电路；
（10）能够进行电子元器件的焊接、测量和调试。
3. 素质目标
（1）具有解决问题的能力和制定工作计划的能力；
（2）具有创新思维能力和科学的工作方法；
（3）具有综合运用知识与技术从事程度较复杂的技术工作的能力；
（4）具有与人交往、沟通及合作等方面的态度和能力；
（5）具有自学能力、理解能力与表达能力；
（6）具有良好的职业道德和敬业精神。</td></tr>
</table>

表4-48(续)

课程内容： 1. 设计电子元器件在面包板上的布局 2. 正确安装电子元器件 3. 使用焊烙铁焊接电子元器件 4. 拆除焊接好的电子元器件 5. 设计直流稳压电源电路图 6. 按照电路图安装、焊接电子元器件 7. 连通、调试电路、函数信号发生器和示波器 8. 测试直流稳压电源及其单元电路的基本特性 9. 维修直流稳压电源 10. 用万用表判别晶闸管的好坏并正确使用晶闸管 11. 设计台灯调光电路图 12. 安装台灯调光电路板 13. 调试和检测晶闸管触发电路组成的电路板

表 4-49 **电机与电气控制**

课程名称	电机与电气控制		
开设学期	第 3 学期	基准学时	128 学时
职业能力要求： 1. 能够分析电机在生产实际问题和解决实际问题 2. 能够检修三相异步电动机 3. 能够看图安装三相异步电动机控制线路			
课程目标： 1. 知识目标 （1）了解变压器、三相异步电动机、单相异步电动机、直流电动机、低压电器的结构与工作原理。 （2）理解三相异步电动机的基本工作特性。 （3）明确三相异步电动机的起动、调速、制动的基本原理和常见方法。 （4）掌握继电器、接触器控制典型电路的工作原理及线路分析方法。 2. 能力目标 （1）能够正确选择并使用交直流电动机、变压器及常用低压电器。 （2）能够设计较为简单的电气控制线路。 （3）能够使用电工工具和电工仪表，针对基本电气控制线路进行正确安装、调试及维护维修。 3. 素质目标 （1）培养学生自主学习的能力、观察能力、团队合作能力、专业技术交流的表达能力。 （2）培养学生具有制订工作计划的方法能力。 （3）使学生具有解决实际问题的工作能力。 （4）使学生具有获取新知识、新技能的学习能力。 （5）培养学生勇于创新、敬业奉献的工作作风。 （6）具有环保意识、安全意识。			

表4-49(续)

课程内容：
课程内容： 认识变压器； 制作小型变压器 认识三相异步电动机 维修三相异步电动机 常用电动机的使用与维护 三相异步电动机直接起动控制电路的连接与检修 三相异步电动机降压起动控制电路和制动控制电路的连接与检修 三相异步电动机正反转控制电路的连接与检修

表 4-50　　**电工应用技术**

课程名称	电工应用技术		
开设学期	第 5 学期	基准学时	90 学时
职业能力要求： 1. 能够操作基本电气控制线路 2. 能够安装基本电气控制线路 3. 能够检修并调试基本电气控制线路			
课程目标： 1. 知识目标 （1）掌握安全用电基本知识； （2）掌握直流电路基本概念； （3）掌握直流电路基本原理、基本定律； （4）掌握单相、三相正弦交流电概念； （5）掌握元件分析计算方法； （6）掌握串并联电路电压、电流、功率分析及计算方法； （7）掌握谐振概念、特点； （8）掌握三相正弦交流电路电压、电流、功率分析及计算方法； （9）了解磁路基本概念、分析方法； （10）了解变压器结构、类型及工作原理。 2. 能力目标 （1）能安全用电； （2）会使用电压表、电流表、万用表测量直流电路； （3）会使用电压表、电流表、功率表、万用表测量交流电路； （4）会测试、分析变压器； （5）会识读基本电路图； （6）会分析基本的直流电路、交流电路。 3. 素质目标 （1）具有较强的安全用电意识； （2）具有爱岗敬业、团队协作精神； （3）具有质量意识、环保意识。			

表4-50(续)

课程内容： 　　1. 能验证欧姆定律并应用 　　2. 能安装小电珠电路并调试成功 　　3. 能理解单相交流电应用 　　4. 认识并会使用钢丝钳、尖嘴钳、螺丝刀、剥线钳、试电笔、活络扳手等常用电工工具 　　5. 认识并会使用万用表、摇表等常用电工仪表 　　6. 能安装节能灯电路，并使用万用表和试电笔调试成功 　　7. 能理解触电、触电伤害、触电形式、触电原因和预防等基础知识 　　8. 理解电工安全常识 　　9. 能正确进行人工呼吸法救护 　　10. 能正确进行胸外心脏挤压法救护 　　11. 会使用电功率、电能的公式进行相关的计算 　　12. 能正确进行单相电度表的安装 　　13. 能正确进行进户线安装 　　14. 能正确安装和调试单相进户装置 　　15. 能进行常用绝缘导线型号和颜色的选择 　　16. 能按照施工现场临时用电安全技术进行操作 　　17. 能按照临时用电安全技术的要求进行配电箱的安装 　　18. 能进行小型三相异步电动机首尾端判别 　　19. 能采用正确的方法进行小型三相异步电动机的拆装

表 4-51　　**电子应用技术**

课程名称	电子应用技术		
开设学期	第 6 学期	基准学时	75 学时
职业能力要求： 　　1. 具备识别与选用元器件的能力 　　2. 具备电路识图与绘图的能力 　　3. 具备对电子电路进行基本分析、计算的能力 　　4. 具备对典型电路进行设计、调试、检测与维修的职业能力和职业素养			

表4-51(续)

课程目标：

1. 能力目标

通过学习本课程，能够正确使用仪器仪表、专业软件、工具，借助设备说明书、维修手册、相应网站等资料，能够在规定时间内运用经济的方式以小组形式完成课业计划，并具备下列职业工作能力，且符合劳动安全和环境保护规定。

（1）能陈述电子设备及电气系统、自动化生产线中电子线路的工作原理，绘制与测绘电路图。

（2）能制定电子设备及自动化生产线中电子线路的制作调试、故障诊断、维护和维修作业计划。

（3）能采购与筛选电子元器件。

（4）能设计、制作与修复印制电路板。

（5）能板卡级、芯片级电子设备及相应电子线路的故障定位与检修。

（6）能安装或更换二极管、三极管、电容、集成电路等电子元器件。

（7）能组装、调试电气电子设备。

（8）能电气电子设备售后技术服务。

（9）能正确阅读、撰写产品说明书及技术文件。

（10）能进行工作记录、技术文件存档与评价反馈。

2. 知识目标

（1）掌握电源变压器、二极管、稳压管，桥式整流、滤波电路、集成稳压器的基本知识；

（2）掌握三极管基本放大电路、三极管电子开关电路、运算放大电路、继电器控制电路反馈的概念和流程框图；

（3）了解推免功放电路、振荡的概念，掌握自激振荡的工作原理、正弦波振荡电路的组成和分析；

（4）掌握集成运算放大器的比例、跟随、加减法、积分基本应用电路；

（5）掌握逻辑代数基本运算方法和逻辑函数的化简方法；

（6）理解各种数制的规则及相互间的转换，了解常见的BCD码规则；

（7）掌握基本逻辑门电路组成和集成门电路的逻辑功能和使用方法；

（8）掌握常用组合逻辑电路的分析方法、设计方法和实际应用设计；

（9）掌握常用集成触发器的特点、组成、功能和应用；

（10）掌握常用时序逻辑电路的分析方法和设计方法；

（11）了解555定时器的组成和工作原理，掌握多谐振荡器、单稳态电路、施密特电路等脉冲单元电路的特点、功能和工作原理。

3. 素质目标

（1）培养理论联系实际的习惯。

（2）培养辩证和逻辑思维的能力，具备创新意识，具有电子产品创新的专业能力。

（3）培养制订、实施工作计划的能力和交接工作流程的能力。

（4）培养语言表达、沟通协调的能力。

（5）培养班组管理、团队组织能力。

（6）培养学生的责任心与职业道德。

（7）培养资料收集和整理的能力。

表4-51(续)

课程内容： 1. 常用仪表的使用和常用电子器件的测试与辨别 2. 单管共射放大电路的测试 3. 阻容耦合两级放大电路测试 4. 音频功率放大电路的设计 5. 加减法运算电路设计 6. 集成直流稳压电源的设计 7. 数字电路基础 8. 逻辑函数的表示及变换 9. 化简逻辑函数 10. 设计三人表决器电路 11. 分析触发器的功能 12. 设计二进制计数器

表 4-52 **自动检测与仪表技术**

课程名称	自动检测与仪表技术		
开设学期	第 7 学期	基准学时	80 学时
职业能力要求： 1. 能够利用相应的技术手册； 2. 能够使用和调整常用的电子测量仪器； 3. 能够根据测量方法和测量理论利用相应的测量工具对某电学物理量进行测量和必要的误差分析。			

表4-52(续)

课程目标： 1. 知识目标 （1）能依据相应的技术手册和使用说明对该测量设备进行使用和维护。 （2）能够利用合适的测量工具进行正确的电子类物理量测量。 （3）能够对使用的电子测量仪器进行必要的调整和必要的误差分析。 （4）能够了解常用电子测量仪器或设备的工作原理。 （5）能够计算电子测量仪器的系统误差。 （6）能够对测量结果进行误差分析。 （7）了解电子类计量及其检验标准。 2. 能力目标 （1）加强教学过程的趣味性，激发学生的学习兴趣，培养学生的创新能力。 （2）充分把握学生的问题意识，培养学生的创新能力；创造条件，激活学生的“发现”意识，培养学生的创新能力；鼓励大胆猜想，培养学生的创新能力；培养发散思维和收敛思维，开发学生的创新能力。 （3）对信息资料的加工处理过程，就是对知识的重新整合过程。它是将各种来源的、比较繁杂的信息资料整合成一个新的、较为清晰的整体。充分利用网上资源进行课堂教学。课前安排学生上网查找有关信息资料，适当地加工处理，参与课堂教学。 （4）以学生活动成果的展示方式，一方面对课题研究进行总结，另一方面可以让学生体验成果展示所带来的成功的愉悦从而激活学生的创新动力，培养学生的创新品质。 （5）在传授知识的同时，让学生掌握学习的方法，培养终身学习的愿望和能力。 3. 素质目标 （1）具有独立思考、自主完成项目任务的能力； （2）善于总结经验，有创新意识； （3）善于合作，发挥集体力量，共同完成任务。
课程内容： 1. 电子测量与仪器的基础知识 2. 信号发生器 3. 示波器测量 4. 电压测量技术 5. 时间与频率测量 6. 频域测量 7. 数据域测量 8. 计算机仿真测量技术 9. 自动测量

表 4-53　　工业机器人应用技术

课程名称	工业机器人应用技术		
开设学期	第 8 学期	基准学时	70 学时

表4-53(续)

职业能力要求： 1. 具备搜集相关技术资料，尽快熟悉新接触设备和新工作场景的能力； 2. 具备潜心钻研的职业精神和必要的创新能力； 3. 具备独立学习，灵活运用所学知识独立分析问题并解决问题的能力； 4. 具备工作安全意识与自我保护能力； 5. 能自觉遵守单位的规章制度和职业道德，有强烈的工作责任感。
课程目标： 1. 知识目标 （1）熟悉工业机器人的定义； （2）熟悉工业机器人的种类及发展趋势； （3）熟悉工业机器人坐标系的建立与变换知识； （4）熟悉工业机器人机械结构类型与特点； （5）熟悉工业机器人中常用的传感器类型与结构； （6）熟悉工业机器人常用的控制方式； （7）了解工业机器人的编程种类； （8）熟悉工业机器人的应用。 2. 能力目标 （1）能看懂工业机器人的技术参数； （2）能绘制工业机器人的运动简图； （3）能按坐标系计算工业机器人的运动； （4）能识别工业机器人的常用的传动机构； （5）能识别工业机器人常用的传感器； （6）能识别工业机器人常用的驱动机构。 3. 素质目标 （1）提高分析与解决问题的能力； （2）提高团队协作的能力； （3）提高组织管理的能力； （4）具备相应岗位的职业素养和创新意识。
课程内容： 1. 工业机器人技术的特点和发展 2. 机器人硬件系统的认知和简单调试 3. 机器人仿真软件的应用 4. 机器人工作站运动轨迹调试及编程 5. 机器人的坐标系 6. 机器人信号的配置 7. 机器人常用编程指令 8. 搬运工作站整体功能编程和调试。 9. 工业机器人常规维护与保养。

表 4-54　　AutoCAD 计算机辅助设计

<table>
<tr><td>课程名称</td><td colspan="3">AutoCAD 计算机辅助设计</td></tr>
<tr><td>开设学期</td><td>第 7 学期</td><td>基准学时</td><td>80 学时</td></tr>
<tr><td colspan="4">职业能力要求：
1. 能应用 AutoCAD 熟练准确、高效地绘制和输出工程图
2. 具有空间想象能力和一定的分析与表达能力
3. 具有认真细致、一丝不苟的工作作风</td></tr>
<tr><td colspan="4">课程目标：
1. 知识目标
（1）熟悉 AutoCAD 工作界面，掌握数据的输入、文件类型及其管理，掌握工具栏的设置、命令的输入方法，了解二维工程图的绘制要求。
（2）掌握绘图单位、图形边界等绘图环境的设置，掌握栅格、捕捉和正交、对象捕捉、极轴及追踪等辅助工具的使用方法，掌握图层的概念、图层的设置，实体的颜色、线型、线宽特性的设定，图形的缩放与平移显示，视图的设置及管理。
（3）掌握直线、矩形、多边形、圆弧、样条曲线等的绘制方法，图案的填充与编辑。
（4）掌握选择对象的各种方法，对象的擦除与恢复、修剪与延伸，倒角与圆角、移动、旋转、复制、镜像、平移、阵列、缩放等通用编辑，多段线、多线、样条曲线的编辑。
（5）掌握文字样式的设置，单行文字与多行文字标注、编辑，表格的创建与使用。
（6）掌握块的定义、插入，块的属性定义与编辑。
（7）掌握尺寸标注样式的设置、尺寸和公差的标注与编辑。
（8）了解打印设备、标准图纸，掌握打印式样的设置、图形输出的方法。
2. 能力目标
（1）能正确识读、分析工程图。
（2）能根据零件的特点，合理组织图形，并按国家标准或行业规范，精确绘制图样。
（3）能按国家标准或行业规范对所绘制的图样标注尺寸、公差、表面粗糙度及技术要求等。
（4）能利用打印机或绘图仪输出图纸。
3、素质目标
（1）培养学生的标准化意识与规范意识。
（2）培养学生耐心、细致的工作作风和严肃、认真的工作态度。
（3）培养学生的语言表达、交流及沟通能力。
（4）培养学生的团队合作能力。
（5）培养自主学习的习惯、良好的文献信息收集与处理的能力。</td></tr>
<tr><td colspan="4">课程内容：
1. 认识绘图软件
2. 平面图形绘制
3. 三视图绘制
4. 轴测图绘制</td></tr>
</table>

表 4-55　　　　　　　　　　　Solidworks 及工作站设计

<table>
<tr><td>课程名称</td><td colspan="3">Solidworks 及工作站设计</td></tr>
<tr><td>开设学期</td><td>第 8 学期</td><td>基准学时</td><td>70 学时</td></tr>
<tr><td colspan="4">职业能力要求：
1. 能够使用 CAD 软件绘制典型的二维图形
2. 能够使用 SOLIDWORKS 软件进行三维数字建模
3. 能够使用 UG 软件完成典型机械零件的三维建模、装配体三维装配设计。</td></tr>
<tr><td colspan="4">课程目标：
1. 知识目标
（1）熟悉 solidworks 软件基本操作；
（2）熟悉机械设计基础；
（3）熟悉机械制图国家标准；
（4）熟悉常用机构的形式和特点。
2. 能力目标
（1）掌握机械工程图的制图方法；
（2）掌握紧固件的画法；
（3）掌握常用工装夹具的设计方法；
（4）掌握常用抓手的设计方法。
3. 素质目标
（1）按照国家标准设计规范的机械工程图；
（2）掌握常用标准件的设计方法；
（3）掌握常用机构的设计方法；
（4）学会分析工艺要求，设计合格的机构。</td></tr>
<tr><td colspan="4">课程内容：
1. 使用 CAD 绘制平面图形
2. 使用 CAD 绘制三视图及轴测图
3. 使用 CAD 绘制二维图
4. 使用 Solidworks 软件建模典型机械零件
5. 使用 Solidworks 软件装配体建模与装配
6. 使用 Solidworks 软件工程图创建
7. 使用 Solidworks 软件进行机器人工作站设计
8. 使用 UG 软件进行草图的创建、环境设置、绘制、草图的约束
9. 使用 UG 软件绘制法兰盘的三维图
10. 使用 UG 软件绘制锥形瓶的三维图
11. 使用 UG 软件绘制螺栓的三维图
12. 使用 UG 软件装配减速器、千斤顶等机械设备</td></tr>
</table>

表 4-56 **PLC 应用技术**

<table>
<tr><td>课程名称</td><td colspan="3">★PLC 应用技术</td></tr>
<tr><td>开设学期</td><td>第 3 学期</td><td>基准学时</td><td>96 学时</td></tr>
<tr><td colspan="4">职业能力要求：
1. 能够分析机电一体化电路
2. 能够设计机电一体化电路
3. 能够安装与调试机电一体化电路</td></tr>
<tr><td colspan="4">课程目标：
1. 知识目标
（1）了解常用传感器器件（反射红外线传感器、光纤型红外线传感器、电感式传感器）的基本原理，掌握这些器件的特性和主要参数。
（2）掌握查阅手册和正确选用常用电气器件的方法。
（3）掌握常用的机电一体化产品的结构、工作原理和性能。
（4）对基本单元电路，掌握定性分析和工程估算的方法，并能选用简单、适用的电路。
（5）掌握触摸屏的工作原理和工程应用。
2. 能力目标
（1）能够识别与检测常用的传感器，较熟练地选用电子仪器测试其基本参数，判定传感器的质量，以适应企业的元器件采购岗位。
（2）能够根据图纸进行电路的安装，并且具有分析排除电路中简单故障的能力，以适应企业的电气产品装配岗位。
（3）对常见的机电一体化项目（送料环节的控制、机械手的控制与运用、传送带的控制与应用、变频器的控制与应用等），要会分析其工作原理，以适应企业的机电一体化产品调试或产品质量管理岗位。
（4）能够根据要求设计简单的 PLC 程序，并且通过实际制作、测试、修改，设计出符合要求的实际电路，以适应机电一体化产品的剖析与开发岗位。
3. 素质目标
（1）能及时发现工作中出现的问题，并分析问题和提出解决方案；
（2）具有团队协作精神和良好的交流能力；
（3）具有较强的工作责任心、良好的社会责任感。</td></tr>
<tr><td colspan="4">课程内容：
1. 传统继电器设备的 PLC 改造
2. 星三角通电延时降压启动、正反转控制
3. 超市流量统计
4. 绕线电机旋转圈数控制
5. 液体混合控制
6. 机械手控制
7. 交通灯控制</td></tr>
</table>

表 4-57　　　　　　　　　　　　　**变频器应用技术**

<table>
<tr><td>课程名称</td><td colspan="3">★变频器应用技术</td></tr>
<tr><td>开设学期</td><td>第 3 学期</td><td>基准学时</td><td>64 学时</td></tr>
<tr><td colspan="4">职业能力要求：
1. 能够操作变频器
2. 能够设置变频器的参数
3. 能够保养变频器</td></tr>
<tr><td colspan="4">课程目标：
1. 知识目标
（1）掌握课程中变频器和变频器中常用的基本术语、定义、概念和规律，在今后的学习和工作中应能较熟练地应用这些概念和术语。掌握变频器和变频器的组成原理。掌握变频器和变频器中标准接口的使用环境和方法。
（2）对变频器和变频器的发展趋势及所介绍的现代接口技术有所了解。
2. 能力目标
1. 认识变频器和变频器学习的基本方法，逐步发展为从不同的角度提出问题、分析问题，并能运用所学知识和技能解决问题。
2. 把握变频器和变频器的整体知识结构，形成严谨的逻辑思维能力，并培养严谨求实的科学态度。
3. 养成独立思考的学习习惯，能对所学内容进行较为全面的比较、概括和阐释。
3. 素质目标
（1）具有较强的安全用电意识；
（2）具有爱岗敬业、团队协作的精神；
（3）具有质量意识、环保意识。</td></tr>
<tr><td colspan="4">课程内容：
1. 面板电位器操作（单向转，可调频）
2. 面板电位器操作（正、反转，可调频）
3. 外控电位器方式测试
4. 外控电压方式测试
5. 外控 4-20mA 方式测试
6. 多段速度测试
7. 点动功能测试
8. 频率信号切换输入功能测试</td></tr>
</table>

表 4-58 **电气控制及 PLC 应用技术**

<table>
<tr><td>课程名称</td><td colspan="3">★电气控制及 PLC 应用技术</td></tr>
<tr><td>开设学期</td><td>第 7 学期</td><td>基准学时</td><td>112 学时</td></tr>
<tr><td colspan="4">职业能力要求：
1. 能够熟练进行电控柜装配
2. 能够对较复杂的电气控制电路进行分析并排除常见故障
3. 能独立阅读较复杂的 PLC 应用程序，并能独立设计简单的 PLC 应用控制系统</td></tr>
<tr><td colspan="4">课程目标：
1. 知识目标
使学生系统了解电气控制与 PLC 应用技术的基本理论、原则与方法；准确理解电气控制与 PLC 应用技术的研究对象和特点；掌握常用低压电器的选型与使用方法；学会 PLC 几种典型的编程方法，能用低压电器和 PLC 完成一般的电气控制系统设计、调试和维护。
2. 能力目标
熟练地进行电控柜装配；能够对较复杂的电气控制电路进行分析并排除常见故障；能独立阅读较复杂的 PLC 应用程序并能独立设计简单的 PLC 应用控制系统；学会与人沟通，能有意识地培养自己团队精神，在知识与技能两方面都保证实现的同时，侧重于对学生在人际沟通能力方面的培养。使学生养成善于观察、独立思考的习惯，同时通过教学过程中的实际开发过程的规范要求强化学生的职业道德意识和职业素质养成意识。为学生从事电气自动化领域的工作打下坚实的基础。
3. 素质目标
（1）具有较强的安全用电意识；
（2）具有爱岗敬业、团队协作精神；
（3）具有质量意识、环保意识。</td></tr>
<tr><td colspan="4">课程内容：
1. 基本电气控制电路
2. 常见机床控制电路
3. PLC 基本指令的应用
4. 基本电气控制电路
5. PLC 特殊功能模块及数据通信
6. PLC 与触摸屏的综合应用</td></tr>
</table>

表 4-59　　　　　　　　　　**液压与气动技术**

<table>
<tr><td>课程名称</td><td colspan="3">★液压与气动技术</td></tr>
<tr><td>开设学期</td><td>第 6 学期</td><td>基准学时</td><td>80 学时</td></tr>
<tr><td colspan="4">职业能力要求：
1. 能安装、调试机电一体化设备
2. 能操作、运行机电一体化设备
3. 能维护、服务和管理机电一体化设备</td></tr>
<tr><td colspan="4">课程目标：
1. 知识目标
（1）使学生能够系统地学习与掌握液压与气动技术的基础知识；
（2）使学生能够系统地学习与掌握液压与气动元件的工作原理、结构；
（3）使学生能够系统地学习与掌握液压与气动基本回路的组成、工作原理、应用等相关知识。
2. 能力目标
（1）能够掌握液压元件及气动元件结构及使用方法，具有选用、维修液压元件与气动元件的能力；
（2）能够组装液压基本回路并进行调试，具有分析、排除一般故障的能力；
（3）能够仔细地阅读液压系统原理图，掌握典型的液压系统的分析能力。
3. 素质目标
（1）能够把理论知识与应用性较强的实例有机结合起来，培养学生的专业实践能力。同时，使学生对专业知识有深入的了解，尤其使学生对机械设备的液压系统的设计、安装、故障排除的实际技能有明显的提高。
（2）通过知识教学的过程培养学生爱岗敬业与团队合作的精神。</td></tr>
<tr><td colspan="4">课程内容：
1. 机械手抓取机构气压传动系统的构建
2. 剪切装置气压传动系统的构建
3. 自动送料装置气压传动系统的构建
4. 剪板机气压传动系统的构建
5. 压膜机气压传动系统的构建
6. 压印机气压传动系统的构建
7. 塑料圆管熔接装置气压传动系统的构建
8. 圆柱塞分送装置气压传动系统的构建
9. 工件推出装置液压传动系统的构建
10. 汽车起重机支腿液压传动系统的构建
11. 粘压机液压传动系统的构建
12. 喷漆室传动带装置液压传动系统的构建
13. 钻床液压传动系统的构建
14. 夹紧装置液压传动系统的构建
15. 专用刨削设备液压传动系统的构建
16. 某轨梁厂淬火轨收集装置液压系统故障诊断与维修
17. 立式加工中心气动控制系统故障诊断与维修</td></tr>
</table>

表 4-60　　　　　　　　　　**自动化生产线技术**

<table>
<tr><td>课程名称</td><td colspan="3">★自动化生产线技术</td></tr>
<tr><td>开设学期</td><td>第 8 学期</td><td>基准学时</td><td>70 学时</td></tr>
<tr><td colspan="4">职业能力要求：
1. 熟悉自动化生产线控制系统的结构和基本功能
2. 掌握自动化设备及生产线常用机械结构和装置的工作原理
3. 熟悉气动元件的结构和应用、基本气动回路的工作过程
4. 掌握传感器等电气原件的结构、特性、应用和选择规则；电气元件装配工艺，调整、检测元件安装精度方法
5. 掌握自动化生产线控制系统 PLC 通信方法和通信协议</td></tr>
<tr><td colspan="4">课程目标：
1. 知识目标：
（1）熟悉自动化生产线控制系统的结构和基本功能；
（2）掌握自动化设备及生产线常用机械结构和装置的工作原理；
（3）熟悉气动元件的结构和应用，基本气动回路的工作过程；
（4）掌握传感器等电气原件的结构、特性、应用和选择规则；电气元件装配工艺，调整、检测元件安装精度方法；
（5）掌握自动化生产线控制系统 PLC 通信方法和通信协议；
（6）掌握典型自动化设备及生产线常用电路、电气、传感、控制等元器件的工作原理与选用方法；
（7）能够读懂典型自动化设备及生产线的机械、电气、气路系统原理图；
（8）掌握典型自动化设备及生产线的操作、拆装、调试、控制软硬件设计、维护以及故障诊断与排除的方法。
2. 技能目标：
（1）能正确识别典型自动化设备及生产线上常用机械结构和电气、气动、检测等元器件；
（2）能正确使用典型自动化设备及生产线上的常用仪器仪表和工具；
（3）能按照典型自动化设备及生产线的机械、电气、气路系统原理图进行元器件的选用、连接与调试；
（4）能拆装各种自动机构与元器件；
（5）能正确操作典型自动化设备及生产线的各个模块单元；
（6）能对典型自动化设备及生产线进行硬件配置、程序设计、并实施控制；
（8）能进行典型自动化设备及生产线系统常见故障的排除。
3. 情感与态度目标：
（1）培养学生勤于思考、敢于实践、做事认真的工作作风；
（2）培养学生好学、严谨、谦虚的学习态度；
（3）培养学生健康向上、不畏难、不怕苦的工作态度；
（4）培养学生良好的职业道德，职业纪律；
（5）培养学生遵循严格的安全、质量、标准等规范的意识；
（6）培养学生自我检查、自我学习、自我促进、自我发展的能力；
（7）培养学生善于沟通交流和团队协作的能力；
（8）培养学生敢于创新、敢于发现的能力；
（9）培养学生项目管理应用的能力。</td></tr>
</table>

表4-60(续)

课程内容:
1. 自动化生产线的知识 2. 供料单元的装配与调试 3. 搬运单元的装配与调试 4. 安装单元的装配与调试 5. 加工与检测单元的装配与调试 6. 分类单元的装配与调试 7. 主控单元的装配与调试

表 4-61 **变频调速与伺服电机驱动技术**

课程名称	★变频调速与伺服电机驱动技术		
开设学期	第 8 学期	基准学时	84 学时
职业能力要求: 第一,具有一定的逻辑思维和形象思维能力,善于从不同的角度发现问题,积极探索解决问题的方法。 第二,具有独立思考的学习习惯,能对所学内容进行对较为全面的分析、比较、总结、概括,学会举一反三,触类旁通,灵活应用,培养电气控制系统的综合应用能力。			
课程目标: 1. 知识目标 (1) 了解感应电机的变频调试原理; (2) 掌握变频器的使用、调试、维修方法; (3) 了解交流伺服的控制原理; (4) 掌握交流伺服的使用、调试、维修方法; (5) 熟悉工业控制系统的体系结构; (6) 熟悉现场总线常用的主要连接件、仪表和接口设备; (7) 熟悉现场总线的技术指标; (8) 熟悉现场总线工程与设计。 2. 能力目标 (1) 知道感应电机、伺服电机的调速原理; (2) 会使用、选择变频器; (3) 能调试、维修变频调速系统; (4) 能使用、选择交流伺服; (5) 能调试、维修交流伺服系统; (6) 能够应用变频器解决工程实际问题; (7) 能够应用交流伺服解决工程实际问题; (8) 掌握主要连接件使用; (9) 掌握接口设备使用; (10) 掌握硬件和软件组态操作。 3. 素质目标 (1) 能够把所学的电气控制、交流伺服、变频器等相关知识加以综合应用,培养学生的专业综合实践能力。同时使学生对常见的通用型变频调速系统、交流伺服系统有较完整的了解,具备调试、维修各类系统的专业知识。 (2) 通过知识教学的过程培养学生爱岗敬业与团队合作的精神。			

表4-61(续)

课程内容： 1. 变频调速及伺服驱动系统行业介绍及现状 2. 认识西门子 G120 变频调速系统 3. 在自动生产线上使用西门子 G120 变频调速系统 4. 在恒压供水系统使用西门子 G120 变频调速系统 5. 在电梯上使用西门子 G120 变频调速系统 6. 认识松下 A5 伺服系统 7. 在自动生产线上使用松下 A5 伺服系统 8. 在工业机器人上使用松下 A5 伺服系统 9. 维护并检修西门子 G120 变频器 10. 维护并检修松下 A5 伺服驱动器

（十一）集中实践教学进程

集中实践教学课程及主要教学内容如下：

1. 认知实习

加深学生对所选专业的理解，培养其良好的职业态度和职业意识。感受企业的实际工作环境，了解企业的经营管理，对将要学习的专业知识有一个全面的感性认识，了解所学专业的行业现状，增加学生对本专业学习的自信心和自豪感。

2. 电工操作技能综合实训

学习使用电工工具，包括使用电工刀拨导线绝缘层，弯羊眼圈，单根导线的连接和多根导线的连接并绝缘恢复，安装照明元器件，设计并连接照明电路，排查照明电路故障。

3. 钳工实训

学习钳工、焊工和管工的基本操作技能，结合操作讲解金工基本知识。使学生学会使用工具和量具，了解机械加工的一般方法，训练钳、焊工和管工的基本操作技能。

4. 电气安装专业技能实训

认识常见低压元器件，能说出常见低压元器件的作用及使用注意事项，正确选用低压元器件，检修低压元器件，能看图安装经典继电控制线路，在合理的时间内检修继电控制线路。

5. 电子技术实训

本课程对电子元器件进行识别、检测，通过万用表、电子测量仪器的使用，依靠焊接元器件装配技术，手工设计印制电路板，使学生得到一个基本的实践技能训练机会，为以后的实验、实训课程打下基础。

6. 生产实习

通过下厂实习，感受企业的安全教育，掌握一定的安全事故处理能力，了解机电设备的结构、组成及工作原理，结合图纸、资料等熟悉设备的结构，找出其特点，了解 PLC、变频器、触摸屏等新技术在机电设备中的应用。使学生了解、认识所学专业的工作要求和特点，培养学生实际工作的技能和技巧，在生产实习中接受一定的工程实践训练，培养学生综合运用所学的基础理论、专业知识和基本技能以分析并解决实际问题，从而为学生能够很快地适应本专业的工作奠定初步基础。

7. 测绘

掌握常用工量具的使用方法，正确拆装装配体、绘制示意图，画非标准件的草图，画关键部位的装配草图，根据装配图和零件图画主要零件工作图。

8. 机电设备拆装实训

以训练学生的机电设备的安装、保养、维修、维护为目标，选取挂轮箱拆装、拖板箱拆装、滚动导轨拆装和设备水平调整等内容，培养学生对设备安装调试等的工程应用能力。

9. 机电一体化技术综合技能实训

通过机电一体化系统综合实训，使学生在学完专业理论课程的基础上，对自动生产线这一典型的机电一体化系统，能拆卸、测绘，按照测绘图纸进行装配，并在装配过程中，发现问题、解决问题，对装配好的系统进行调试及诊断，全面提升学生的机电一体化综合技能。并在实训的过程中，通过协作与沟通，提升学生与人相处的能力，提高其规范操作、安全生产等职业素养。

10. 智能制造生产线技术综合实训

完成一个从因特网 WEB 延伸至车间一线的制造执行系统的设计，包括因特网接入、WEB 订单系统和企业 MES 系统开发、企业局域网构建。系统开发应该使用 VISUAL C++或 VISUAL BASIC 语言中的一种作为编程工具。

11. 毕业设计

毕业设计目的是培养学生综合运用所学的基础理论、专业知识和基本技能，分析与解决实际问题的能力，使学生得到科学研究与科技开发的初步训练与创新意识的训练，综合检验学生所学的知识和技能，以完成学生从学习岗位到工作岗位的初步过渡。培养学生调查、收集、加工各种信息的能力和获取新知识的能力，撰写科技论文和技术、学术报告并正确运用国家标准和技术语言阐述理论和技术问题的能力。

12. 顶岗实习

顶岗实习是提高我校人才培养水平和实现人才培养目标的重要举措，也是培养学生职业素养和提高其职业能力的重要环节。其主要内容包括：

（1）初步形成符合本专业特点的职业道德意识和行为习惯；

（2）使学生树立正确的就业意识和一定的创业意识；

（3）使学生学会交流沟通和团队协作技巧，提高社会适应性；

（4）进一步提高学生的学习能力、实践能力、创造能力、就业能力和创业能力，使其树立终身学习理念。

实践教学进程如表 4-62 所示。

表 4-62　　实践教学进程表

序号	课程名称	开设学期	基准学时（学时）
1	电工基础技能训练	2	60
2	电子基础技能训练	3	60
3	电工等级证技能训练	4	60
4	认知实习	5	25
5	电工操作技能综合实训	6	50
6	电气安装专业技能实训	7	25
7	电子电路综合技能实训	7	25
8	生产实习	8	50
9	测绘	8	25
10	机电设备拆装实训	8	25
11	机电一体化技术综合技能实训	9	50
12	智能制造生产线技术综合实训	9	50
13	毕业设计	9	100
14	顶岗实习	10	570

（十二）专业教学计划（见表 4-63）

表 4-63　广西工业职业技术学院 2018 级五年一贯制机电一体化技术专业课程设置与教学实践安排表

附

2018级机电技术应用专业课程设置与教学时间安排表（五年制）

专业：机电技术应用

学制：五年

制定日期：2018.1.10

校历和周数分配表

月份	九月					十月				十一月				十二月					一月				二月				三月					四月				五月				六月						七月			八月			
学年 周数	1	2	3	4	5	6	7	8	9	10	11	12	13	14	15	16	17	18	19	20	21	22	23	24	25	26	27	28	29	30	31	32	33	34	35	36	37	38	39	40	41	42	43	44	45	46	47	48	49	50	51	52
第一学年	×	★	★																		×	×	×	×	×	×																				×	×	×	×	×	×	×
第二学年	×																				×	×	×	×	×	×																				×	×	×	×	×	×	×
第三学年	×																				×	×	×	×	×	×																				×	×	×	×	×	×	×
第四学年	×																				×	×	×	×	×	×																				:	×	×	×	×	×	×
第五学年	×	●	●	●	●	●	●	●	●	●	●	●	●	●	●	●	●	●	●	●	×	×	×	×	×	×	●	●	●	●	●	●	●	●	●	●	●	●	●	●	●	●	●	●	●	×	×	×	×	×	×	×

理论教学	考试	[illegible]	[illegible]	[illegible]	机动	假期	入学教育	毕业教育	合计
0	:	○		/	□	×	★		
0									
0									
30									
30									
10	0		22						

课程教学进程

课程类型	课程名称	课程性质	考试学期	学分	总课时	学时分配		学期学时分配										开课部门
						理论课时	实践课时	第一学年		第二学年		第三学年		第四学年		第五学年		
								一	二	一	二	一	二	一	二	一	二	
								17	16	16	16	15	15	16	14	10	0	
基础素质能力模块（中职公共基础课模块）	职业道德与法律	必修	2	2.0	32	32	0		2									中职
	经济政治与社会	必修		2.0	32	32	0			2								中职
	哲学与人生	必修	4	2.0	32	32	0				2							社科
	思政课理论	必修		4.0	60	60	0					2	2					社科
	思政课实践	必修		3.0	46	0	46					课外完成						社科
	形势与政策	必修		1.0	16	16	0					讲座形式						社科
	心理健康	必修		1.0	16	16	0	讲座形式										中职
	安全教育	必修		2.5	36	18	18	讲座形式										教务
	体育与健康	必修		8.0	130	30	100	2	2	2	2							中职
	体育	必修		4.0	60	20	40					2	2					基础
	英语	必修	2, 4	7.0	130	102	28	2	2	2	2							中职
	大学英语	必修	5	8.0	120	120	0					4	4					基础
	数学	必修	1, 3	7.0	130	102	28	2	2	2	2							中职
	高等数学	必修	5	4.0	60	60	0					4						基础
	计算机应用基础	必修		4.0	64	32	32		4									中职
	公共艺术	必修		2.0	34	34	0	2										中职
	语文	必修	1,2,3,4	12.0	196	136	60	4	4	2	2							中职
	应用文写作	必修		2.0	32	32	0							2				教育
	职业生涯规划	必修		1.0	18	18	0	讲座形式										中职
	大学生就业与创业指导	必修		2.5	38	28	10					讲座形式						教务
	课程小计			79.0	1282.0	920	362											
	学分比例			32.1%														
专业（群）基础能力模块（中职专业技能课程模块）	电工基础	必修	1	6.5	102	62	40	6										中职
	机械制图	必修	1	4.5	68	48	20	4										中职
	电子技术基础	必修	2	5.0	80	44	36		5									中职
	机械基础	必修	2	4.0	64	54	10		4									中职
	电机与电气控制	必修	3	8.0	128	82	46			8								中职
	电工应用技术	必修	5	5.5	90	52	38					6						电子
	电子应用技术	必修	6	4.5	75	45	30						5					电子
	自动检测与仪表技术	必修	7	5.0	80	50	30							6				电子
	工业机器人应用技术	必修	8	4.5	70	38	32								5			电子
	AutoCAD计算机辅助设计	必修	7	5.0	80	50	30							5				电子
	Solidworks及工作站设计	必修	8	4.5	70	42	28								5			电子
	课程小计			57.0	907	567	340											
	学分比例			23.2%														
专业（群）核心能力模块（中职专业技能课程模块）	PLC应用基础	必修	3	6.0	96	38	58			6								中职
	变频器应用基础	必修	3	4.0	64	36	28			4								中职
	电气控制及PLC应用技术	必修	7	7.0	112	66	46							7				电子
	液压与气动技术	必修	7	5.0	80	44	36						5					电子
	自动化生产线技术	必修	8	4.5	70	40	30								5			电子
	交流调速与伺服电机拖动技术	必修	8	5.5	84	48	36								6			电子
																		电子
	课程小计			32.0	506	272	234											
	学分比例			13.0%														
素质与专业能力拓展课程模块	[illegible]（人文素质类）	任选		2.0														教务
	人文素质类课	任选		4.0														教务
	专业拓展类课	任选		2.0														电子
	创新创业类课	任选		2.0														电子
	自然科学类	任选		0.0														电子
	课程小计			10.0														
	学分比例			4.1%														
统计栏																		
考试周								1	1	1	1	1	1	1	1	0	0	
考试门数								4	4	4	4	3	2	3	3			
实践周数								2	2	2	2	3	3	2	4	9	19	
周学时（不含任选课）								22	25	28	10	18	18	20	21	0	0	
总学分、总课时				240.0	4005	1750	2240											
理论与实践课时比例						44%	56%											

注：
（1）任选课一般安排在第5～8学期进行；
（2）公共任选课一般开设素质拓展课程，由教务科研处统一协调安排，专业拓展任选课一般开设专业素质和专业能力拓展课程，由系部安排；
（3）任选课学分一般为2学分，学生在学习年限内任选课学分至少达到10学分。

集中实践教学进程

学期	职业素养与职业技能训练项目	学分	周数	学时	开课部门
第一学年第一学期	入学教育、军训	2	2	60	中职
				0	
				0	
				0	
				0	
第一学年第二学期	电工基础技能训练	2	2	60	中职
				0	
				0	
				0	
				0	
				0	
第二学年第一学期	电子基础技能实训	2	2	60	中职
				0	
				0	
				0	
				0	
第二学年第二学期	电工等级证技能训练	2	2	60	中职
				0	
				0	
				0	
				0	
				0	
				0	
第三学年第一学期	**军训**	**2**	**2**	**50**	
	认识实习	**1**	**1**	**25**	电子
				0	
				0	
				0	
				0	
第三学年第二学期	电工操作技能综合实训	4	2	**50**	电子
	钳工实训	2	1	**25**	机械
				0	
				0	
				0	
				0	
				0	
				0	
				0	
				0	
第四学年第一学期	电气安装专业技能实训	2	1	**25**	电子
	电子电路综合技能实训	2	1	**25**	电子
				0	
				0	
				0	
				0	
第四学年第二学期	生产实习	4	2	**50**	电子
	测绘	2	1	**25**	机械
	机电设备拆装实训	2	1	**25**	机械
				0	
				0	
				0	
第五学年第一学期	**毕业设计**	**6**	**5**	**100**	电子
	机电一体化技术综合技能实训	4	2	**50**	电子
	智能制造生产线技术综合实训	**4**	**2**	**50**	电子
第五学年第二学期	顶岗实习	25	19	570	电子
合计		62.0		1510	
学分比例		25.8%			

（十三）专业教学基本要求

1. 专业教学团队基本要求

（1）专任专业教师具备该专业和相近专业大学本科以上学历（含本科）；

（2）专任实训教师要具备机电一体化技术专业高级工以上的资格（含高级工）和工程师资格；

（3）专任专业教师“双师”资格（具备相关部门颁发的“双师”证书）的比例要达到60%以上；

（4）专任专业教师与学生的比例为1：18左右，其中企业兼职教师占教师总数的比例不低于50%；

（5）专任专业教师接受过职业教育教学方法论的培训，具有开发职业课程的能力。

2. 实践教学条件基本要求

（1）校内实训室基本要求，如表4-64至表4-72所示。

表4-64　　电工应用技术实训室

实训室名称	电工应用技术实训室	面积要求	$2\times100m^2$
序号	核心设备	数量要求	备注
1	电工操作台	25张	安装有电源
2	电工安装板	50块	50×60
3	常用电工工具	50套	
4	常用低压电器元件	50套	

表4-65　　电子应用技术实训室

实训室名称	电子应用技术实训室	面积要求	$2\times100\times m^2$
序号	核心设备	数量要求	备注
1	电子操作台	25张	安装有电源
2	示波器	25台	
3	常用电子工具	50套	
4	常用电子元器件	50套	

表 4-66 CAD 计算机辅助设计实训室

实训室名称	CAD 计算机辅助设计实训室	面积要求	2×100m^2
序号	核心设备	数量要求	备注
1	高配置电脑	50 台	
2	3D 打印机	3 台	

表 4-67 EPLAN 与电气控制技术

实训室名称	EPLAN 与电气控制技术	面积要求	2×100m^2
序号	核心设备	数量要求	备注
1	高配置电脑	50 台	
2	常用继电控制元器件	50 套	
3	常用电工工具	50 套	
4	常用低压电器元件	50 套	

表 4-68 自动检测技术实训室

实训室名称	自动检测技术实训室	面积要求	2×100m^2
序号	核心设备	数量要求	备注
1	电子操作台	25 张	安装有电源
2	示波器	25 台	
3	常用电子工具	50 套	
4	常用电子元器件	50 套	
5	Plc 实训设备	25 套	

表 4-69 工业机器人实训室

实训室名称	工业机器人实训室	面积要求	2×100m^2
序号	核心设备	数量要求	备注
1	高配置电脑	10 台	
2	工业机器人	10 台	
3	工业机器人配套外围设备	10 套	

表 4-70　　液压与气动技术实训室

实训室名称	液压与气动技术实训室	面积要求	$2\times100m^2$
序号	核心设备	数量要求	备注
1	高配置电脑	20 台	
2	液压实训台	10 套	
3	气动实训台	10 套	

表 4-71　　自动化生产线技术实训室

实训室名称	自动化生产线技术实训室	面积要求	$2\times100m^2$
序号	核心设备	数量要求	备注
1	高配置电脑	20 台	
2	YL335B 实训设备	5 套	
3	常用电工工具	20 套	

表 4-72　　变频与伺服技术实训室

实训室名称	变频与伺服技术实训室	面积要求	$2\times100m^2$
序号	核心设备	数量要求	备注
1	高配置电脑	20 台	
2	PLC 实训设备	20 套	
3	西门子 G120 变频器	20 套	
4	松下 A5 伺服系统	20 套	

（2）校外实习基地基本要求如表 4-73 所示。

表 4-73　　机电一体化专业校外实习基地

序号	校外实习基地名称	合作企业名称	用途	合作深度要求
1	广西机械工业研究院实习基地	广西机械工业研究院	1. 共同制订人才培训方案 2. 学生认识实习 3. 教师顶岗实习	1. 共同制订人才培养方案 2. 共同制订基于工作过程导向的模块化课程体系 3. 企业专业参与部分专业课教学 4. 以“引进兼职教师”与“教师进修”双重方式，建立一支以校内专职教师为主，校外工程技术人员为辅的“双师型”教师队伍 5. 联合申报与完成科研项目

表4-73(续)

序号	校外实习基地名称	合作企业名称	用途	合作深度要求
2	柳州自动化科学研究所实习基地	柳州自动化科学研究所	1. 共同制定人才培训方案 2. 学生认识实习 3. 教师顶岗实习	1. 共同制订人才培养方案 2. 共同制订基于工作过程导向的模块化课程体系 3. 企业专业参与部分专业课教学 4. 以“引进兼职教师”与“教师进修”双重方式，建立一支以校内专职教师为主，校外工程技术人员为辅的“双师型”教师队伍。 5. 联合申报与完成科研项目
3	柳州化工集团公司实习基地	柳州化工集团公司	1. 共同制订人才培训方案 2. 共育学生 3. 教师顶岗实习	1. 共同制定人才培养方案 2. 共同制定基于工作过程导向的模块化课程体系 3. 企业专业参与部分专业课教学 4. 以“引进兼职教师”与“教师进修”双重方式，建立一支以校内专职教师为主，校外工程技术人员为辅的“双师型”教师队伍 5. 聘请企业资深工程师为校外导师，在学生顶岗实习期间，实行“双导师制”，即学校导师和企业导师联合指导学生完成专业核心课程的学习及毕业设计，让企业导师全程指导学生的顶岗实习，提高学生的实践能力
4	柳州烟厂实习基地	柳州烟厂	1. 共同制订人才培训方案 2. 共育学生 3. 教师顶岗实习	1. 共同制定人才培养方案 2. 共同制定基于工作过程导向的模块化课程体系 3. 企业专业参与到部分专业课教学 4. 以“引进兼职教师”与“教师进修”双重方式，建立一支以校内专职教师为主，校外工程技术人员为辅的“双师型”教师队伍 5. 聘请企业资深工程师为校外导师，在学生顶岗实习期间，实行“双导师制”，即学校导师和企业导师联合指导学生完成专业核心课程的学习及毕业设计，让企业导师全程指导学生的顶岗实习，提高学生的实践能力

表4-73(续)

序号	校外实习基地名称	合作企业名称	用途	合作深度要求
5	广西来宾东糖公司实习基地	广西来宾东糖公司	1. 共同制定人才培训方案 2. 共育学生 3. 教师顶岗实习	1. 共同制定人才培养方案 2. 共同制定基于工作过程导向的模块化课程体系 3. 企业专业参与到部分专业课教学 4. 以“引进兼职教师”与“教师进修”双重方式，建立一支以校内专职教师为主，校外工程技术人员为辅的“双师型”教师队伍 5. 聘请企业资深工程师为校外导师，在学生顶岗实习期间，实行“双导师制”，即学校导师和企业导师联合指导学生完成专业核心课程的学习及毕业设计，让企业导师全程指导 学生的顶岗实习，提高学生的实践能力

3. 使用的教材、数字化（网络）资料等学习资源

教材类型包括国家高职高专规划教材、精品教材、重点教材、行业部委统编教材、自编教材等（见表4-74）。

表4-74　　机电一体化专业数字化资源选列表

序号	数字化资源名称	资源网址
1	电工应用技术	www.huaxin.edu.cn
2	电子应用技术	www.ptpedu.com.cn
3	机械基础	www.bitpress.com.cn
4	AutoCAD 计算机辅助设计	https://huke88.com/route/autocad.html? sem = baidu&kw=101330
5	电气控制及 PLC 应用技术	http://www.tppress.com.cn/download/
6	自动检测与仪表技术	http://www.docin.com/p-751187675.html
7	工业机器人应用技术	https://wenku.baidu.com/view/f9cb2ae65a8102d277a22f86.html
8	液压与气动技术	http://www.hxedu.com.cn
9	自动化生产线技术	https://wenku.baidu.com/view/e160f548a9114431b90d6c85ec3a87c240288aee.html

（十四）教学建议

对人才培养模式、课程模式、教学内容和教学方法进行深刻的改革。在人才培养上，我们的目标是培养“下得去”、留得住、用得上的高技能人才。我们要避免出现高职毕业生理论不及本科生、操作不及中职生的尴尬局面。逐步形成以就业为导向，以企业需求为依据，形成新的人才培养机制，培养符合企业要求的高技能应用型人才。在课程体系设计上，改革不是简单的压缩课程，而是要在经过充分企业调研的基础上，适当地压缩那些对企业用处不大的课程内容，以实用为基础。无论是课程设置还是教材内容，一切都以就业为导向。我们将深入企业调研，了解在企业的不同岗位上究竟需要哪些知识和技能，在哪些基础上合理设置专业群的平台课程以及方向课程的教学内容。最后，我们要改革目前的教学内容和教学方法，以实用为基础，将工学结合一体化教学放到重要位置，提高学生分析问题和解决问题的能力。因此在教材的编写和教学上，我们应该注重联系企业的操作实例，尽可能联系实例来讲解相关的理论知识，加深学生的对理论知识的理解，提高学生实际操作的能力。

选择课程教学内容时，以应用为目的，以“必需、够用”为度，加强基础文化课与职业技能课程的体系建设。应用型人才是本专业教学的培养目标，在构建课程的教学内容体系时，将始终坚持突出应用性、实践性原则，强调基础理论知识的必需、够用。在文化基础课程的教学改革中，改变原来单纯以知识传授为主的方式，重视培养学生的人文精神，健全人格，努力提高学生的综合文化素质。对课程体系、课程设置、教学内容加大改革力度，力求形成特色明显的针对就业岗位的教学内容新体系。通过广泛的调研及专家论证，确定了本专业毕业生应具备的专项能力要素，并以此为基础重组或新开课程，构建了“能力岗位型”人才培养计划。

（十五）考核方案

第一，课程考核应突出考核学生的能力，以能力考核为核心，综合考核其专业知识、技能、素质、团队协作等方面的内容。

第二，课程考核要注重对学习过程的考核，可以根据不同课程的特点，采用实际操作、答辩、成果展示、成果汇报、撰写论文等形式。

第三，不同考核方式，必须具有明确的方案，过程考核要有记录，考核的最后结果应当是各阶段考核或不同考核方式加权计算形成的结果。

（十六）继续专业学习深造的途径

为体现终身学习理念，机电一体化专业毕业生可拓宽继续学习的渠道并接受更高层次的教育，三年毕业后可以专升本，继续读两年，获得本科学历。获得本科学历者也有机会争取研究生学历。

（十七）其他说明

本专业学生毕业应获取的职业技能（资格）证书如表4-75所示。

表4-75　　本专业学生毕业应获取的职业技能（资格）证书

序号	职业资格证书名称	颁证单位	等级	要求
1	低压电工作业证	安全生产监督管理局		必考
2	维修电工	职业技能鉴定指导中心	中级	选考
3	机电设备安装工	人力资源和社会保障部	中级	选考
4	装配钳工	人力资源和社会保障部	中级	选考
5	可编程控制系统设计师	人力资源和社会保障部	中级	选考
6	机器人技术认证	FANUC公司	C级	选考
7	全国大学生英语B级、四级	国家教育部		选考

八、附件：圆梦计划——金光自动化现代学徒班人才培养方案

（一）圆梦计划背景

为助力教育精准扶贫，帮助贫困学生圆大学梦，培育企业急需的卓越人才，同时提供大学毕业后充分施展才能的平台，亚洲最大、世界前10名的金光制浆造纸集团APP（中国）于2018年在广西钦州市金桂纸业公司推出“圆梦计划”助学项目。该项目以“助学圆梦贫困学子、培养社会卓越人才”为宗旨，由金光制浆造纸集团APP（中国）、广西大学轻工与食品工程学院、广西工业职业技术学院三方共同成立“圆梦计划”金光自动化现代学徒班，订制培养制浆造纸企业的高素质技术技能型人才。获得“圆梦计划”名额的学生在入学后由广西工业职业技术学院综合管理，课程由三方共同制定，在理论授课期间，校方还会定期安排学生到金光制浆造纸集团APP（中国）旗下工厂参加观摩学习和岗位实践活动，学制三年，毕业后获得国家承认的大学专科学历证书，金光制浆造纸集团APP（中国）将承担其在大学期间的全部学费和住宿费，以及按月给予一定的生活费补助，并在学生毕业后为其解决就业。

（二）学校企业介绍

1. 学校介绍

广西工业职业技术学院于2003年8月，由原广西南宁化工学校和广西轻

工业学校合并成立，隶属广西壮族自治区工业和信息化委员会，是高职高专院校人才培养工作水平评估优秀学校和广西示范性高等职业院校。2013 年 10 月，贵港职业学院并入。原广西轻工业学校始建于 1956 年，原广西南宁化工学校始建于 1958 年，原贵港职业学院的前身贵港市师范学校始建于 1904 年。学院现有全日制在校学生有 20 000 多人，成人教育学生有 2 100 多人，是广西办学历史悠久和目前办学规模最大的高等职业学校。

学院现有校园总占地面积 2 038 亩（1 亩≈666.67 平方米），固定资产总值为 4.34 亿元，其中教学科研仪器设备总值为 1.6 亿元。有 271 个校内实验实训场所和 171 个校外实训基地，其中：中央财政支持的国家职业教育实训基地 2 个，石油和化工行业职业教育与培训全国示范性实训基地 1 个、自治区示范性高等职业教育实训基地 6 个、自治区特色专业及实训基地 10 个。

学院现有教职工 916 人，其中专任教师 741 人。专任教师中：教授职称的有 40 人，副教授及副高职称的有 165 人；具有博士、硕士学位的有 196 人；“双师型”教师有 596 人。有全国行业性教学名师 5 人、省级教学名师 1 人，有全国专业教学指导委员会副主任委员 6 人、委员 23 人。有全国石油和化工行业优秀教学团队 1 个、省级优秀教学团队 1 个。“十二五”以来，教师共承担各级各类教研科研项目 450 多项。教师编写出版专业教材 458 部，自编特色教材 300 多部，在国内外公开学术期刊上发表学术论文 1800 多篇，其中被 SCI 和 EI 收录 40 多篇；获国家专利 30 项，获省级及以上教学成果及科研奖 12 项。

2. 企业介绍

“金光集团 APP”（Sinar Mas Group）由亚洲知名华人企业家黄亦聪先生所创立，其业务主要集中于四大核心产业：浆纸业、农业及食品业、金融业、房地产业。其中“金光集团 APP”——亚洲浆纸业有限公司（简称 APP）于 1994 年 10 月在新加坡注册成立。经过多年的不懈努力，“金光集团 APP”现已发展成为世界纸业十强之一，总资产约 200 亿美元，年生产及加工总产能约 1 400 多万吨，拥有 100 多万公顷（1 公顷=0.01 平方千米）速生林。

自 1992 年起，“金光集团 APP”以长江三角洲、珠江三角洲为投资重点，先后斥巨资建立了以金东、宁波中华、宁波亚洲、金华盛、金红叶、海南金海、广西钦州等为代表的、具世界领先水平的大型浆纸业企业，以及大规模的现代化速生林区。

其中，“金光集团 APP”是中国最大的造纸企业，也是世界上最大的单一铜版纸生产企业；宁波中华和宁波亚洲是中国最大的工业用纸企业之一；“金光集团 APP”是中国最大的无碳复写纸企业；金红叶是中国乃至亚洲最大的生活用纸企业；海南金海是中国最大的制浆企业；亚龙是中国最大的纸制品加工企业。

广西金桂浆纸业有限公司（以下简称金桂）位于广西钦州市钦州港经济技术开发区，于2003年注册成立。金桂是亚洲浆纸业有限公司在华投资建设的第17家制浆造纸企业，也是目前国内最早实现林浆纸一体化的企业之一。金桂现有员工约1 800人，厂区实际占地3 300多亩（1亩≈666.67平方米），总投资117亿元人民币，生产规模为年产75万吨浆和年产100万吨纸。

（三）组织构架（见图4-12）

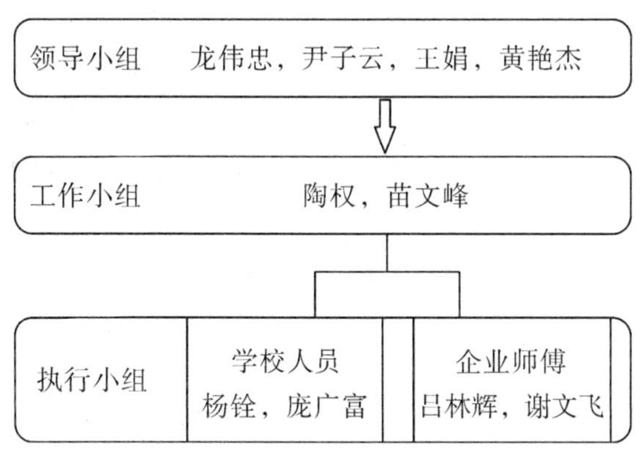

图4-12 组织构架

领导小组：全面指导协调现代学徒制开展的各项工作。

工作小组：主要是负责开展现代学徒制的具体实施工作，负责组织该专业的人才培养方案的确定、专业课程的建设、教学方式的创新、学生学业的评价等，同时，该小组还要负责选派优秀的技术工人担任学生的导师（师傅），一般一个导师不宜带领超过三个学生。

执行小组：具体负责本部门（本专业）现代学徒制落实工作及日常工作。

（四）《金光自动化现代学徒》专业人才需求调研

1. 人才需求分析

目前，我区制浆造纸企业超过200家，纸及纸板产量200万吨，约占全国的2%，产值150亿元。广西已初步形成了以北海、防城港和钦州为基地的北部湾沿岸造纸产业带。其中，规模以上的企业有南糖纸业、贵糖纸业、柳江纸业、华劲纸业、南华纸业、凤凰纸业、东糖纸业、永凯纸业、劲达兴纸业、贺州贺达纸业、国发纸业。其中还有进驻钦州的印尼金光集团APP、北海铁山港的芬兰斯道拉恩索、崇左的东亚纸业等世界造纸巨头和合资企业。现在，全区还有一大批林纸项目在紧锣密鼓的实施中。2010 年 9 月，位于北部湾国家级经济开发区的广西钦州市大榄坪金光工业园，由 APP（中国）投资 79 亿元建设的广西金桂林浆纸一体化项目一期工程 30 万吨化机浆项目顺利投产，60 万吨造纸项目盛大开工。这标志着广西大型林浆纸一体化项目建设取得重大成绩，并将进一步促进广西建立起新型的绿色循环经济体系。

目前，广西区按企业性质或业务范围可划分为以下几种类型企业，分别为：

单一的制浆企业；文化纸造纸企业；生活用纸原纸造纸企业；包装用纸造纸企业；生活用纸产品后加工企业；造纸化学品生产企业。通过调研以上造纸企业和公司，未来几年，制浆造纸行业人才需求的增长点主要集中在以下几个方面：一是制浆造纸企业生产一线的岗位生产操作员；二是制浆造纸企业生产工艺及技术管理人员；三是制浆造纸企业产品及原材料质量检验检测员、化验员。是适合大专毕业生的就业岗位。

金光自动化现代学徒班培养懂制浆造纸工艺、制浆造纸设备，熟悉自动化技术在造纸机械控制上的应用，并熟悉相关学科，有较强实践能力，掌握制浆造纸常规工艺、分析和设备的运行技术，熟悉现代制浆造纸新型技术的人才。

就业岗位和岗位能力：2015 年，广西北部湾经济区林浆纸产业人才总量约为 4 000 人；随着第二期工程启动，到 2020 年约为 5 000 人。其人才需求可大致分为造林工程和造纸工程两大类。其中，造林工程主要需求林学、土壤学、育种育苗、造林、病虫害防治的专业人才；造纸工程主要需求林产化工、造纸工程、化学工程、电气自动化、仪表自动化等专业的专科以上学历的工程技术人才和相关专业的操作人才，以及造纸、化学工程等专业的且同时具备企业管理、市场营销能力的复合型人才。

2. 专业定位与人才培养定位

目前，我区制浆造纸企业超过 200 家，纸及纸板产量为 200 万吨，约占全国的 2%，产值为 150 亿元。广西已初步形成了以北海、防城港和钦州为基地的北部湾沿岸造纸产业带。其中，规模以上的企业有南糖纸业、贵糖纸业、柳江纸业、华劲纸业、南华纸业、凤凰纸业、东糖纸业、永凯纸业、劲达兴纸业、贺州贺达纸业、国发纸业。其中还有进驻钦州的印尼金光集团 APP、北海铁山港的芬兰斯道拉恩索、崇左的东亚纸业等世界造纸巨头和合资企业。现在，全区还有一大批林纸项目在紧锣密鼓的实施中。2010 年 9 月，位于北部湾国家级经济开发区的广西钦州市大榄坪金光工业园，由 APP（中国）投资

79 亿元建设的广西金桂林浆纸一体化项目一期工程的 30 万吨化机浆项目顺利投产，60 万吨造纸项目盛大开工。这标志着广西大型林浆纸一体化项目建设取得重大成就，并将进一步促进广西建立起新型的绿色循环经济体系。

目前，广西区按企业性质或业务范围可划分为以下几种类型企业，分别为：单一的制浆企业、文化纸造纸企业、生活用纸原纸造纸企业、包装用纸造纸企业、生活用纸产品后加工企业、造纸化学品生产企业。通过调研以上造纸企业和公司，未来几年，制浆造纸行业人才需求的增长点主要集中在以下几个方面：一是制浆造纸企业生产一线的岗位生产操作员；二是制浆造纸企业生产工艺及技术管理人员；三是制浆造纸企业产品及原材料质量检验检测员、化验员。是适合大专毕业生的就业岗位。

3. 就业岗位和岗位能力

（1）制浆造纸生产操作能力：具有熟练的制浆造纸岗位生产操作能力。（面向岗位操作员。）

（2）制浆造纸机电设备操作维护能力：熟悉制浆造纸 DCS 控制、操作。

（3）生产工艺及技术管理能力：熟悉制浆造纸生产流程，具有生产设计、生产、协调、技术管理能力。（面向生产线班长、现场管理、生产主管、质检主管等岗位。）

（4）原材料和产品检测和化验能力：具有制浆造纸原料、化学辅助材料的分析检验、产品性能检测检验能力。（面向产品在线检测岗位、造纸原材料检测岗位。）

（五）人才培养计划

1. 制订人才培养方案思路

为了更好的完成“圆梦计划”，校企双方决定“圆梦计划”采用现代学徒制模式实施，实行招生招工一体，由金光纸业集团和广西工业职业技术学院联合面试招收高考生。校企双主体育人，在学生入学后由广西工业职业技术学院综合管理，课程由广西广业职业技术学院和金光集团共同承担，金光集团 APP（中国）与广西工业职业技术学院针对集团生产工作岗位需要共同办学，公共管理课程和专业基础课程，由广西工业职业技术学院承担；专业课采取理论与生产实践相结合的培养模式，分段育人，学生在三年期间将定期到工厂进行认岗、识岗、顶岗实践，由金光集团技术人员指导，学生在寒暑假期间将在工厂参与生产实践。

现代学徒制是指通过学校、企业的深度合作，由教师、企业外聘教师联合传授，对学生以技能培养为主的现代人才培养模式。与传统的人才培养存在很大的区别，建立现代学徒制人才培养模式，重构现代学徒制培养模式下的课程体系，打造现代学徒制专兼结合的“双导师”教学团队，是设计现代学徒制人才培养方案的关键。

按“五双”要求，沿“学生—学徒—准员工—员工”人才培养路径培养。

双主体：学校育人+企业育人。

双身份：学校学生+企业员工。

双内核：课程标准+企业标准，技术+教学内容。

双评价：校内教师评价+企业师傅评价。

双场所：学院实训基地+企业生产车间。

建立校企联合招生、联合培养、校企一体化育人的培养模式，形成现代学徒培养的教学文件、管理制度、相关标准及运行机制，推进专兼结合、校企互聘互用的“双师型”师资队伍建设，培养符合企业人才需求的高素质的技术技能人才。广西工业职业技术学院电气自动化专业现代学徒制是与金光纸业结合的全新的一种基于校企的深度合作，是将现代职业教育与传统学徒制教育有机结合的职业教育人才培养模式。

2. 培养目标

以服务金光纸业集团（APP）为宗旨，面向制浆造纸产业群，以现代学徒制为培养模式，培养德、智、体、美全面发展，具备良好职业道德和诚信品质，掌握制浆造纸技术、自动化技术的专业知识和技能，从事制浆造纸工艺，熟悉制浆造纸设备和电气、仪表技术在造纸机械控制上的应用，有较强实践能力的高素质技术技能型人才。

培养具体目标如下（见图4-13）：

（1）培养德智体全面发展的具有良好的职业道德和高素质的技术技能型人才。

（2）掌握制浆造纸工艺、电工、电子方面的基本知识，理解并掌握电气、仪表等方面的专业知识。

（3）具备自动化设备、系统开发的能力以及安装、调试、维护等专业技能，获取相应的职业资格证书，同时具备支持终身可续发展的能力。

（4）能在制浆造纸企业从事电气、仪表行业的简单设计、自动化系统安装调试与维护等工作，也可以进行电气、仪表设备的营销与管理。

（5）毕业五年左右能够具有高级技师、助理工程师的专业水平，成为企业技术骨干或单位的管理人才。

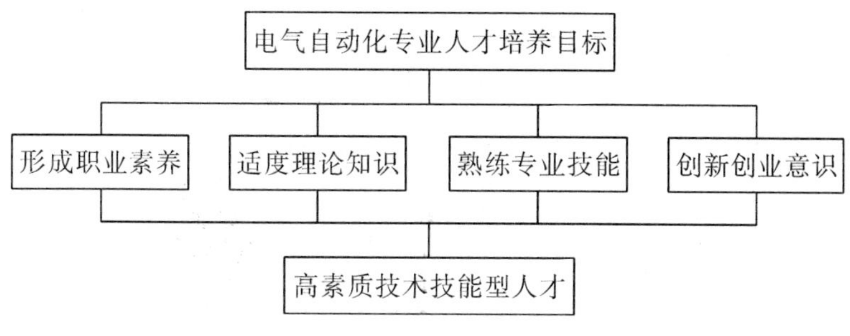

图 4-13　培育目标

3. 职业面向及职业能力要求

（1）职业面向的主要就业单位

制浆造纸生产企业、纸品后加工生产企业、制浆造纸设备生产企业、制浆造纸化学品生产企业、纸制品销售公司、造纸化学品销售公司、环保部门等。

（2）主要就业部门

制浆造纸企业各生产相关部门、质检部门、机械维修部门、电气维修部门、纸浆和纸产品营销部门、制浆造纸机器设备及原料采购部门、制浆造纸技术管理部门、企业员工培训部门。

（3）可从事的工作岗位（见表 4-75）

对《制浆造纸技术》专业人才需求调研进行分析，可从事的工作岗位有制浆造纸生产一线设备操作、制浆造纸机电设备维修、DCS 中控室操作、制浆造纸工艺技术及现场管理、质量管理、设备维护与保养、采购与销售等。

表 4-75　　工作岗位详情

	核心工作岗位及相关工作岗位	岗位描述	职业能力要求及素质
1	制浆造纸生产一线操作（核心岗位）	独立进行制浆造纸整个生产流程上流水线现场操作、正确调节处理生产出现的故障、协调各个工段和生产环节、对现场的设备进行巡检和维护、对产品的质量进行监控，及时与质检部门取得联系	1. 掌握制浆造纸工艺基础知识并具有基本工程计算能力 2. 熟练掌握各种制浆造纸设备的使用 3. 具有工程图纸识读能力 4. 具有认识和使用化工仪表的能力 5. 熟悉制浆造纸产品相关技术标准 6. 具有团结协作、耐心细致的职业素质

表4-75(续)

	核心工作岗位及相关工作岗位	岗位描述	职业能力要求及素质
2	制浆造纸工艺技术、现场管理（班长）（核心岗位）	1. 负责生产工艺总体规划和评估，实施造纸工艺的技术改造工作，跟踪、引进生产新工艺及新技术 2. 根据销售订单按企业工作标准、质量标准和生产计划合理安排生产计划、组织生产；确保产品生产，保质、保量；能对生产中出现的严重质量问题及时处理并反馈给相关部门	1. 熟练识读制浆造纸工艺流程图，熟悉机械制图 2. 熟悉各种制浆造纸设备类型及性能 3. 具有一定的组织生产指挥协调能力 4. 掌握制浆造纸生产工艺和生产流程 5. 安排合理的加工顺序 6. 具有较强的人际关系协调沟通能力
3	造纸原材料、化学品及产品检验、质量管理（核心岗位）	对造纸原材料、化学品各项指标进行系统、全面的检测；按照产品质量标准，对纸浆、纸产品的质量指标进行系统、全面的检测，将检测结果及时反馈到生产部门；负责产品的质量管理，定期对生产记录进行统计分析，找出潜在的造成不合格的因素，制定预防措施，提高生产的效率和质量	1. 掌握制浆造纸的分析与检验的基本理论与技术； 2. 熟悉纸浆和纸产品的质量指标及检测方法； 3. 熟练掌握各种制浆造纸检测仪器设备的使用方法； 4. 熟悉制浆造纸产品相关技术标准； 5. 能分析生产中出现的各种品质问题，及时提出解决方案。
4	制浆造纸设备、仪器、仪表的管理、维修、保养（相关岗位）	对制浆造纸生产线设备进行日常维护和故障的维修；做好生产设备的备品配件	1. 熟练识读设备安装图、结构图 2. 熟悉各类制浆造纸设备的性能 3. 掌握本专业所需的金工、机械、电工及电子工程的基本理论与技能 4. 快速判断设备故障并及时有效解决

表4-75(续)

	核心工作岗位及相关工作岗位	岗位描述	职业能力要求及素质
5	纸和纸板、纸制品及相关原材料与化学品的采购和销售(相关岗位)	选择和采购研发和生产所需的原材料、化学品;制定供应商资料库、评价及再次评价办法;制定供应商评价表及合格供应商列表	1. 具有计算机基础应用能力 2. 具有良好的职业英语读写能力 3. 具有工程图纸识读能力 4. 具有良好的语言表达能力和快速应变能力 5. 具备商务谈判知识 6. 资料收集与整理的能力、文字处理能力

4. 人才培养模式

校企共同成立专业建设指导委员会，在对制浆造纸企业岗位任职资格进行深入分析的基础上，遵循企业岗位人才需求规律，确定专业人才培养目标，依据人才培养目标，由校企双方共同制定人才培养方案。

以现代学徒制为试点，由校企共同实施“双元育人、校企交替、工程导向、实岗训练（成才）”（0.5+0.5+1.0+1.0）的人才培养模式改革。采取“校企一体、教师师傅一体、学生学徒一体、教室岗位一体”的育人模式，通过双方双向深层嵌入、互动、互聘、互用等途径，双主体共育“现代学徒”，双导师传承“工匠精神”，让学生在“学习、实训、实习”的过程中，实现“认岗、识岗、跟岗、顶岗”的价值提升和“学生、学徒、准员工、员工”的身份转变，实现学校学习与企业工作的有效对接，从而快速成长、成才。

5. 改革教学组织模式

紧紧围绕专业人才培养目标，将学生职业能力的形成过程与金光纸业自动化生产工作过程有机结合，通过校企合作的办学模式，形成具有鲜明特色的现代学徒制人才培养模式。

基于现代学徒制人才培养模式，与学院金光纸业合作，打破传统的教学模式，实施三段式的教学组织模式。该模式下，应以适应金光纸业集团企业的职业岗位需求为导向，着力促进知识传授与生产实践的紧密衔接，改革教学组织方式，在学校和企业间穿插进行，促进知识学习、技能实训、工作实践的融合，推动教、学、做的统一。

形成0.5（通识学习+企业认岗）+0.5（基本技能+企业跟岗）+1.0（专业技能+企业融岗）+1.0（就业创业+企业顶岗）教学组织方式，把理论学习

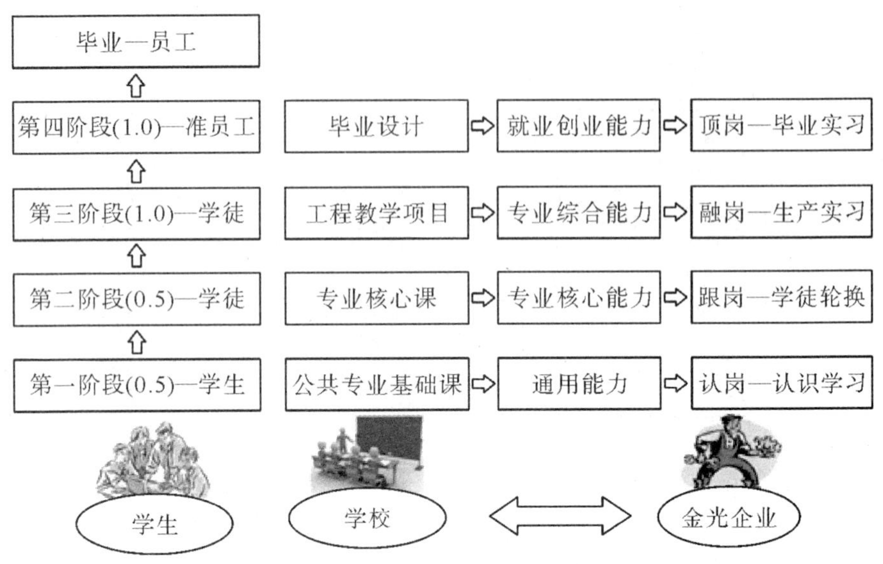

图 4-14 “双元育人、校企交替、四岗递进、生徒转换”（0.5+0.5+1.0+1.0）的人才培养模式

与岗位实践有机融合起来，实现人才需求培养无缝对接（如图 4-14 所示）。

现代学徒制订单班的教学组织实施分为四个阶段：

（1）第一阶段：第一学期（0.5）（通识学习+企业认岗）

第一学期为基础知识学习，在学校以学习文化基础课、专业基础知识课和基本技能操作为主，除素质教育和部分职业基础课程外，还应到金光纸业以企业生产体验为主，组织学生参观企业，时间大概为两周。在两周时间里面，由企业师傅、学校教师共同带领学生业到各生产车间、部门参观，了解企业文化，熟悉企业环境、各工作岗位的任务与职责，认识生产流程，使学生（学徒）对企业有系统的感性认识，感受企业的文化内涵，让学生真实地感受到企业的工作氛围，促进学生与学徒双重身份的融合；并请企业的专家到校讲企业文化、员工职业素养、岗位工作标准，使学生提前感受企业的相关内容。

本学期为专业知识学习，主要集中进行《电工技术应用》与《电子技术应用》方面的教学，以云课堂平台为载体设计教学内容，即将电工实训技能以及电工安全等技能穿插在理论课时的教学过程中，不再对理论课时与实践课时进行严格界定，根据知识的难易程度，根据学生的掌握情况，灵活安排课时分配。老师在“做中教”，学生在“做中学”，实现“工学结合”，以提高学生动手操作的能力。这种方式使理论教学与实践教学紧密联系，相互呼应，知识体系得以有效连接，使在校期间训练的每个知识点连成线，学生也能够轻而易举地将每条线连贯成知识体系，真正做到了使理论学习与实践训练相得益彰。

（2）第二阶段：第二学期（0.5）（基本技能+企业跟岗）（轮岗项目实习）

学校项目学习和轮岗实训采取四个月在学校、一个月在企业的轮换模式。在学校期间，进行“理实”一体化教学，强化学生的专业理论知识和技能操作，在企业期间进行企业课程学习实践，在强化技能训练的同时融入企业标准、规范、职业素养。

在专业基础课程及企业专业基础课程学习中重点培养学生的专业核心能力和创新能力。主要课程为《PLC应用技术》《植物资源化学》《电机与电气控制技术》《变频与伺服应用技术》，学期末利用暑期一个月的时间到企业学习。企业学习的内容为《纸张印刷适性》《制浆造纸机械与设备》《制浆造纸设备与安装》《化工加热炉DCS控制工程》《制浆造纸检测与分析》。

电气自动化专业和金光纸业组建课程开发小组，共同确定学校技能课程和企业岗位课程，同步推进、建立起了“课程模块化、内容项目化、项目岗位化”的课程体系架构模型，将所学专业课程分解成若干个模块，再将每个课程模块分解成若干个岗位，每个岗位分解成若干个技能项目，开发学徒制实训项目。

（3）第三阶段：第三、四学期（1.0）（专业技能+企业融岗）（贴岗真实体验）

单项能力培养。重点培养学生的专业核心能力和创新能力。将传统的电气自动化专业第三、第四学期所授课的知识进行改革，将第1~4学期的内容进行整合，进行工程项目应用技能训练和单项技能训练。将传统课程拆分为《电气照明与内线安装工程》《水位控制器设计安装与调试》《温度控制器设计安装与调试》《电动机拆装修理》《学校供配电照明设计》《物料小车PLC控制》《基于触摸屏、PLC、变频器的水位PID控制》《基于以太网的化工反应车间远程监控系统设计》《生活小区变频恒压供水工程》。每个单项训练均以实际工程为依托，通过变换不同工程，使学生接触到不同形式的分部工程，有利于提高学生的综合素质，且任务简短、明确，易于训练。通过以上各单项训练，可大大提高学生的综合能力以及顶岗能力，为下一阶段的综合训练奠定了坚实的基础。

工程项目和轮岗实训采取一个月在学校、一个月在企业轮换模式。在校期间，进行工程项目教学，强化学生专业技能和应用知识解决问题的能力，在企业期间进行“师带徒”模式的现场培养、企业工程项目的课程学习，提高学生的综合能力和职业能力。

（4）第四阶段：第五、六学期（1.0）（企业顶岗+就业创业）（企业顶岗实习）

第五、六学期综合能力培养。着重培养学生的综合职业能力。第五、六学期在校内进行综合应用能力实训及职业拓展能力的培养和实训。在企业中由企业师傅小班教学，学习《纸和纸板的结构与性能》《植物资源化学》《纸加工原理与工程》《纸张印刷适性》等工程项目。通过组织学生参与企业生产和企业设备维护的实习工作，按照职业岗位的任职要求，结合实际工程项目，以典型的企业设备维护工作任务为载体模拟仿真岗位工作环境，亲自参与纸业特有的生产全过程的维护业务，从而提升学生的综合职业能力，加强职业素质培养。在企业进行顶岗实习，使学生通过一年的企业课程学习，真正接触到企业的先进设备，领悟企业文化，形成质量意识、产量意识、团队合作精神等，实现毕业设计和顶岗实习的有机结合，由企业制定相应考核内容和考核标准，对学徒进行综合考核，学生考核通过后，学生成为企业的正式员工。

6. 课程体系构建和课程开发

（1）校企协同推进“工程项目引领、工作任务驱动、课程壁垒打通、能力分层递进”课程体系改革（见图4-15）

以制浆造纸企业对人才需求为依据，以现代学徒制人才培养目标为出发点，从用人单位的岗位分析作为起点，以胜任职业岗位的能力、知识、素质为着眼点，以课程对接岗位，构建以学生为中心、能力为本位的现代学徒制课程体系。

在电气自动化技术专业的人才培养方案中，构建“基础课模块+选修拓展课横块+核心课程模块+工程项目模块”课程体系（创新“工程项目引领、工作任务驱动、课程壁垒打通、能力分层递进”课程体系）。以企业真实项目和案例为导向设计课程体系和内容，与企业一起开发应用型课程，其教学内容根据企业需求，以造纸企业实际运行的工程项目作为载体，把工程项目分解成多个工作任务，教学内容是通过使学生完成每个工作任务，使其掌握知识、技术，提升职业素养和综合应用能力。

（2）课程纵向深入——以“工院云课堂”为平台，实施5门专业核心课程的改革创新（见图4-16）

将“成果导向、学生为中心”作为教育理念和教学设计理念，聚焦课堂教学主阵地，以“工院云课堂”平台为依托，将课堂教学管理与信息技术深度融合，

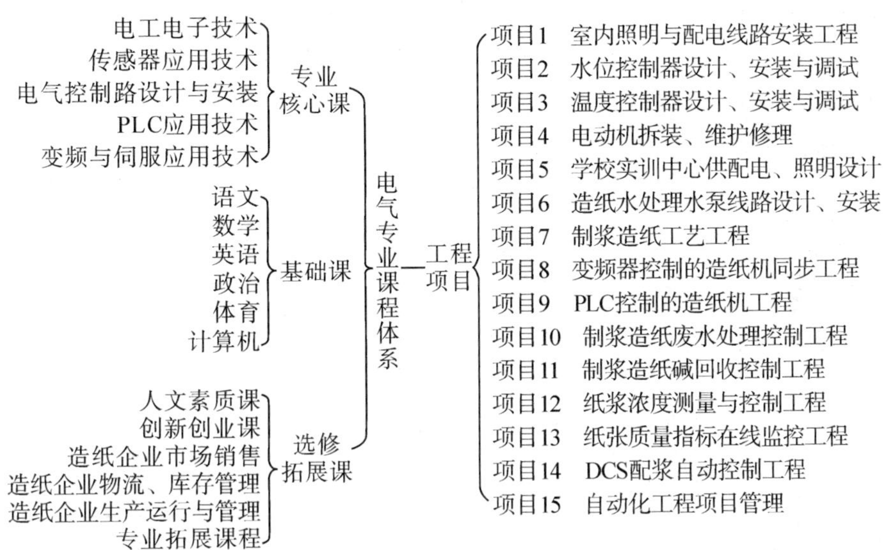

图 4-15　课程体系改革

对《电工电子应用技术》《传感检测与自动化仪表》《PLC 应用技术》《电气线路安装与调试》《变频与伺服应用技术》等专业核心课程开展线上线下混合教学改革，用信息技术促进课堂教学管理效率，以信息化为支撑，创新课堂教学环境，促进信息技术与专业教学的有效融合，实现无痕的监控、有痕的管理，推动教师教学形态与学生学习方式的深层次变革，形成和推广新型教学模式。

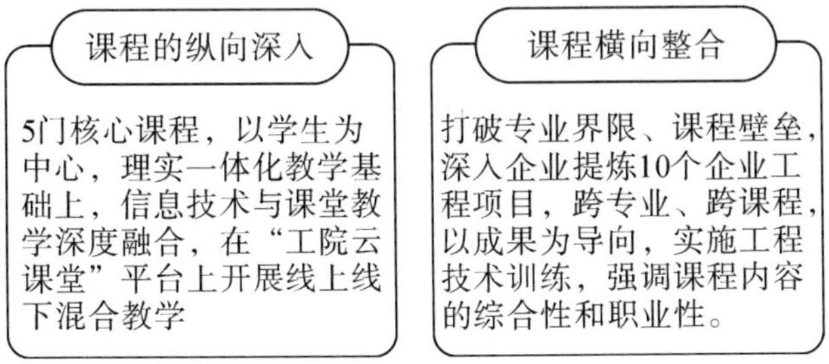

课程的纵向深入	课程横向整合
5门核心课程，以学生为中心，理实一体化教学基础上，信息技术与课堂教学深度融合，在“工院云课堂”平台上开展线上线下混合教学	打破专业界限、课程壁垒，深入企业提炼10个企业工程项目，跨专业、跨课程，以成果为导向，实施工程技术训练，强调课程内容的综合性和职业性。

图 4-16　课程改革创新

（3）课程横向整合——以制浆造纸企业自动化工程案例为载体，提炼 10 个工程教学项目

打破专业界限、课程壁垒，以制浆造纸企业真实的工程项目为载体和纽带，进行课程体系重构，树立“大工程观”，构建 10 个造纸企业工程项目案例课程体系，强调课程内容的综合性和职业性，将学生、教师和企业紧紧地融

合在一起，创新产教深度融合的人才培养机制，形成一个可示范、推广的电气自动化技术专业的“工程项目引领、工作任务驱动、课程壁垒打通、能力分层递进”课程教学模式。如表 4-76 所示：

表 4-76　　工程项目内容设计表

序号	工程项目	周数	呈现内容（知识点、技能点）	合作企业	学期	学院负责人	企业负责人
1	照明与内线安装工程	2	电工技能+照明安装	区二安公司	3	何琳	待定
2	水池水位控制器设计、安装与调试	2	电子制作+电子装配、调试	广西迪慧公司	3	谢兰清	待定
3	温度控制器设计、安装与调试	3	电子设计+单片机	柳州自动化研究所	3	王彰云	待定
4	电动机拆装、维护修理	1	电动机拆装+绕线	柳州化工集团公司	3	刘舒娴	待定
5	工业实训中心供配电、照明设计	2	供配电+建筑电气	学院	3	莫文火	待定
6	制浆水处理控制线路设计、安装	2	控制线路设计、安装	广西金桂纸业有限公司	3	梁洪方	待定
7	制浆造纸工艺工程	1	制浆造纸工艺	广西金桂纸业有限公司	3	李曜	待定
8	变频器控制的造纸机同步工程	3	PLC+变频器+现场总线	广西金桂纸业有限公司	4	崔岳峰	待定
9	PLC 控制的造纸机工程	3	PLC+变频器+触摸屏	广西金桂纸业有限公司	4	陶权	待定
10	制浆造纸废水处理控制工程	2	PLC+变频器+触摸屏+电气柜安装	广西金桂纸业有限公司	4	庞广富	待定
11	制浆造纸碱回收 DCS 控制工程	2	DCS+PLC+变频器+触摸屏	广西金桂纸业有限公司	4	梁培源	待定
12	纸浆浓度测量与控制工程	1	PLC+仪表+传感器	广西金桂纸业有限公司	4	李可成	待定
13	纸张质量指标在线监控工程	1	PLC+仪表+传感器	广西金桂纸业有限公司	4	杨铨	待定
14	DCS 配浆自动控制工程	4	DCS+组态+工业以太网	广西金桂纸业有限公司	4	谢彤	待定
15	自动化工程项目管理	1	招投标+图纸	广西金桂纸业有限公司	4	黎洪坤	待定
总计	32						

（4）校企共同开发教学资源

从校企双方关注的利益点出发，学校利用金光纸业拥有的真实工作环境，金光纸业对人才素质的要求是人才培养的目的，金光纸业利用学校科研条件和理论、人才资源丰富的优势，共同开发共建共享的资源库。以学校课程资源和企业的技能资源为基本单元，实现学校“专业（方向）、岗位群、课程体系”，企业“职能部门、岗位群、技能体系”逐层提升的的金字塔组织结构，通过校企联合开发，开放资源管理，扩大资源覆盖面。建设过程遵循科学建设秩序。先设计，后完善；先规范，后加工；先整理，后整合；完成造纸电气自动化工程项目模块建设资源库。

资源库建设围绕着造纸工程项目案例以及电气自动化行业工程项目案例实施。合作的工程案例专项案例课程，如《纸和纸板的结构与性能》《植物资源化学》《纸加工原理与工程》《纸张印刷适性》《电气照明与内线安装工程》《水位控制器设计安装与调试》《温度控制器设计安装与调试》《电动机拆装修理》《学校供配电照明设计》《物料小车 PLC 控制》《基于触摸屏、PLC、变频器的水位 PID 控制》《基于以太网的化工反应车间远程监控系统设计》《生活小区变频恒压供水工程》等，这类实务类课程虽然理论要求不高，但是知识零碎，不容易成系统，需要整合。校企合作共建课程平台可以提供更为实际的需求背景案例，作为理论知识学习的主要脉络。

与金光纸业校企共建共享教材建设，是指基与校企共建数字化教学资源，以校企合编的方式进行数字化教学资源配套教材的编写，教材在技术性、实效性方面体现为与造纸行业自动化岗位职业技能一体化、与职业行业标准一体化、与数字化资源的一体化的研究。

在编写教材等基础工作外，应同步配套开发较为完整的相关教学资源。以课程教学为中心，借助网络技术、多媒体技术等现代信息技术和媒体传播技术，将各种教学资源以多种媒介、多种形态、多个层次进行整合，形成立体化教材。主要建设以下类型的教学资源库：

①多媒体课件库。收录金光纸业电气自动化专业所有工程项目特色的优秀多媒体课件。

②专业图片库。收录该金光纸业电气自动化专业的各类图片资源。包括实验、实习、培训、服务、新设备技术以及实验实训室介绍、专业介绍等相关资源，形成共享图片库。

③专业视频动画库。收录金光纸业电气自动化专业以实训类为主的视频教材。

校企联合开发特色教学资源。教学团队把企业现场管理知识、安全操作知识、现场实用方法融为一体，将企业标准、能力素养、企业文化、企业精神融入课程建设之中，依据企业岗位典型工作任务和工作流程，开发课程标准及教学内容，设计教学情境及训练项目，创建案例课程，开发课程标准及教学内容，设计教学情境及训练项目，校企共编五本教材，创建案例资源库及课程资源网站，为人才培养创造良好条件。具体教学安排如表 4-77 所示。

表 4-77　　教学安排

学年	学期	教学内容、环节	实施地点	学校教师	企业师傅
第一学年	第一学期	专业教育（1 周）	学院	√	√
		企业认岗——认识实习（1 周）	企业	√	√
		公共基础课教学	学院	√	
		企业工艺、企业文化教育（1 周）	企业	√	√
	第二学期	专业基础课教学	学院	√	
		基本技能训练	学院	√	
	小学期	企业跟岗（4 周）	企业	√	√
第二学年	第三学期	专业核心课程学习	学院	√	√
		专业技能训练	学院	√	√
	第四学期	专业课学习	学院	√	
		工程项目学习	学院	√	
	小学期	企业融岗（4 周）	企业	√	√
	第五学期	工程项目学习（或企业课程）	企业	√	√
		企业顶岗、毕业设计	企业	√	√
	第六学期	企业顶岗	企业	√	√
		毕业设计	企业	√	√

（六）制定校企互聘共用的师资制度，打造现代学徒制专兼结合的“双导师”教学团队

影响现代学徒制教学质量的关键因素是教学团队的建设水平，因此专兼结合的“双导师”教学团队建设是推行现代学徒制的首要任务，应建立健全双方教师的选拔、培养、考核、激励制度，完善“双带头人”“双导师”“双向挂职”等双元育人制度，形成成熟的管理机制。

整合教学团队。为保证现代学徒制的师资力量，主要采取双导师制度。即在专业建设指导委员会的基础上，企业选派技术专家、高技能人才和能工巧匠等担任学校的兼职教师。建立师徒结对档案，明确师傅的责任和待遇，将师傅承担的教学任务纳入考核，享受相应的带徒津贴。由职业教育专家、能工巧匠、专任教师等共同建立现代学徒制师资团队，进行现代学徒制人才培养方案制订、课程标准的制订、实践教学内容和方式确定、学生（员工）成绩评定

等，形成校企互聘共用的管理机制。建立灵活的人才流动机制，校企双方共同制定双向挂职锻炼、横向联合技术研发、学术交流、课题研究、专业建设的激励制度和考核奖惩政策。

1. 双导师育人

（1）校内导师

电子与电气工程系的自动化专业群教学团队是一支业务熟练、教学经验丰富、结构基本合理的师资队伍，其中教授 2 人、副教授 7 名、讲师 3 名、工程师 3 名、硕士 4 名。该教学团队教师在负责本专业学生的教学工作任务的同时，为企业进行技术培训服务（如表 4-78 所示）。

表 4-78 校内导师详情

序号	姓名	职称	专业	负责课程
1	陶权	教授	工业电气自动化	PLC 控制的造纸机工程
2	杨铨	副教授	电气技术	纸浆浓度测量与控制工程
3	黎洪坤	副教授	仪表自动化	1. DCS 制浆造纸碱回收控制工程 2. 自动化工程项目管理
4	莫文火	高级工程师	发配电	室内照明与配电线路安装工程
5	梁洪方	副教授	轻工自动化	1. 电气控制线路安调 2. 室内照明与配电线路安装工程
6	谢彤	高级实验师	仪表自动化	1. 传感检测与自动化仪表 2. DCS 配浆自动控制工程
7	庞广富	高级讲师	电气技术	制浆造纸废水处理控制工程
8	梁倍源	讲师	电气技术	PLC 应用技术
9	李可成	讲师	电气技术	纸张质量指标在线监控工程
10	崔岳峰	讲师	工业电气自动化	变频与伺服技术应用
12	李叶伟	工程师	工业电气自动化	变频器控制的造纸机同步工程
13	余鹏	讲师	电子信息	电工电子技术
14	李曜	讲师	造纸	造纸企业市场销售
15	雷艳萍	讲师	造纸	造纸企业物流、库存管理
16	刘新亮		造纸	制浆造纸工艺工程

（2）企业导师（师傅）

从金光纸业集团的广西金桂浆纸业有限公司中选拔一批技术过硬、业务熟练、现场经验丰富的工程技术人员和管理人员作为企业师傅，如表 4-79 所示。

表 4-79　　企业师傅详情

序号	姓名	职称	专业	负责课程
1	吕林辉	工程师	机电一体化	PLC 控制的造纸机工程
2	谢文飞	值班主管	自动化	纸浆浓度测量与控制工程
3	梁育玮	副课长级专员	电子工程	DCS 制浆造纸碱回收控制工程
4	梁洪启	副课长级专员	机械应用工程	传感检测与自动化仪表
5	竺伟	课长级专员	电气工程及其自动化	制浆造纸废水处理控制工程
6	秦志文	值班主管	电子信息工程	DCS 配浆自动控制工程
7	朱博锋	值班主管	机电	自动化工程项目管理
8	王艳锋	课长级专员	机电一体化	纸张质量指标在线监控工程
9	罗小明	工程师	机械电子	变频与伺服技术应用
10	陆迅	值班主管	自动化	变频器控制的造纸机同步工程

（3）双师指导

学生入学后，每三名学生指定一名学院教师、一名企业师傅进行双师指导，对每位学生三年的学习、生活、个人成长等情况实施跟踪指导，如表 4-80 所示。

表 4-80　　双师指导详情

学生（学号）	学院导师	企业导师	备注
1	黎洪坤	吕林辉	
2			
3			
4	莫文火	谢文飞	
5			
6			
7	梁洪方	梁育玮	
8			
9			

表4-80(续)

学生（学号）	学院导师	企业导师	备注
10	余鹏	竺伟	
11			
12			
13	庞广富	梁洪启	
14			
15			
16	李可成	秦志文	
17			
18			
19	崔岳峰	朱博锋	
20			
21			
22	梁倍源	王艳锋	
23			
24			
25	李叶伟	梁育玮	
26			
27			
28	谢彤	秦志文	
29			
30			

2. 双站融合开展校企互聘

学校在企业设立专业“教师工作站”，选派优秀专业教师作导师，去实习企业指导学生理论学习，同时挂职锻炼，提高专业教师的实践能力和教学水平，推动专业教师深入理解专业岗位需求，及时完善和更新相关理论知识。我校长期规划教师队伍培养目标，不仅要培养一批具有双师能力的教学能手、技术骨干，还要推动教师向着企业服务型、行业专家型方向发展。

企业在学院设立“大师工作站”，专家在学校“大师工作站”指导专业建设、实践基地建设，企业员工培训、教学研究、学术讲座等活动。金光纸业选派技术人员当师傅，负责实习生岗位的技能传授。企业建立带班师傅绩效考核制度，将学徒业绩与师傅工资奖金捆绑在一起考核。同时，学校鼓励企业选派有实践经验的行业、企业专家，高技能人才和能工巧匠等担任学校的兼职教师。

（七）改革招生模式，推进招工招生一体化

完善学校招生录取和企业用工一体化的招生招工制度，推进校企共同研制、实施招生招工方案。根据不同生源特点，实行多种招生考试办法，为接受不同层次职业教育的学徒提供机会。规范学校招生录取和企业用工程序，明确学徒企业员工和职业院校学生双重身份，按照双向选择原则，由学生、学校和企业签订三方协议。

（八）制定现代学徒制教学管理制度与运行机制

制定与现代学徒制相适应的教学管理与运行机制。一是制定校企合作全过程管理办法，如《合作协议》《学生顶岗实习协议》《学生实习手册》《学生实习评价鉴定表》等，对学生实习进行严密安排与管理；二是企业制定《企业实习教师管理办法》《学生实习企业管理考核办法》等，记录实习学生的考勤、任务、表现、评价等，由企业对学生进行全方位的管理。

学生在校期间，严格按照在校生进行管理，企业适度参与教学和管理工作；在企业学习期间，学校全程跟踪管理，企业积极配合，共同管理学生。各个过程中，学校和企业均为现代学徒班的教学主体，由企业一线技术人员或管理人员担任学员的兼职教师或师傅，他们与学校老师一起研讨人才培养与课程标准的制定，以实际经验来开设适合学生及企业需要的实践课程，以满足企业发展的需要，同时，学员受到校企的共同管理。

（九）校企共同考核学生（改革双师多元评价模式）

共同进行学生考核评价 。按照企业用人标准 ，学校、企业共同建立以能力为核心的学生评价模式，由学校教师和企业专家共同对学生工学交替的不同学习阶段的职业能力进行考核评价 。改革考核方法 ，实行学习过程考核 ，把理论知识考试与实操技能考核相结合，把过程评价与效果评价相结合，使学生在企业实训或顶岗实习阶段，将其专业技能水平和学徒岗位工作任务完成情况纳入考核范围 。

在学校现代学徒制试点总体质量监控体系下，结合电气自动化专业的现代学徒制的教学内容和合作形式，由学校与合作企业双方成立专业现代学徒制试点质量监控小组。建立电气自动化专业现代学徒制试点工作全过程的质量监控标准：包括招生招工质量监控标准、理论课程教学质量监控标准、基本技能实训质量监控标准、岗位技能实训质量监控标准、企业课程质量监控标准、教师教育教学质量考核标准和师傅带徒育人质量考核标准。对学生在学校和学徒在企业的动态学习和成长、成才过程进行全程监控、评价、考核和反馈，并对教师教学和师傅的“带徒育人”工作进行监控、评价、考核和反馈 。

在企业期间，实行企业与学校“双师”共同管理制度，规定企业师傅负责规章制度、安全教育、岗位职责教育和岗位操作指导。学校教师负责相关专业理论指导和思想纪律教育，配合企业做好学生职业素养教育，有分工，有合作，各司其责，相互配合。不仅如此，还要邀请企业、行业专家、技能鉴定师、高校教师组成专业建设指导委员会，指导其开展第三方评价，形成多主体、多形式的评价机制，见表 4-81 所示。

表 4-81　　　　评价机制

学期	教学内容、环节	实施地点	学校教师	企业师傅
第五学期	工程项目学习（或企业课程）	企业	√	√
	企业顶岗、毕业设计	企业	√	√
第六学期	企业顶岗	企业	√	√
	毕业设计	企业	√	√

第五章　关于政府部门加强校企合作和中高职衔接工作的政策建议

一、政府企业共建职业教育双轨制体系

解读德国成功推行的“双轨制职业教育”。德式“双轨制职业教育体系”不仅仅造就了德国在二战后的经济腾飞，更是令德国在21世纪之初这场经济危机中独善其身。双轨，即政府一条轨，企业一条轨。政府的一条轨体现在政府设立的职业学校，而企业的一条轨则体现在企业为职业学生提供的实习机会。

在双轨制教育体系下，学生一般每周会有三四天在企业进行实地学习，另有一两天在职业学校进行理论学习，整个学习时限一般为两年到三年半。学生在职业学校里主要学习外语、法律、社会和职业理论知识，而在企业里则可以接触到大量一线的实践知识。当然，学生在企业实习时，还可以得到来自企业的生活补助，这笔补助的金额低于正式职工的工资，但不需要缴税。对于双轨制职业教育的资金投入，德国政府承担其中的三分之一，另外三分之二由各家企业承担。

在德国，双轨制职业教育体系的主要法律依据是1969年颁布的《联邦职业教育法》。该法律为双轨制职业教育的各方面进行保驾护航，例如对于学生而言，可以根据《联邦职业教育法》与企业签订《职业教育合同》；而对于企业而言，全德国只有约20%的企业可以获得“双轨制职业教育”的资质，因为只有这些企业通过了各行业协会依照《联邦职业教育法》进行的资格认定。

以政府主导、行业指导、企业参与的协调推进方式，不断进行现代职业教育制度改革试验，逐步建立产教协同发展的体制，职业院校与产业园区同步规划、同步建设、同步发展。建议：首先，在顶层设计上，建议国家统筹综合管理结构，进行整体布局；其次，要赋予企业更高的社会声誉认可度。比如给予一些大型企业“教育企业”的冠名，来促进企业做人才培训。“声誉得到社会

认可，比做广告管用得多。”最后，建议加快修订完善1996年颁布的《职业教育法》。德国“双轨制”职业教育是其第二次世界大战后经济复兴的秘密武器，而我们国家虽然鼓励学习“双元制”，但到现在，校企合作还没有形成有效机制。需要以立法促进企业和学校之间的合作，让“工匠人才”的培养有法可依。

二、加强校企合作，产教深度融合

国务院于2014年5月印发了《关于加快发展现代职业教育的决定》，今年2月，教育部、国家发展改革委、工业和信息化部、财政部、人力资源社会保障部和国家税务总局联合发布《职业学校校企合作促进办法》，这些政策的出台和实施，都意味着我国对技能型人才越来越重视。《职业学校校企合作促进办法》与国办印发的《关于深化产教融合的若干意见》共同形成推动职业教育提高质量，深化产教融合的组合拳。

在职业院校的校企合作中有一个共同的感受，就是在企业所需技能型人才的培养过程中存在着“两热两不热”的现象，即“上热下不热，校热企不热”的问题。所谓“校热企不热”，就是对于人才培养方面，企业的积极性明显不如职业教育院校高。这类现象产生的原因，是因为企业的主要任务是利润和效益，而非教育和人才培养。同时，企业的社会责任感还不够。

为了保障产教融合、校企合作的顺利进行，我们提出以下几点建议：

（一）精神层面

产教理念融合。产教深度融合需要以下理念引领。一是跨界整合理念。产教融合是跨产业与教育、学校与企业、教学与生产之间的一种存在，它需要跨界整合理论的指导，这样的深度融合才是合目的、合规律、合发展性的融合，才是有灵魂、有底蕴的自觉融合。二是利他惠人理念。利益逻辑是产教深度融合绕不过去的“坎”，是决定融合的深浅和成败的关键。合作只有在“相互满足对方需要”、“利他惠人”的理念指导和践行中才能得以推进和深化，才能真正实现深度融合。

（二）高端层面

产教文化融合。产教融合、校企合作是有层次的。有研究者认为：初级合作是物质的互惠，中级合作是机制的互动，高级合作则是文化的互渗。第一层级是撮合，第二层级是结合，第三层级才是深度融合、高层级的整合。再从产教融合、校企合作发展过程看，它是一个始于做法、成于制度、终于文化的过程。做法是经验层面的，制度是机制层面的，文化才是合作的高端境界。产教融合只有升华到文化育人层面，实现两种文化上的逻辑兼容，才是真正实现了深度融合。

（三）方法层面

产教机制融合。产教融合机制，即保证产教融合及校企合作目标实现的活动规则、运行安排和方式方法，在产教深度融合中不可或缺。这样的机制是多元的，比如融合的组织机制、对话机制、育人机制、资源共享机制、评价机制等。

从国务院新近出台的《关于深化产教融合的若干意见》中可以凝练总结出深化融合的机制，如统筹融合机制、“四链衔接”机制、利益共享机制等。统筹融合机制，包括统筹经济社会发展和人才布局，统筹职业教育与区域发展布局，统筹学科专业建设与产业转型升级，统筹人才培养结构调整等方面。“四链衔接”机制，指的是教育链、人才链与产业链、创新链的有机衔接，其中教育链、人才链属于教育侧、供给侧，产业链、创新链属于产业侧、需求侧，要求通过供给侧教育培养人才，更好地支撑需求侧的产业升级和创新发展。利益共享机制，是产教深度融合最深刻、最稳定的机制。在融合过程中，协调不同利益主体之间的关系，平衡不同利益主体的获得和收益，实现不同利益主体的各自诉求，这样才能达成合作多赢，维系和深化产教融合。

（四）实践层面

产教创新融合。产教深度融合要体现在落地遂行、实践创新上。当下的产教融合、校企合作存在着不少问题，深度融合就是要解决这些问题，实现创新突破。《关于深化产教融合的若干意见》提出的“推进职业学校和企业联盟、与行业联合、同园区联结”的“三联”方略，就是实现深度融合的创新举措。提出了“政行校联袂、师生企联合、教研用联动、学做创联贯”的“四联”模式。政行校联袂，是治理主体的融合；师生企联合，是教学主体的融合；教研用联动，是教师教学过程的融合；学做创联贯，是学生学习活动的要素融合。

三、做好“五年一贯制”试点，提升中高职衔接教育

为解决职业教育结构不均衡的问题，满足行业、社会对职教人才的需求和中职毕业生继续深造的需求，我们开展了“五年一贯制”试点工作。实施五年制中高职衔接培养，是我们对高职教育的探索和创新。通过职业院校与中职学校共同签署五年制中高职衔接培养合作协议，规定接受五年衔接式课程体系培养的中职学生，前2年学籍在中职，后3年学籍在职业院校，享受中高职共

同的师资、实训基地和校企合作平台，5 年后拿到职业院校的高职大专文凭。

要做好“中高职衔接”教育模式，这项教育创新，必须抓住顶层设计、人才培养体系设计、师资队伍建设、实训条件建设、社会服务能力提升等一系列关键环节，实现对高职衔接培养全过程的统筹与管理，使合作有制度，衔接有保障。同时，通过实施四统筹（招生就业统筹、学生管理统筹、教学管理统筹、教师培训及聘任统筹）、五统一（统一教学计划、统一教学大纲、统一教学进度、统一课程体系、统一考核标准），为高素质技术技能型人才培养提供必要的保障。以高职引领、中高职衔接、校企合作、产教融合为路径，形成强而有力的聚合效应，从而积极推动产业转型升级和职业教育集约式发展。

随着“五年一贯制”职业教育试点的实施，产生了职业教育改革的又一项重大突破，除了原有的对口招生模式、3+2（2+3）分段贯通模式、自主招生模式、五年一贯制、中职生免试入学外，开启了新的升学“直通车”。这也使得中职升学的“断头路”全线贯通，每年都有相当数量的中职学生能够升入高职院校和普通高等院校就读，中职学校和高职、普通院校的人才培养立交桥初具规模。

尽管中高职立交桥已经建成，并经过几年的试运行，但是由于种种原因，中高职衔接的交通状况还是存在着很多问题，时不时会出现“梗阻”，影响通畅运行。

针对中高职衔接出现“梗阻”，我们给出以下建议：

（一）优化课程设置

中高职之间的合作是平等的，对于课程设置不应由哪一头说了算，而是要根据中高职的基础、层次不同，从招生开始实施两头共管。中高职双方要打破对现有课程体系简单修补的“表面式”衔接的做法，要切实本着人才一体化培养的思路，在共同平等协商的基础上，根据中高职不同阶段的培养目标，将职业能力的评价标准与中高职不同阶段的课程评价标准有机衔接，构建分段递进的课程体系。在同一个体系中统筹规划中高职课程，做到长周期培养职业技能人才的统一性，保证课程衔接的整体性和递进性。

（二）创新选拔方式

高职选拔考试的内容、方法和要求要以职业教育特点为取向，文化课应侧重职业素养和应用能力的检测，专业课应平衡专业理论和专业技能两者的比重，保证选拔入学的学生有足够的文化、理论基础，同时又具备一定的专业实操技能。此外，还要改变“一考定终身”的弊端，高职参与中职阶段的过程性评价，全面、客观地对中职生进行评价，使真正适合升学的中职生能够顺利进入高校继续深造。

（三）加强师资建设。

师资建设是一项系统工程，仅仅依靠中高职院校自身的力量无法突破困境，需要政府、学校、企业、行业多方合力。政府部门担任主导，总体协调学校、企业、行业之间的合作，加大对中高职师资队伍的培养和培训力度。目前，中高职师资大多是毕业以后直接到学校任教，缺少企业实际工作经验和对专业最前沿技术的领悟和把握，学校层面主动对接企业、行业，通过引进企业导师、在职教师下企业研修等方式，弥补现有师资实践经验上的不足，做到专兼职教师的协调发展。学校还可以通过横向课题参与企业生产、研发，实现校企间深度合作。同时，中高职师资间应加强学术交流、专业对话和资源共享，根据各自所长，协同合作，有利于各自明确中高职教学的侧重点，确保一体化人才教学的质量。

中高职衔接仍处于试验期，必然还会遇到诸多问题和挑战，还需要继续“摸着石头过河”，还需要持续深化，开展研究。相信在不久的将来，中高职衔接中的“梗阻”必然会得到有效疏通，形成“一体化”发展的“康庄大道”。

四、招生制度的改革

大力培养学生的职业精神和职业能力，让学生就业有能力。升学有通道，通过对口单独招生、五年一贯制、现代职教体系试点项目等多条途径为学生接受高等教育创造条件，将“独木桥”建为“立交桥”。

从三次大的高考政策调整来看，具有明显的周期性特点，不同时期会有不同的政策问题，不同时期的不同问题对于利益相关者之间的关系调整也是不一样的。从政策学的角度看，政策既体现需要，又引导需求，还满足需求，其中还有一个程度的问题，均是不可或缺的。解决问题的程度一方面取决于经济社会的发展环境，不可能超越当时的实际；另一方面也反映了政策主体对于政策问题的理解和把握，认识水平往往左右政策内容。因此，努力推进高考的政策创新、实践创新、理论创新，使高考制度更加成熟且定型。

（一）加快政策创新

我国已经初步形成了相对完整的考试招生制度体系，总体上符合国情，权威性和公平性得到社会认可，但也还存在一些社会反映强烈的问题。我们看到，《教育规划纲要》等文件着眼于有关问题的解决，实现了政策理念上的创新，但政策项目、政策方案的设计还需要加快进度。政府在教育考试中应扮演宏观调控和服务的角色，通过政策、法律和资金宏观引导教育考试的发展方向，并为改进教育考试的质量提供所需的环境支持和服务。政策创新要坚持目标导向和问题导向的统一，既要从2020年基本建立中国特色现代教育考试招生制度的目标倒推，厘清到时间节点、关键任务和主要举措，又要从迫切需要解决的问题顺推，研究、明确破解难题的途径和办法。当然，还是要坚持政策试验的办法，先在实践中进行检验和完善，并适时调整，有效推动省级政府之间、高校之间的政策交流、政策模仿、政策借鉴。同时，在政策设计当中，选择特定的政策工具不仅是以解决政策问题为导向的，它还折射出政策参与者之间不同利益的博弈。因此，高考政策创新还需要政府、智库之外的社会力量参与，尤其是作为与高考政策紧密相关的家庭和个人，正在借助网络条件成为政策调整与改革的重要参与者，有必要建立和完善多元治理条件下的政策创新模型，增强高考政策制定和执行的公平性、合法性。这就要求决策部门、考试机构和高等学校依托公共平台，确保高考相关政策信息的及时、有效供给，并使公众意见得到公平表达、公开讨论的机会，从而妥善协调各种错综复杂的利益关系，为促进利益相关者相互理解提供条件，积累支持高考改革的社会资本。

（二）加快实践创新。

恢复高考以来的历次改革，基本上都采取了试点先行的方式，试点成功之后再面向全国推广，这是值得高度肯定的。国务院《关于深化考试招生制度改革的实施意见》指出的“唯分数论影响学生全面发展，一考定终身使学生学习负担过重”，却是一个很难得到解决的核心问题。在重人情、关系和面子，社会诚信体系还不完善的现实情况下，要保障社会公平，就不得不主要依据考试分数来录取。当前，要实现有效的实践创新，政府部门必须坚持简政放权、招考分离，进一步扩大高校的办学自主权，丰富和发展综合评价、多元录取的方式方法，把对高考分数的过度关注转移到选人、育人上来，真正实现从“招分”到“招人”的转变。实际上，早在1980年，就有学者指出以总分划定录取线的弊端，“往往有些有特长单科分数很高、总分不够的考生未能被录取，而有些各科分数平平甚至主要学科分数偏低的却考上了重点大学。这不仅对选拔人才是一个漏洞，也会促使学生不能平均发展，或者把主要精力用于容易得分的学科上”。因此，有必要针对天赋异禀的人才采取破格录取的方式，切实解决高考分数对人才评价的过度依赖问题，实现个性化选拔。同时，建设世界高等教育强国的愿景，隐含着建设面向世界的高等学校考试招生制度的要求，有开发英文版高考试点并推广的必要。另外，当前还有几个关键的实践性问题需要关注，即如何有效推动高等教育和基础教育改革的结合、如何有效实现学生与高校之间的双向选择、如何有效确保高校自主招生权放而不乱、如何有效提升社会监督的公平公正性等，都需要通过实践创新逐渐加以解决，从根本上打破教招考一体化的格局。

（三）加快理论创新

三次高考改革的背后，都有理论研究的重要支撑。因为事物是不断发展变化的，主要矛盾和矛盾的主要方面也会因时而异，所以高考理论研究应该根据不同时期发展面对的矛盾和问题的不同而不断深化。当前，从宏观上看，高考面临理想与现实的矛盾、教育与社会的矛盾、公平与质量的矛盾、全局与局部的矛盾这四对矛盾。从微观上看，高考存在考测能力与公平客观的矛盾、灵活多样与简便易行的矛盾、扩大自主与公平选才的矛盾、考出特色与经济高效的矛盾、统一考试与考察品行的矛盾、保持难度与减轻负担的矛盾、考试公平与区域公平的矛盾等八个方面的两难问题。如何更好地解决这些矛盾，需要在高考改革发展问题上不断深化理论认识，从而揭示其内在规律性和本质属性。目前，高考制度对于选考的设计是基于个人的理性选择，忽略了个人既是作为社会关系存在又是作为社会实体的存在的客观事实，对于个人意识形态会在相互对立的意识形态中做出非理性选择的估计不足。因此，应针对办好人民满意的教育的新要求，形成对我国高考改革发展理念的精准概括和创新，体现对高考内部及其外部关系规律和阶段性特征的深度把握，以反映恢复高考制度以来考试内容、考试形式、评价方法等的新拓展，为今后高考的改革发展提供有力的理论支持。

五、推进职业教育集团化办学

职教集团是非营利性职业教育联合体，它以职业学校为核心，相关行业、协会、企业共同参与，旨在充分发挥职业院校、行业、企业等单位的各自优势，优化资源配置，开展联合办学，加速信息化改革进程，实现资源互补，推进校企融合。同时，构建现代职业教育体系，形成集团生源链、产业链、师资链、信息链、就业链、成果转化链、继续教育链，建立良性互动、合作共赢、共同发展的长效机制。

集团化办学是从实践中产生，推动我国职业教育多元主体协同发展的重要实现形式。据教育部的数据，截至 2016 年年底，全国共有职业教育集团1 406个，其中行业性集团 1 095 个，区域性集团 311 个。行业性职业教育集团的总量和增速都明显高于区域性集团，充分体现了行业在职业教育产学合作发展中的特有属性。同时，教育部组织成立了 56 个行业职业教育教学指导委员会，除了促进院校与行业企业对话外，还研究行业人才需求和院校专业设置，所发挥的作用越来越大。各类主体牵头的职业教育集团均有一定规模的增长。全国参与职业教育集团化办学的企业总数已达 24 369 个（含 10 家境外企业）。其中，规模以上工业企业和限额以上非工业企业参与比重逐年提升。在全国 500 强企业中，参与职业教育集团化办学的企业已有 147 个。

随着相关部门鲜明表态支持国有企业办教育、医疗，将落实相关文件为契机，细化措施，支持国有企业继续举办高质量的职业教育。在职业教育领域，如何发展股份制、混合所有制职业教育还缺乏具体的实施办法，社会力量参与的积极性还不够高。我们将依托开展新一轮的试验区、用好地方立法权等为社会力量举办职业教育探索更多的途径。

职业院校主动完善内部治理结构，组建由行业组织、企业参加的院校理（董）事会、专业建设委员会、校企合作委员会并有效发挥作用。建立以资本为纽带、专业为支撑的紧密型职教集团。在主要领域成立行业职业教育教学指导委员会。实施职业院校“双师型”“一体化”教师队伍建设计划，构建符合职业教育规律的教师管理制度，吸引优秀人才从事职业教育。对专业教师进行任教专业核心技能考核，专业教师每 5 年应到企业实践累计不少于半年时间，新入职的专业教师前 3 年须赴企业集中实践，锻炼半年以上。鼓励和支持企业参与职业教育人才培养全过程，校企联合开展招生、专业建设、实训实习、质量评价、毕业生就业创业、协同科研攻关等工作。创新实训基地建设方式，选择符合条件的企业建设一批职业院校校外实训基地和乡土人才教学实践基地。逐步建立学生实习工作考核与补助机制，补助企业参与职业教育的办学成本。

六、推广“现代学徒制”试点

“订单制”是人才培养的方式之一。合作企业每年向学校派发“人才订单”，学校为企业量身打造需求人才。教育部在 2014 年提出“现代学徒制”，通过“行业订立标准、校企共同培养、政府充分保障”，进一步完善校企合作育人机制，创新技术技能人才培养模式。与“订单制”相比，“现代学徒制”更加注重技能的传承，由教师、师父联合授业，由校企共同主导人才培养，设立规范化的企业课程标准、考核方案等，提高人才培养的质量和针对性。

现代学徒制是教育部根据《国务院关于加快发展现代职业教育的决定》，借鉴西方学徒制经验在我国职业教育领域推行的一项试验，以校企双重主体育人为根本，以“学生”、“学徒”双重身份为保证，以岗位成才为路径，是一种全新的深层次职业教育工学结合的人才培养形式。

试点工作注重顶层设计，坚持系统谋划，按照牵头单位性质分为地市级政府牵头、行业牵头、企业牵头、职业院校牵头四种类型，鼓励创新机制、先行先试，切实提高学生培养的针对性和适用性，解决学校教育与企业用人“两张皮”的问题。已布局的试点中，政府牵头重点探索地方实施现代学徒制的支持政策和保障措施；行业牵头侧重开发规范和保证现代学徒制实施的各类标准；企业牵头重点探索企业参与现代学徒制的有效途径、运作方式和激励机制；院校牵头重点探索现代学徒制的人才培养模式和管理制度。分类推进试点尊重基层首创精神，激发创新活力，在政策、保障、模式、机制、标准等多个方面已实现了以上的突破。

目前，“现代学徒制”还只是试点，教育经费需要全国统筹、省级统筹，核心反应就是教育经费不足的问题。我们认为，除了统筹教育经费外，应加大力度激发企业参与职业教育的活力，让“现代学徒制”由点及面，将试点院校和企业的经验在全国进行推广。

落实企业的教育主体作用和师傅的实践教学主体作用，是体现现代学徒制效果的关键。从长期来看，完善的现代学徒制有赖于行业组织的发展壮大，并充分发挥其组织者、协调者和评价者的作用。在近期内，应重点在微观层面完善学徒制各相关要素，为中国特色现代学徒制体系的构建做好人员和方法上的准备。

（一）建立雇主委员会，监控学校的教学过程和培养效果

学徒制试点改革的最终目的是满足雇主的用人需求，因此不仅要改变课程内容和教学方法，还涉及利益格局的调整。实行现代学徒制，改变了传统职业教育的教育主体结构和教学主体结构，客观上需要由雇主组成的委员会监控学徒制学校教学过程。雇主委员会主要由用人单位人力资源专家、技术专家与职业院校代表联合组成，其主要职责是：审核学徒协议和校企合作协议，制订和完善学徒制工作方案；审核学校课程设置方案和课程标准，与学校联合制定教学框架；制订企业培训项目方案，与学校联合制定培训内容框架；审定企业指导教师名单，提供必要的培训指导；制定学徒考核标准，组织学徒的学期考核和最终考核，提出学徒是否转为正式员工的意见。雇主委员会可以由一家大型企业单独组建，也可以由若干同行业中小企业共同组建，学校代表可以在多个雇主委员会中兼职。

（二）建设师傅进修学院，将一批企业技术人员培养成培训师

在目前的学校教师教育体系和技师培训体系之外，新设的以培养企业培训师为目标的师傅进修学院，一方面加强生产和管理专家对职业教育学知识的学

习，另一方面加速企业技术人员的职业成长。该类学院主要选拔具有高度社会责任心和技术特长的企业一线技术人员，学习职业教育学知识和教学技能，经考核合格后取得师傅（培训师）资格。师傅进修学院可以依托职业技术师范大学的继续教育学院建立，也可以单独组建，但教学人员必须熟悉企业生产技术知识和教育学知识，并具有相应的企业工作经历。根据目前企业学徒培训规模估算，我国 3 年内至少需要培养 50 万名企业师傅。随着企业转型升级速度的加快，企业师傅自身也需要参加必要的技术培训，师傅进修学院应具备技术培训的相应职能。

（三）改革职业学院兼职教师聘用办法，主要从企业人员中招聘

通过改革职业院校的兼职教师聘用办法，使更多的企业人员进入职业院校后备教师队伍，有利于增强校企之间的沟通。在企业师傅与职业院校教师同校培养的条件下，既可以实现学校教师和企业培训师素质上的协调，又可以实现现代学徒制实施工作上的协调。企业师傅与学校教师之间的主要区别在于，前者以企业技术人员身份兼做培训工作，后者以学校教师身份兼做企业技术开发和服务工作。

（四）充分利用现代信息技术手段，改造传统的学徒制

在“互联网+”时代，需要利用信息技术拉近两个学习地点的距离，将企业师傅和学校教师整合在一个培养平台上。在岗实践学习是由师傅面对面指导的，但知识的学习可以通过网络平台进行，从而使得学习更加具有弹性。在这种“互联网+学徒制”模式下，职业院校教师不再是知识的传授者，而是成为学习资源的开发者、学习过程的指导者、学习结果的评价者和学徒过程的联络者；企业师傅也不再是单纯地指导技能操作，而是通过网络平台介入学徒管理和知识学习。这种学习方式充分发挥出工作本位学习的实践优势和网络学习的效率优势，是职业院校需要重点探索的一个新方向。

（五）改革公立职业院校生均拨款制度，以毕业生本地就业率作为主要绩效指标和拨款依据

目前，我国高等职业院校实行以在校生人数为核算依据的财政拨款制度，客观上鼓励了学校扩大招生规模，实施封闭式办学模式，而抑制了校企双主体育人的积极性。将拨款依据由缺乏针对性的“在校生数量”转为“本地就业毕业生数量”，不仅有利于促使职业学校针对雇主需求设置专业和课程，合理确定招生数量，提高资金使用效益，而且可以强化校企联系，间接地促进学徒制的推广。为了促进现代学徒制的开展，实现人才培养与就业制度的紧密对接，政府应优先保障学徒制实施的资金。

（六）修订《中华人民共和国职业教育法》，明确企业、学院、师傅、学徒的权利义务

目前，由于缺乏相应的法律法规，师傅和学徒的法律地位模糊，二者均没有明确的权利和义务，雇主不愿意为师傅的工作和学徒的劳动支付相应的报酬，也不能保证学徒在企业期间获得技能扩展。将现代学徒制各利益相关方的责任、权利纳入法律，可以有效削弱学徒制各参与方的随意性。针对现代学徒制的开展，《中华人民共和国职业教育法》亟待解决三个主要问题：一是明确将学徒制作为技术工人培养的主要途径，明确雇主委员会的法律地位，从法律上保障校企合作，培养技术工人；二是明确师傅和学徒的法律身份，建立师傅资格制度，促进师傅队伍健康发展；三是确定学徒制的基本原则和基本程序，明确校企基本分工和成本分担机制，将学徒工伤保险纳入企业职工工伤保险的覆盖范围。

第六章　课题组研究论文

中高职对接的研究

韩志刚　张良军

【摘要】 中高职对接是根据建设现代职业教育体系的要求，推动中、高职教育协调发展，系统地培养适应经济社会发展需要的技能型特别是高素质技能型人才的通道。本文通过对中高职对接的正动力机制和负动力机制的研究，提出了中高职对接的建设。

【关键词】 中高职对接；动力机制；立交桥。

一、中高职对接概念及内涵

（一）概念

“中高职对接”，狭义是指以中职毕业生为招生对象使之升入高职学习；广义则是指健全职业教育从低层级到高层级或是更高层级的教育对接。它是指根据建设现代职业教育体系的要求，推动中、高职教育协调发展，系统地培养适应经济社会发展需要的技能型特别是高素质技能型人才。

（二）内涵

中高职对接是围绕现代职业教育体系的建立，改革中高职招生，依据行业企业需要推进中高职的专业和人才培养的规格对接，依据职业成长规律推进中高职人才培养目标对接，依据能力培养推进中高职课程对接，依据协调发展目的推进中高职教学资源对接，依据学分互换互认推进中高职教学管理对接等，建立中高职对接的制度机制和标准，搭建职业教育人才培养的“立交桥”，实现中职、高职、企业三方的共建、共治、共享。具体对接的主要内容如表 6-1 所示。

表 6-1　　　　　　　　　　**中高职对接的主要内容**

类别	主要内容
招生	1. “3+2”形式中高职自主对口招生 2. “2+3”形式中高职自主对口招生 3. “3+3”形式中高职自主对口招生 4. 五年一贯制招生
专业	1. 专业设置对接 2. 人才培养规格对接 3. 人才培养目标对接 4. 人才培养方案对接
课程	1. 课程体系对接 2. 课程内容对接 3. 能力培养的对接
教学资源	1. 课程资源开发与共享，包括课程内容、数字化教学资源、实训实习平台等 2. 师资的共享和取长补短 3. 校企协调育人资源的共享
教学管理	1. 学分互认互换 2. 规范学分标准

二、中高职对接的动力机制

（一）基本概念

1. 机制

“机制”本意是指机械、机械装置、机械机构及其运行原理，即指机器在运转过程中的各个零部件之间相互联系、互为因果的联结关系及运转方式。在社会科学领域中，机制是指系统中的各要素之间的相互作用、相互制约、相互联系的形式。如果说制度是人们办事的规则或为了实现一定目的的约定，那么制度的坚持就是机制。

2. 动力

动力是指系统内部各要素相互作用产生的内在力量，以及系统与外部环境相互作用而产生的外部力量。

3. 动力机制

动力机制是指工作系统中推动系统内部各种力量相互协调与运动的机理和体制。

动力机制可分为正动力机制和负动力机制。正动力机制即是引发及强化系统有效运行与发展的积极力量。负动力机制即是阻碍或弱化系统建设的消极力量。

（二）中高职对接的正动力机制

1. 社会需求机制

为适应经济发展方式转变和产业结构调整要求，职业教育已进入全面提高技能型人才培养质量的发展阶段。教育部提出了用高等职业教育牵动中等职业教育发展，实现中、高职协调发展的要求。中职教育定位于培养技能型人才，高职教育培养高素质技能型人才。遵循人才成长过程转化规律，只有中高职衔接、协调发展，才能更好地满足经济社会发展对人才发展的需求。

2. 立交桥机制

构建科学、完善的现代职业教育体系，是党中央和国务院关于职业教育的一项重大战略决策，是新时期职业教育改革发展的重要任务。《国家中长期教育改革和发展规划纲要（2010—2020年）》对“形成适应经济发展方式转变和产业结构调整要求、体现终身教育理念、中等和高等职业教育协调发展的现代职业教育体系”提出了明确要求。实施中高职对接，搭建职业教育“立交桥”，将促进职业教育事业可持续发展，促进现代职业教育体系的构建。

3. 拉动中职发展机制

随着产业的升级，中职毕业生满足不了企业要求，导致中职毕业生就业困难。由于国家政策的局限，升学无路，这些原因造成了中职招生难。中、高职的对接必然拉动中等职业学校的招生，进而拉动中等职业教育的发展。

4. 终身教育机制

实现中高职对接，拓宽了中职毕业生职业生涯的提升空间，使中职教育由终结性教育转变为阶段性教育，从而不断增强了职业教育发展的动力和吸引力，保持了从业人员的较高素质，以及产业结构和产业竞争力的强大优势和发展活力。与此同时，通过建立和完善中高职对接机制，使中职毕业生享有继续接受高职教育以及普通高等教育的机会，促进了教育公平，推进职业教育朝着终身教育的方向发展。

（三）中高职对接合作负动力机制

1. 观念问题

在职业教育系统内部，高职院校认为“中职生源素质较低、难以管理”而不愿意多招。这些现象及观念使得中高等职业教育的对接困难重重。

2. 利益问题

中高职院校都是职业教育办学的利益方，在中高职对接合作的过程中，中高职学校都有消极方面。对中职校来说，学生升入高职学校，部分解决了中职生的就业问题，同时也使学校在社会上有影响力，但目前“2+3”学制的对接，使中职校不能获得学生第三学年的学费，利益受损，因此中职校的积极性不高。对高职校来说，招收中职校的学生就是解决生源问题，但由于中职校的学生基础差、学习习惯不好，所以教学难度大，高职校的积极性受到影响。

3. 专业设置问题

中高职对接的基础在于专业的对口，这决定着中高职教育在培养目标、课程体系对接上能否得以顺利实现。但目前的情况是中高职的专业设置契合度不高，中高职教育专业目录设置的名称各不相同，这使得中高职对接的基础非常薄弱。

4. 课程结构问题

课程对接是中高职衔接的核心。理论上来讲，高等职业教育应在中等职业教育课程设置的基础上，按照对口专业设置课程，做到“专业有所对口、课程有所对应、内容有所区分、知识与技能由浅入深”，但从现实操作层面来看，中职学校与高职学校沟通欠缺，各自构建自己的课程体系，确定自己的教学内容与实践安排，导致课程结构错位严重，专业课内容重复、文化基础课脱节、教育资源浪费。

三、中高职对接的建议

（一）形成统一的、规范的专业目录

中高职专业设置的对接首先要规范专业设置，要依据就业岗位，规范职业教育的专业设置，制定统一的中高职专业目录。

（二）教育行政部门应进一步落实放管服

如“五年一贯制”，顾名思义，初中毕业生通过五年的学习，完成中高职教育，但目前有的省级教育行政部门，对“五年一贯制”中高职对接有相关规定，要求前三年学习结束要发放中职毕业证，这样的规定造成前三年的学习一定要按照中职的培养计划进行，否则达不到毕业要求，但这样容易造成中高职教育割裂，不能实现有效的对接，因此教育行政部门应根据中高职对接的实际，制定合理的制度，进一步落实放管服，让职业学校在人才培养中承担主体责任。

（三）标准对接

目前，国家层面已建立了中职学校专业教学标准等一系列标准，高职学校的各项国家标准也正在启动中，要想实现有效的中高职对接，中高职的教学等标准一定要进行有效的对接，指导中高职开展人才培养工作，才能真正落实对

接工作，使中职学校人才培养工作有标准，人才培养质量符合高职学校的要求，使中高职对接真正实现。

（四）政府应对开展中高职对接的中职学校给予一定的政策倾斜。

目前，对开展中高职对接，中职学校的积极性不高，原因是中高职对接对中职学校的办学效益有一定的影响，因此为了激发中职学校参与中高职对接的积极性，政府应该在招生、专业建设等方面给予中高职对接好的学校给予一定的政策支持，鼓励中职学校积极参与中高职对接。

（五）高职学校应建立自己的生源校

高职学校目前热衷中高职对接，更多的是希望中职学校能输送生源，还不能真正实现由中高职对接带动中职学校发展的初衷。高职学校根据本校的专业设置情况，与中职学校形成稳定的中高职对接关系，建立中高职对接的生源校，在对接过程中帮助中职学校进行招生宣传、师资培养培训，制定人才培养方案，建设实训基地，真正搭建职业教育人才培养的“立交桥”。

参考文献：

［1］许笑平. 中高职衔接研究综述［J］. 深圳职业技术学院学报，2015（4）：80-88.

［2］史豪慧，吴志清. 广州市中高职教育的衔接研究［J］. 教育教学论坛，2018 年（30）：254-255.

［3］方绪军，王敦，周旺. 多元治理结构视域下中高职衔接的利益主体与路径框架［J］. 职业技术教育，2018：34-37.

［4］吴少华. 现代职教体系背景下的中高职衔接研究［J］. 教育与职业，2018（7）：40-43.

［5］孟源北. 中高职衔接关键问题分析与对策研究［J］. 中国高教研究，2013（4）.

［6］姚晓艳. 现代职教体系构建背景下中高职课程衔接研究［J］. 黑龙江教育学院学报，2015（6）.

［7］王东梅. 职教集团视域下的中高职衔接体系构建［J］. 机械职业教育，2016（6）.

［8］李喜梅. 现代职教体系视阈下中高职衔接探析［J］. 常州信息职业技术学院学报，2014（10）.

［9］陈玉峰. 适应现代职教趋势构建中高职衔接的有效途径［J］. 石家庄职业技术学院学报，2015（6）.

[10] 邵元君. 中高职衔接中的问题与对策研究——以上海市为例 [J]. 职教论坛，2013 (9).

[11] 周峻岭. 现代职教体系下中高职课程衔接研究 [J]. 教育理论与实践，2015 (10).

广西中高职衔接工作中的问题与对策

韩志刚　王娟　王自豪　陈江波

【摘要】 中高职衔接是构建现代职业教育体系，培养高技能人才，实现职业学校学生可持续发展的重要路径，也是解决我国中高等职业教育全面协调、有序发展的关键。文章通过分析广西中高职衔接存在的问题，提出了对广西中高职衔接工作的建议和对策，为进一步做好中高职衔接提供一定的借鉴和参考。

【关键词】 广西中高职衔接；问题；对策。

2010 年，教育部颁布了《国家中长期教育改革和发展规划纲要（2010—2020 年）》，提出“到 2020 年，形成适应发展方式转变和经济结构调整要求、体现终身教育理念、中等和高等职业教育协调发展的现代职业教育体系”。2011 年，教育部下发了《关于进一步推进中等和高等职业教育协调发展的指导意见》，从中高职衔接的方向要求、协调发展、衔接实施、制度保证四个大角度、22 个细项目提出指导意见。2013 年，国务院下发《关于建设现代职业教育体系服务经济发展方式转变的决定》，提出“统筹中等和高等职业教育，统筹职业教育、普通教育、继续教育，坚持全日制与非全日制并重、学校职业教育和企业职业教育并举，推进职业教育内部衔接、外部对接，增强人才培养的系统性和针对性。发挥中等职业学校的基础作用，重点培养技术技能人才；发挥专科高等职业院校的引领作用，重点培养高端技术技能人才”。2014 年，国务院发布《国务院关于加快发展现代职业教育的决定》，要求积极探索“五年贯通培养”“3+2 分段培养”“文化素质+职业技能”高职分类考试等模式，打通中职学生发展和成才的通道，推动中高职在培养目标、专业设置、课程教材、教学内容等方面逐步实现衔接。同年，教育部下发了《现代职业教育体系建设规划（2014—2020 年）》和《推进中等和高等职业教育人才培养衔接行动计划（征求意见稿）》等。从教育政策的支持和发展来看，中高职紧密衔接是促进我国中高等职业教育全面协调、有序发展的关键。

一、国内外中高职衔接的研究情况

（一）国外的研究

实现中高等职业教育的有效衔接是构建现代职业教育体系的核心问题，而衔接模式的确立又是当中的关键问题。美国、英国、日本、澳大利亚中高等职业教育衔接以课程衔接为主要衔接模式，其良好的制度环境、完善的法律保障体系、有效的政策支持、多样的中高职衔接模式，为我国提供一些可以借鉴的经验与启示。

1. 对口入学模式

此衔接模式的代表国家是日本，实质是通过在高等专门学校实施五年一贯制来实现中高职衔接，是一种典型的以学制为中心的衔接模式。在这种衔接模式中，学生在高等专门学校学习的五年时间里，前三年主要集中完成中等职业教育的课程，后两年完成高等职业教育的课程。在课程设置时遵循的首要原则是逻辑体系，同时考虑到学生的认知水平。高等专门学校的生源除了初中毕业生外，还有职业高中的优秀毕业生和具有一定职业技能及实践经验的社会人士，通常采取推荐入学、考试选拔等多种方式为他们提供继续学习的机会。

2. 单元衔接模式

此衔接模式的代表国家是英国，实质是中高等职业教育的课程衔接。中高等职业教育的课程被分成数以千计的教学单元，相邻的两个教学单元联系比较紧密，保证了课程的逻辑顺序。这些教学单元的设计基于统一的培养标准，由此避免了课程重复及断档现象，不仅实现了学生学习的连贯性，也提高了教学效率。

3. 课程或大纲直接衔接模式

美国是以这种模式来实现衔接的。主要途径是通过对中等职业教育课程的改革，来实现其与高中后技术课程的衔接。这种模式在《卡尔帕金斯职业和应用技术法案》中有明确规定："联邦和各州政府用于职业教育的财政拨款主要任务，一是把高中职业课程（2 年）改为高中后技术教育的准备课程，二是实施中高职课程衔接，即'2+2'课程。"另外，美国还鼓励社区学院与高中进行合作，共同制定衔接方案并进行实用技术课程的研发。

4. "培训包"模式

澳大利亚通过"培训包"模式来完成衔接，"培训包"已经成为澳大利亚职业教育的代名词。"培训包"是"一套国家认可的，用以认定和评价技能的职业标准和资格的体系，它是国家承认的培训、认定和评估技能要素的总和。”“培训包”由澳大利亚国家行业咨询委员会研发，分为不同的层级，与资格框架相对应，每个层级的内容与相邻层级间都相互联系。“培训包”的开发与使用促进了中高等职业教育的衔接和职业教育培训体系的标准化。

（二）国内的研究

随着经济的发展，构建中高职衔接体系成为我国职业教育发展的重要目标之一。近年来，中高职衔接研究分为三个方面：理论和现实依据；内涵、内容、模式；问题及对策建议。研究者对后一点研究得较多，但对前两点研究较少，特别是对内涵的具体研究更是偏少而且不深入。在中国知网中搜索“中高职对接、衔接研究”，可以发现论文 225 篇，其中 2016 年 24 篇，2015 年 75 篇，2014 年 56 篇……由此可见中高职对接的研究越来越多。从研究的论文中可以发现，关于中高职课程衔接、中高职衔接模式的研究较多。从招生、办学、运行等环节来看，主要包括以下几个模式：

1. 对口招生模式

对口招生模式是指完成三年中职学习的中专、技校、职高毕业生（“三校生”），通过春季高考升入专业对口的高职院校继续深造。这种模式不仅能充分利用丰富的教育资源，而且有利于高职教育目标的实现，培养出高质量的应用型、技能型人才。但由于中高职分别实施培养计划，生源素质结构差异又十分明显，要开展实质性衔接有一定的困难，而且衔接中存在着不同程度的知识和技能的断档或重复等问题。

2. 分段贯通模式

分段贯通模式是指高职院校与中职学校合作，实行分段贯通式联合办学。招收的初中毕业生先在中职学校学习，毕业后经考试按一定的选拔比例升入高职院校继续深造的模式。通常说的“3+2”就是这种模式，但中高职要共同制定培养目标，整合、重组中高职课程和教学计划。分段贯通模式的优势在于，中高职合作可以充分利用现有教育资源，不仅能使面临生存与发展压力的中职学校焕发活力，充分利用中等职业学校的教育资源，又减轻高等职业院校的压力，调动了双方的积极性，对于稳定中职教育、发展高职教育、办出职业教育的特色十分有利。

3. 五年一贯制模式

五年一贯制模式是我国较早试行的中高职衔接模式。该模式包括由部分高等院校招初中毕业生举办 5 年制高等职业教育（下伸式）及在部分国家级重点中等职业学校举办高等职业教育（提升式）两种情形。五年学习期间，通常前三年按中职学校学生学籍管理，后两年按高职院校学生学籍管理。对符合毕业条件的学生，颁发高等职业院校的毕业证书。这种模式在中高职的教学、课程衔接方面是比较容易操作的，也因为五年贯通避免了高考的压力，对学生与家长颇具吸引力。

4. “技能优胜晋升模式”

该模式的核心理念是“职业技能竞赛优胜晋升”，中职免试保送晋升高职，高职优胜者免试保送晋升本科深造学习。这一模式丰富了职教体系衔接的层次、层级，有力度、有限度地实现了中、专、本的贯通，及职业教育与其他教育的相互沟通。

二、广西中高职衔接工作中的主要问题与不足

近年来，随着国家职业教育政策的不断出台及落实，广西的中高职衔接工作得到了不断推进，形成了五年一贯制、“2+3”“3+2”等几种成功模式，由中职升入高职就读的学生人数不断增加，进一步扩大了中职院校的招生规模，使高职生源旺盛，提升了广西高校毛入学率，为广西区域经济和人才发展做出重要贡献。虽然广西中高职衔接工作取得了一定成绩，但与职业教育发达省份相比，广西中高职衔接存在一些不足：

（一）中高职对接机制不够完善

实施中高职衔接的目的，是突破中、高等职业教育各系统的教育形式，发挥中职、高职教育资源和办学优势，整体设计人才培养方案，统筹安排教学内容，分阶段实施人才培养。从目前广西中高职衔接工作来看，“生源”成为中高职衔接工作的焦点，即大部分中等职业学校更多地希望通过中高职衔接吸引“生源”；而高等职业院校仅仅把中职院校作为其储备“生源”，基本上呈现“中职管理+高职管理”模式。此外，由于中职和高职在专业设置的契合度有差异，造成了中高职人才培养目标不够清晰，缺乏完善的对接机制来统筹人才培养方案设置。

（二）中高职衔接一体化不够明显

中高职一体化衔接体现在管理上，以高职院校为主导，与中等职业院校共同设计招生制度、培养模式、评价方法、转段要求，实现管理过程的有效衔接。在教学上，合理利用中职院校教师具备的娴熟技能、高职院校教师拥有的扎实理论的特点，统筹分配教学任务，实现师资优势互补；在课程上，应以职业岗位能力要求及职业能力形成逻辑为依据，对相对或相近的任务和能力进行合理的归并，构建分段培养的模块化课程体系。而广西中高职衔接中，部分高

职院校在制度设计、师资安排、课程体系建设等方面发挥的主导作用还不够，有些还停留在两校浅层次的交流沟通上，部分高职院校没有在学校层面实施管理制度，没有从教学管理、学籍管理、计划管理等方面与中职院校对接；另一方面，由于中高职师资队伍缺乏有效协同，存在沟通不畅的问题，从而导致课程设置、课程体系与内容建设、课程教学等方面相互独立，未能产生协同效应，中高职衔接一体化特色不够明显。

（三）中高职衔接课程标准不够明确

中高职课程衔接是现代职教体系建设的核心。如果在课程层面不能体现中高职的层次性和衔接性，就很难依托中高职衔接，培养出兼具扎实专业理论知识与娴熟技术技能的人才。广西中高职衔接基本上是中职以中职的课程标准、高职以高职的课程标准进行培养。同一门课程，中职学生要学到什么程度，高职学生要学到什么程度，中高职衔接的学生要学到什么程度，分段培养的课程标准不够明确，使得学校和教师有些无所适从。

三、做好广西中高职衔接工作的建议

中高职衔接的核心是专业衔接、课程体系建设、教学内容的对接协调，实质是课程结构、课程标准和课程内容符合学生职业能力发展规律与社会职业类型和岗位要求衔接贯通，这就需要教育行政部门、行业企业和中高职院校共同努力才能实现。

（一）加强宣传力度，提高全社会对职业教育的认同度

一方面，各级政府和教育行政部门要大力宣传职业教育的重要性，提高社会各界对职业教育的认同度，发挥职业教育在增加国民经济收入、提高劳动者素质、增强综合国力和世界竞争力等方面的重要作用。要消除人们鄙视职业教育的错误观念。鼓励人们自觉自愿接受职业教育，为中高等职业教育顺利衔接奠定理论基础。

另一方面，各级政府和教育行政部门应积极树典立范，对中高职衔接的有效模式进行大力宣传和推广，逐步消除职教生的就业歧视，为职教师资制定合理的薪酬待遇和认同制度，保障职业教育及职教师生的社会地位。

（二）完善机制，做好中高等职业教育平衡衔接，促进可持续发展

1. 打通中高职衔接通道

各级政府要进一步完善相关的法律法规，通过政策引导在行政体制上打通中高职衔接的通道，从而激发中职和高职院校开展相关工作的积极性。比如，对于中高职衔接的形式，可以通过立项相关衔接项目来具体展开；对于中高职

教育衔接的目标，可以以标准的、文件的形式来加以规范等。

2. 完善体现职业教育特点的招考制度

改革、完善体现职业教育特点的招考制度，保证招考政策的科学性、延续性和稳定性。在招生宣传上，提前介入，中职学生入学以后，高职院校主动到中职校开展宣传，组织有升学意愿的学生到高职院校参观、观摩教学和体验大赛等，让学生对高职教育有更直观的认识。通过各种方式，让中职学生充分了解升学的渠道、方式和国家资助政策等，消除学生对升学费用负担的顾虑。在考核方法和标准上，突出专业技能考试，以专业为单位制定统一的中高职衔接技能标准，将技能考试作为文化课及专业课考试的前置条件，规定技能考试一定比例的淘汰率，选拔技能优秀的考生参加文化课及专业课考试，获得普通高校的录取机会，保证选拔录取的严肃、公正和公开。同时，可兼顾选拔的多样性，比如，对于在自治区级以上技能竞赛中获奖的学生可考虑采取"免试录取制"。在考核评价主体上，推行招生选拔评价主体的多元化，邀请行业企业参与招考命题和选拔工作，确保行业企业从源头开始全过程参与合作育人。

3. 建立中高职衔接工作的督促检查机制

由教育厅牵头成立中高职衔接专家指导委员会，由行业协会、企业专家、教育学者组成，充分发挥指导委员会的专家引领作用。一要科学规划中高职衔接的建设目标、教学理念、教学内容和教学方法，系统地推进中高职衔接建设工作；二要严格过程管理，构建分层设计、由简入繁、点面结合的能力提升式课程体系，搭建混合式教学平台，形成质量保障体系和实时反馈改进机制。

4. 构建中高职交流机制

一是定期召开专业课程教研活动、学生技能训练等方面的中高职衔接学生培养交流会，加强在教学、实训、科研、校企合作等方面的交流与沟通；二是采取挂职锻炼、互换交流、跨校任命等方式来加强中高职学校之间的人才合作和交流，创新人才流通模式，使中高职人才共享共赢。

（三）做好中高职衔接教学的一体化设计，实现中高职贯通培养

中高职衔接背景下，中、高职阶段人才培养都不能独立设置，而是两者共同研究、协同开展教学的一体化设计并共同实施，实现中高职贯通培养。

一是要探索专业群的宽口径衔接。从教学组织实施的角度看，相近专业的培养目标相近、课程结构相近、教学要求相近，中高职专业完全可以无障碍衔接，且专业选择面广，能保证足够的生源。同时，中职生升入高职学习，人才培养应是螺旋式提升，以专业群衔接不仅具有更强的衔接性，而且在专业目标定位和内涵建设上也有了更大的递进空间。

二是量身定制中高职衔接一体化人才培养方案。中高职学校要以行业岗位标准需求为依据，共同深入生产建设一线进行实地调研，与企业专家一道，针对专业对应的职业岗位工作过程逐一进行细化和分解，确定专业的核心能力、必备的知识和素质，共同研究并确立培养目标和基本规格，制订中高职相衔接的人才培养方案。重点关注中高职教育在不同阶段的人才培养目标、职业道德、职业知识与技能、就业创业能力等方面培养的延续与有机衔接，确保人才培养质量的稳步提升。

三是建立中、高职阶段式课证融通机制，实施模块化职业教育课程。这不仅使中职和高职的教学都体现出职业性，而且在教学过程中加强了课程标准与职业资格证书标准的衔接性设计，增强课程的相对独立性，实施分阶段、分层次教学，都能较好地满足中高职衔接教育的需要，为中职生源实现高层次教育和就业打开了通道。

（四）建立课程标准，强化内容衔接

1. 依据职业教育标准，突出职业能力导向

由教育行政部门牵头，组织行业协会、中高职院校教育专家构建能够覆盖全部衔接专业的职业教育标准体系，探索相互衔接的课程建设开发理念、技术与模式，创新中高职衔接的实训与就业对接模式；对中高职衔接专业系列教材内容、结构和形式进行创新，还应以职业能力为导向，从职业分析出发进行课程设置，体现出特定岗位技能课程由低到高的层级，体现出培养特定岗位能力和跨行业能力的过程，从而解决中高职课程重复、衔接不当等问题。

2. 建立科学的课程标准，集中资源进行课程开发

要建立科学的中高职衔接课程标准，教育行政部门应以行业或区域为基准，集中职业教育资源进行课程开发，积极邀请或鼓励行业、企业参与，根据人才需求，颁布相关的最低课程标准。在建立课程标准时，要统筹考虑中高职各自面向的工作岗位、共有的工作岗位及其涉及的工作任务、所需的职业能力，通过比较中高职上述的差异来建立科学的衔接标准，从而实现中高职课程的有序衔接。

3. 体现层次性和延续性，实现课程内容的衔接

中职课程是高职课程的基础，高职课程应在中职课程的基础上有所拓宽，是中职课程的延续和提高。一是文化基础课程的衔接。无论是教学内容还是教材建设，都要适应渐进性学习的需要，重点关注不同层次知识点的有机融合。二是公共基础类课程的衔接。在中职阶段要夯实职业素质教育基础，而职业素质教育、高技能开发与应用能力培养要在高职阶段进一步加强，从而为职业技能的可持续发展提供良好的条件。三是专业课程的衔接。中高职课程衔接的关键是专业课程

教学内容的衔接，一定要考虑专业技能面向岗位能力的层次性衔接。必须强调专业基础课与专业课，尤其是专业核心课程相结合，以技术应用能力和专业技能培养为主线，贯穿于整个教学过程中，从而不断提升人才培养的质量和效果。

总之，当前的广西中高职衔接还处于探索阶段，在实施过程中会不断出现新的问题，但发现和解决问题都是对中高职教育衔接理论的完善与提升，需要高职院校、中职院校、行业企业、政府的多方配合与帮助，努力打造完善的职教体系，有效提高学生的综合素质、学校的办学质量和效益，进而促进职业教育事业的持续、健康发展。

参考文献：

[1] 吴少华. 现代职教体系背景下的中高职衔接研究 [J]. 教育与职业，2018 (7).

[2] 宋春林. 中高职一体化教育模式的构建 [J]. 教育与职业，2017 (20).

[3] 堵有进. 中高职衔接的现实问题与破解对策 [J]. 教育与职业，2017 (13).

基于职教集团的“双对接，四合作”人才培养模式创新实践

——以广西工业职业教育集团为例

韩志刚　贾明祖

【摘要】广西工业职业教育集团在创新职教集团运行体制机制基础上，从校企、校际深度对接入手，以推进中职、高职、企业三方协同合作办学、合作育人、合作就业、合作发展为主线，探索校校企“三位一体”中高职一体化人才培养模式改革，有效实现办学模式、人才培养模式和发展模式的创新，形成了有利于中职、高职、企业三方高质量发展和学生卓越成才的职教发展良好生态。

【关键词】教育集团；校企合作；中高衔接；人才培养。

一、“双对接，四合作”人才培养模式研究的背景

《教育部关于推进高等职业教育改革创新引领职业教育科学发展的若干意见》提出，按照“到2020年，形成适应经济发展方式转变和产业结构调整的

要求、体现终身教育理念、中等和高等职业教育协调发展的现代职业教育体系”要求，必须坚持以服务为宗旨、以就业为导向，走产学研结合发展道路的办学方针，以提高质量为核心，以增强特色为重点，以合作办学、合作育人、合作就业、合作发展为主线，创新体制机制，深化教育教学改革，围绕国家现代产业体系建设，服务中国创造战略规划，加强中高职协调，系统培养技能型人才，努力建设中国特色、世界水准的高等职业教育，在现代职业教育体系建设中发挥引领作用。

广西工业职业技术学院2009年牵头组建广西工业职业教育集团，该集团是广西成立较早、规模较大的职教集团之一，也是广西教育厅同意备案的12个首批职业教育集团之一。因此，在政策指引下，2014年以来，广西工业职业教育集团从校企、校际深度对接入手，以合作办学、合作育人、合作就业、合作发展为主线，重点探索中职、高职、企业（指中职学校、高职学校、企业，下同）三方协同的中高职一体化人才培养模式创新，即“双对接，四合作”人才培养模式创新。

二、“双对接，四合作”人才培养模式

“双对接”指的是“校企对接”“中高职对接”。“校企对接”即校企合作对接，它是一种以市场和社会需求为导向的运行机制，是学校和企业共同参与人才培养的过程，以培养学生的全面素质、综合能力和就业竞争力为重点。“中高职对接”，狭义是指以中职毕业生为招生对象使之升入高等职业学校学习；广义则是指健全职业教育从低层级到高层级或是更高层级的教育衔接。它是指按照建设现代职业教育体系的要求，推动中等和高等职业教育协调发展，系统培养适应经济社会发展需要的技能型特别是高端技能型人才。“四合作”是指《教育部关于推进高等职业教育改革创新引领职业教育科学发展的若干意见》中提出的“合作办学、合作育人、合作就业、合作发展”。

“双对接，四合作”人才培养模式（见图6-1）是从系统培养适应经济社会发展需要的高端技能型人才出发，在职业教育集团的运行机制下，构建中职、高职、企业三方的利益融合体，以合作办学、合作育人、合作就业、合作发展为主线推进中高职对接和校企合作对接，促成校校企“三位一体”中高职一体化人才培养模式创新。重点发挥职业教育集团的资源整合、优势互补作用，并采取有效的管理机制，构建校校企“三位一体”中高职一体化人才培养新模式，有效解决以往中职、高职院校的校企合作不深以及中高职人才培养衔接不畅等问题。

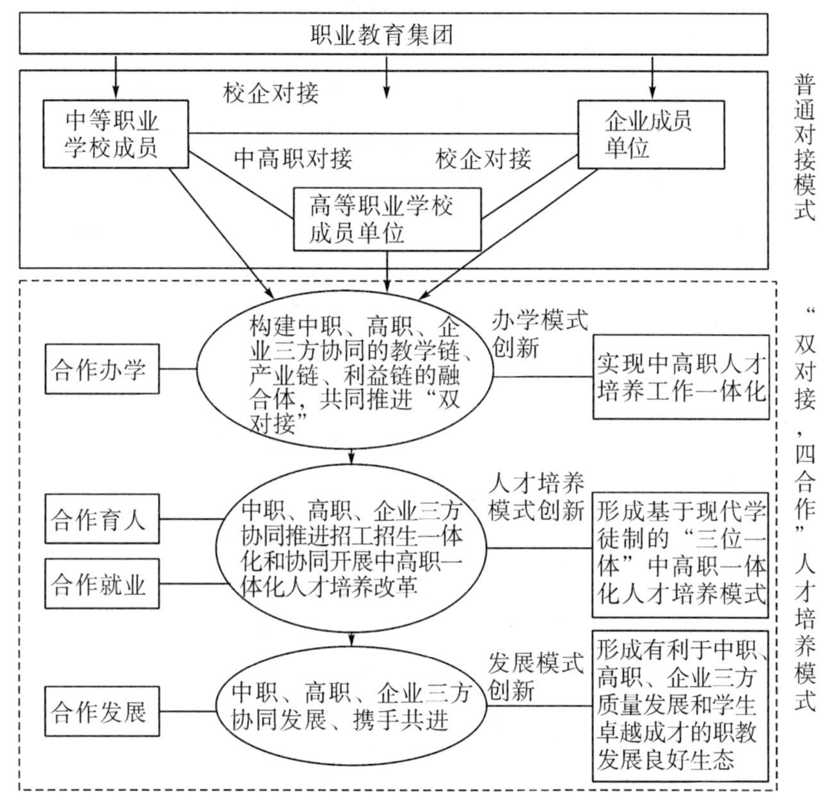

图 6-1 “双对接，四合作”人才培养模式图示

三、“双对接，四合作”人才培养模式创新实践

（一）创新职教集团运行体制机制，为“双对接，四合作”创造运行环境

“双对接，四合作”人才培养模式的实施首先要有一个有效平台帮助协调中职、高职、企业三方的关系，有一套容易促使三方构建教学链、产业链、利益链融合体的制度和机制。为此，广西工业职业教育集团在管理体制和运行机制上，实行“1818”管理运行模式创新。即构建了“一个常务理事会，八个下设机构”的集团治理结构及运行机制，在常务理事会的领导下，成立了秘书处、专业群产学合作委员会、“双师型”教师队伍建设委员会、实训基地建设委员会、招生就业指导委员会、课程改革与教学资源建设委员、技术研发推广与服务委员会和职业素质教育指导委员会八个下设机构。按照“一站八平台”的框架，即以集团为平台站点，搭建集团化人才培养衔接平台、岗位培训与技能鉴定平台、“双师型”教师培养平台、集团内开放性实训基地共享平

台、集团内用工需求信息共享平台、优质课程资源共享平台、技术研发推广与服务平台、职业素质教育平台共八个平台，共建共享集团资源。同时，建立健全集团各项管理制度，制定了《集团管理办法》《集团产权管理办法》《集团档案管理办法》《工作考评办法》《集团经费管理办法》《资源共享办法》《集团企业技术专家双向互聘管理办法》管理制度，优化集团治理结构和模式，规范集团的管理体制，提升了集团活力。这些制度和机制为中职、高职、企业三方的沟通与合作打通了渠道，储备了资源，创造了条件，为“双对接，四合作”人才培养模式的实施准备了运行机制，如图 6-2 所示。

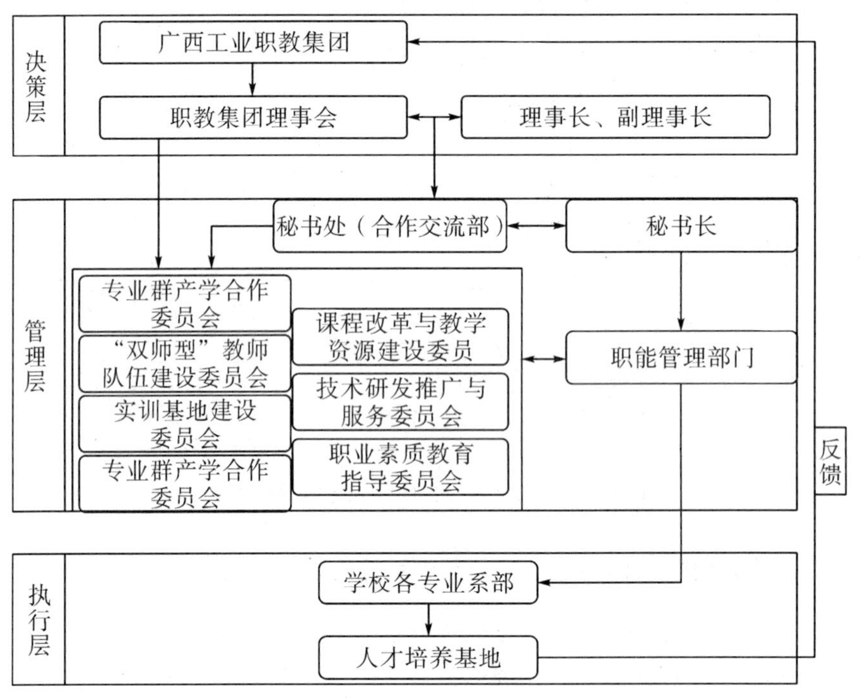

图 6-2　广西工业职教集团运行机制图示

（二）以“四合作”为主线推进中职、高职、企业三方协同办学，创新中高职一体化人才培养模式

1. 推进中职、高职、企业三方协同合作办学，实现中高职人才培养工作一体化

在集团“1818”管理运行模式下，充分整合集团内的中职、高职、企业成员单位的资源优势，重点根据各方的利益诉求，由中职、高职、企业三方一并签订合作协议，或者以“中职—企业”“高职—企业”的分阶段签订合作协

议的形式，构建中职、高职、企业三方协同的教学链、产业链、利益链融合体，并且在集团组织机构和管理平台的管理指导下，三方从共同建设专业、共同建设师资团队、共同建设课程资源、共同建设实训基地、共同开展职业素质教育、共同开展岗位培训与技能鉴定、共同开展技术研发及推广、共同开展招生就业、共同开展国际合作与交流“九个共同”，深入推进中职、高职、企业三方一体化合作办学实践，形成了中高职专业人才一体化培养、中高职课程体系一体化改革和建设等典型的创新模式，推进了中高职人才培养工作一体化，实施实现了办学模式创新，如图 6-3 所示。

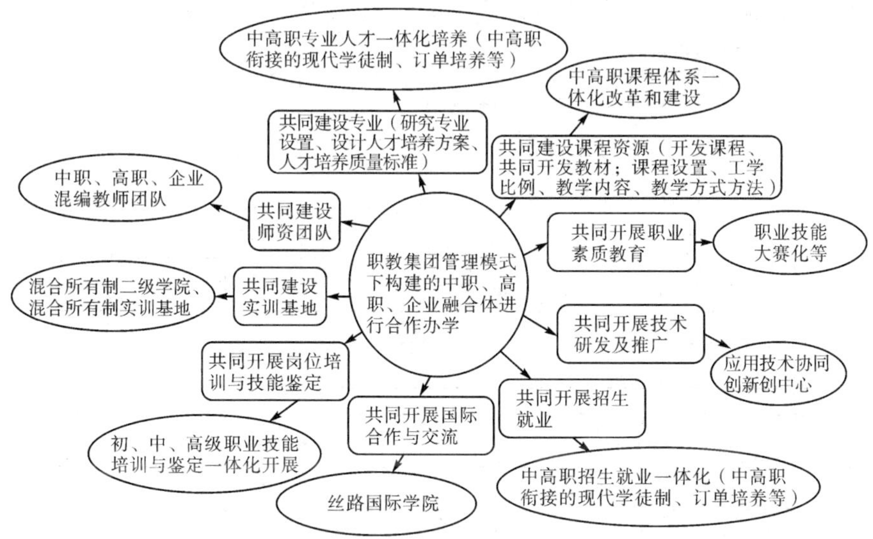

图 6-3　中职、高职、企业三方协同合作办学图示

2. 推进中职、高职、企业三方协同合作育人、合作就业，实现中高职一体化人才培养模式创新

在集团“1818”管理运行模式下，围绕校企合作不深、中高职衔接不畅等核心问题，从摆脱中职、高职院校校企合作单打独斗局面以及中高职衔接中没有企业参与造成人才培养脱离社会需求等现象出发，按照“培养目标相近，利于纵深发展”的原则，选择一些能力培养要求周期长、学生年龄起点要求比较低的工科类专业，结合国家现代学徒制试点改革要求，组织集团内的中职、高职、企业成员单位三方协同推进基于现代学徒制的中高职一体化人才培养模式改革。三方通过共同实施招生和选拔方式改革，开展“2+3”形式和五年一贯制招生，在中职招生时，高职学校和企业介入联合招生，明确订单培养，特别是确定中职

生升入高职阶段后实行现代学徒培养，不仅使校企实现了招生招工同步，有效解决了中职生升学、高职生就业等问题，而且有效构建了中职、高职、企业“三位一体”的“双主体”合作育人体系，特别是成功开展了由中职、高职、企业三方共同参与的中高职衔接人才培养中的专业衔接、人才培养目标衔接、课程体系衔接、教学过程衔接等系列改革，实现了校校企“三位一体”中高职一体化人才培养模式创新。如集团内的广西工业职业技术学院、桂平第一职业学校、广西华奥汽车制造有限公司共建“华奥汽车学院”，在汽车检测与维修技术专业成立“华奥汽车现代学徒班”，实行“2+3”形式的中高职一体化现代学徒制人才培养模式改革创新，并于2017年被教育部确认为现代学徒制改革试点。

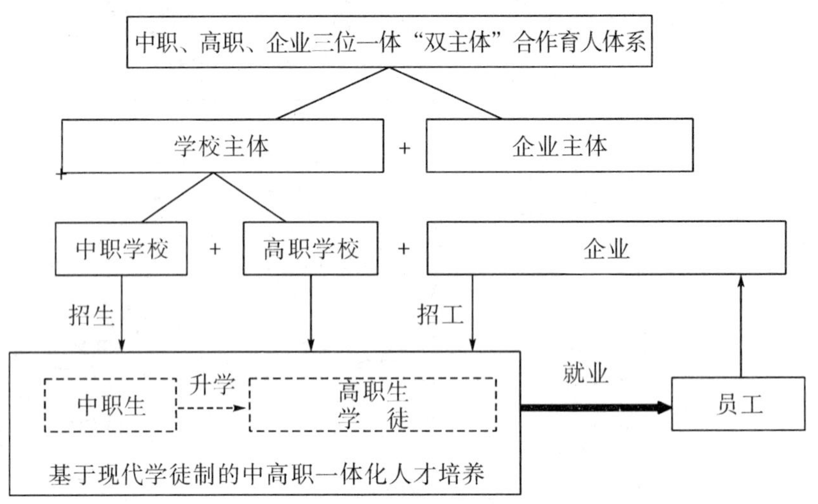

图6-4　中职、高职、企业“三位一体”的“双主体”合作育人模式图示

3. 推进中职、高职、企业三方合作发展，形成职教发展良好生态圈

在集团“1818”管理运行模式下，通过中职、高职、企业三方协同推进中高职一体化人才培养，不仅实现了人才共有、资源共享、优势互补，而且这种“抱团”发展的模式实现了“1+1+1>3”的共振发展效果。在三方一体化合作中，中职学校解决了招生难、就业难、师资力量不足、教育资源有限、人才培养质量不高等长期困扰学校发展的问题，同时能够在专业建设、课程建设、师资建设、实训基地建设、国际交流与合作等方面实现新的发展。高职院校则在深化校企、产教融合，深入推进人才培养模式改革和中高职衔接一体化人才培养等方面实现提升，不断打造办学特色品牌，提升社会影响力和国际影响力。企业不仅提升了参与职业教育的积极性，而且得到人才支持和智力支撑，有效保障了“人才源”“技术源”“发展源”，有效推进了转型发展，打造了企

业品牌优势，提升了竞争实力。如集团内的广西工业职业技术学院与桂平第一中等职业技术学校、北流第一中等职业技术学校、昭平县职教中心、藤县中等专业学校、都安瑶族自治县职教中心以及广西华奥汽车制造有限公司、广西南南铝业股份有限公司、林浆纸业集团金光纸业（中国）投资有限公司等大型知名企业成功开展三方一体化的“双对接，四合作”办学，中职、高职、企业三方实现了合作发展，形成了“高职带动中职发展，中高职服务企业发展，企业助力中高职提升，学生卓越成才”的职教发展良好生态圈。

图 6-5　中职、高职、企业三方合作发展图示

四、结语

四年来，由广西工业职业技术学院组建的广西工业职业教育集团通过“双对接，四合作”人才培养模式创新实践，有效构建了有利于集团成员单位深化校企合作、产教融合以及中高职人才培养衔接的管理运行机制，推进了紧密型职教集团建设。同时，有效推进了中职、高职、企业三方协同推进合作办学、合作育人、合作就业、合作发展，创新了基于现代学徒制的“三位一体”中高职一体化人才培养模式，实现了办学模式创新、人才培养模式创新、发展模式创新，形成了有利于中职、高职、企业三方高质量发展和学生卓越成才的职教发展良好生态。

参考文献：

[1] 林润惠. 高职院校校企合作——方法、策略与实践 [M]. 北京：高清华大学出版社，2012：98-112.

[2] 李海东，杜怡萍. 中高职衔接标准建设新视野：从需求到供给 [M]. 广州：广东高等教育出版社，2014：143-149.

[3] 贺耀敏，丁建石. 职业教育十大热点问题 [M]. 北京：中国人民大学出版社，2015：100-150.

浅谈职业教育集团化办学人才培养模式

王娟　韩志刚

【摘要】 国家提出大力发展职业教育集团化办学，完善职教集团的治理结构、发展机制，文章通过对国外职业教育人才培养模式和国内集团化办学人才培养模式的分析研究，提出了职业教育集团化办学人才培养模式的建议和对策，为进一步做好职业教育集团化办学提供一定的借鉴。

【关键词】 职业教育；集团化办学；人才培养模式。

近年来，各国都在国家战略层面上规划发展和改革职业教育，均认识到发展职业教育对推动社会经济发展和促进就业增长的重要性。世界经济和社会活动的全球化、信息和科学技术的快速发展、从业流动人口的不断增加，使职业教育面临着新的巨大的挑战。世界各国政府和产业界也采取了一系列应对的战略措施，来加快职业教育的改革发展，全面提高劳动者素质，提高国家面对新世纪挑战的竞争能力。

1999 年，联合国教科文组织在韩国召开第二届世界职业技术教育大会，联合国教科文组织副总干事科林·鲍尔在大会的报告中提出，每个国家不论发展状况如何，必须努力革新其国家的职业技术教育与培训计划以解决下 21 世纪的就业问题，必须重视教育、培训和就业政策的紧密联系。职业教育作为现代教育的重要组成部分，它的就业目标是：面向生产、服务、管理行业第一线，培养具有一定理论基础和较强产业技能，既能够适应国家和地方经济发展建设，又能够通过学习和运用现代科技知识，创造性地解决生产与管理的实际问题的高层次技术应用型人才。促进高职教育的改革与发展，我们必须关注两个问题，一是“培养什么人”，二是“怎样培养人”。第一个问题解决培养目标问题，是国家层面的整体规划要求和学校自身的教育要求，第二个问题解决人才培养模式问题，是实现培养目标的手段和方法。当前，我国高职教育人才培养还存在缺乏立法保障、教学与实践脱节、“双师型”教师队伍缺乏、校企合作不到位等问题。要解决好这些问题，需要深入研究并进一步完善我国高职教育人才培养模式。国外职业教育人才培养模式历经几个世纪的磨练和沉淀，比较成熟，对不断完善我国高职教育人才培养模式具有良好的鉴作用。

一、国外职业教育人才培养模式

（一）德国“双元制”（Double System）职业教育人才培养模式

德国“双元制”职业教育人才培养模式，经历了一个漫长的过程才逐步完善建立起来，它起源于中世纪的手工业行会。“双元制”人才培养模式强调企业与职业学校合作开展职业教育。在校企合作中，企业占主导和核心地位，学校教育占辅助地位，学生在企业和学校的一般时间比为 3：2 或 4：1。企业与职业学校成为两个教育主体，企业着重进行实际操作技能的训练，学校注重理论知识的传授。德国“双元制”职业教育人才培养模式具有如下基本特征：

1. 学习者既是学徒又是学生

学习者一方面作为学徒，在企业内接受职业技能和相应的知识培训，另一方面作为学生，在职业学校里接受专业理论和文化知识的学习。学习者必须同企业签订培训合同，首先成为企业的学徒，然后才能成为职业学校的学生。在“双元制”培养模式中，企业和学校都是教育主体。

2. 法律为企业和学校提供保障

在德国，无论是企业还是学校，其办学都有法律保障。“双元制”受两种法律制度的制约和支撑：职业教育法与学校法，企业里的培训主要遵守联邦制定的职业教育法，属联邦管辖。职业学校的教学主要遵守各州制定的学校法规，由各州负责。

3. 开设理论与实训两类课程

“双元制”培训体系中的课程划分为两类，即理论课与实训课，实训课主要在企业内进行，理论课主要在职业学校中进行。

4. 教学管理严格规范

德国的双元制教学模式无论是教学、实验和实训，还是企业培训，均有严密而完整的教学目标、计划、教材、设置和师资配置等。考试由实践技能考试和专业理论知识考试组成，考试合格才能获得技术工人或技术员的资格。

5. 具有明确的以企业为主的培训目标

以企业为主的培养目标更符合企业的需要，学生的学徒身份让他们更能体验真实的生产环境，更加接近实践，更易了解未来的工作技术的要求。在双元制职业教育中，企业提供多少培训岗位、什么样的职业工种有培训岗位，这不由国家政策所决定，而是取决于经济结构、市场需要以及各个企业的发展战略。企业培训、就业和学校教育保持一致和平衡。德国双元制培训体系的运行中，企业和学校具有充分的自主权，他们可以根据市场的变化来调整培训的内容和教育课程。

6. 经费保障

企业主和董事会指导、支持、参与职业培训，他们非常重视职业培训。企业重视职业教育，让职业教育有了坚实的经费基础和保障。

（二）英国的“三明治”人才培养模式

英国“三明治”人才培养模式，是英国学校为培养企业适用的工程技术人才而采取的一种人才培养模式，其具体实施方式为职业教育与工厂实习时间各半。具体的人才培养方法分为三个阶段：学生中学毕业后，先在企业工作实践一年，接着在学校里学习完二年或三年的课程，然后再到企业工作实践一年。“三明治”人才培养模式采取企业实际技能训练与各类职业技术学院的职业基础知识、技能训练交替进行的方式，为企业和社会培训合格的技术工人，采取职业教育与工厂实习时间各半的几种不同的排列组合方式。

（三）加拿大、美国为代表的 CBE（Competency Based Education）职业教育人才培养模式

“校企合作教育”一词最早出现于 20 世纪初的美国，主要是指美国辛辛那提大学同大企业展开的合作。美国的合作教育计划主要以劳动和教学相结

合，以工读交替为原则。实施方式大致可以分为四种：一是工读轮换制，即把同专业同年级的学生分为两半，一半学习，一半去企业劳动或接受实际培训，按学期或学季轮换；二是半工半读制，也就是说，同班学生每天部分时间上课，部分时间劳动；三是劳动实习制，指参加工读计划的学生每学年最多一次到校外劳动实习一段时间；四是全日劳动、工余上课制，即学生在企业被全日雇佣，顶班劳动，利用工余进行学习，通过讲课、讨论等方式把学习和劳动的内容联系起来。在具体组织实施上，坚持突出以学校计划组织为基础，教师根据学生的专业和兴趣寻找适当的企业雇主，确定学生的劳动任务、职责、时间和报酬等，开展与企业的合作。

（四）澳大利亚 TAFE 职业教育人才培养模式

TAFE，即技术与继续教育。TAFE 作为世界上最先进的职业教育体系，是澳大利亚一种独特的职业教育培训体系，存在至今已有 100 多年的历史。TAFE 职业教育人才模式的主要特点有：

（1）政府重视职业教育体系构建；

（2）以能力为基础进行教育和培训；

（3）政府组织专家建立了全国统一的资格标准体系；

（4）建立能力本位的国家职业资格证书制度；

（5）专业多样化。TAFE 针对职业教育的特征及社会效果设置的专业多达 1 500种；

（6）评价体系注重的是过程考核，而不是结果考核。理论考核要求宽松，以实践能力考核为主。TAFE 按照社会各行各业的需求，加强与行业间的合作，达到学生“毕业即就业”的教育目标。

（五）日本的“产学合作”人才培养模式

日本的“产学合作”以企业技能培训为主、学校教育为辅，学校的教学多半是利用工余时间，重点多放在科学研究的合作方面。

（六）俄罗斯的“学校—基地企业制度”

俄罗斯的“学校—基地企业制度”利用企业的物质技术基础，聘请企业有经验的专家开设各类专业课程，让学生按所学专业参加企业的生产劳动，同时根据专业教学大纲实施“技术—生产培训原理”理论课及专业课程的教学。

二、国外职业教育的人才培养模式的启示

（一）建立有关职业教育法规体系

以法令形式保证职业教育的实施。以德国为例，立法是德国职业教育健康

发展的前提条件，德国职业教育的各个方面均有详尽的法令规定。最早的法令起于中世纪，它规定了入学条件和学校义务、师资培训和修业年限、每个工种的学科设置和具体培训办法等。这些法令使职业教育有了法律保障，使办学有法可依，有章可循。1871 年，德国宪法将职业教育定为义务教育。20 世纪 50 年代以来，随着社会的发展及科技进步，联邦德国又颁布了十多项有关职业教育的法令，如《职业教育法》《职业促进法》《实践训练师资规格条例》《手工业学徒结业考试条例》等。其中 1969 年颁布的《职业教育法》是最基本的法规。1997 年，德国制定了“职业教育改革计划”强调修改和完善职业培训条例，开发新的职业培训领域。法规体系的健全为德国职业教育体系的形成和良性发展奠定了坚实的法律基础。20 世纪 90 年代以来，美国通过了《帕金斯职业和应用技术教育法案》和《由学校到就业法案》，规定联邦政府每年向州政府和地方职业培训计划投资 16 亿美元，其中 9.4 亿美元用于贫困和有特殊需要的学生，加大了联邦职业教育的专项拨款力度。

1998 年，澳大利亚制定了《通向未来的桥梁——澳大利亚 1998—2003 年的国家职业教育和培训战略》，强调加强产教结合，建立职业教育和培训制度。20 世纪 80 至 90 年代，不少其他国家也大力加强职业教育法制建设，如匈牙利出台了《职业培训法》，挪威发布了《职业培训法》，芬兰发布了《中等职业和高等职业教育法》和《学徒制培训法》，丹麦颁布了《职业教育培训法》。

我国应借鉴国外针对职业教育的立法经验，根据我国职业教育的具体情况，尽快建立起符合我国职业教育发展实际的职业教育法律、法规体系。在完备的职业教育法律体系的保障下，以确保高职教育健康、有序地发展。

（二）采用行业需求和岗位特点构建高职教育人才培养模式

高职院校要重视人才培养模式的改革与创新，注重引进企业核心技术人才加入高职教育人才培养模式的创建中，吸引他们参与高职院校的课程建设中。注重分析产业、行业、企业的职业要素，并将这些要素纳入高职教育人才培养模式的创建中。

（三）优化专业布局

构建突出职业能力培养的课程体系。高职院校专业课程体系的构建和教学内容的设置，要以培养一线人才的岗位技能为中心，加大实验和实训的比例，使校内学习与实际工作高度相关，突出学生职业能力的培养。

（四）加强校企合作学校和企业要共同采取有效措施，建立校企合作的长效机制

学校和企业要共同开发人才培养方案，共建具有企业文化氛围和真实职业

环境的教学场所，将学校教师派往企业，体验真实的工作环境，同时将企业骨干人员吸引到学校的教学活动中。

（五）强大“双师型”教师队伍，建设高职院校

一方面，要提高教师的实践能力，使其积极参与企业员工培训；另一方面，学校要从行业企业聘请核心技术人才和技术骨干担任主要技能课程的教学任务，架构一个立体的“双师型”教师队伍。高职院校“双师型”教师队伍建设的滞后是高职教育人才培养必须解决的关键问题。

（六）建设生产性实训基地学校和企业可以互为对方提供场地和管理

如企业提供设备和实训教师，由企业负责开展实训，学生以员工的身份在真实的生产环境中参加生产活动。而学校为企业提供企业不具备的实验设备和技术条件，提供相应的技术理论知识学习，共同构建二元化的生产性实训基地，培养行业企业所需要的生产技术应用型人才。

（七）制定职业资格证书培训制度

澳大利亚的 TAFE 职业教育体系以国家职业资格证书制度为基础，形成了世界闻名的职业教育体系。在职业教育专业培养中，我国可以根据专业培养目标，积极引入行业标准，将职业资格证书培训与考核纳入高职教育人才培养方案中，使职业资格证书教育与学历证书教育有机地融合，强化学生职业能力的培养，增强学生岗位工作的适应能力和竞争能力，达到“以就业为导向”的目的。

三、国内职业教育集团化办学人才培养模式

国内职业教育集团化办学人才培养模式主要是“校企合作、工学结合、集团化办学”的人才培养模式。即：以合作办学、合作育人、合作就业、发展为主线，在地方政府统筹下，依托行业、企业，由职业院校牵头组建职业教育集团（以下简称职教集团）；并由校企政共同构建以就业为导向，以能力为本位，以行业企业中的职业领域为学习内容，运用行为导向的教学模式组织教学，运用行为导向的教学组织教学，培养掌握现代服务技术的高端技能型人才的专业人才培养方式。该模式的实质就是通过职教集团搭建的广阔平台，让学生在仿真的职业性教学情景中参与学习，体验学习，在真实的职业情境中应用学习成果、检验学习效果、完善学习内容，在提高学习能力的同时提高学生的综合职业素质。其中，校企合作是工学结合的基础，工学结合是校企合作的有效途径和方法，集团化办学的最终目标则是要促成校企深度合作、工学有效结合。

（一）校企合作职教集团化办学人才培养模式

高等职业教育是培养和提升受教育者职业素质的教育，以培养技能型技术型人才为目标，以实践性学习为主要特征，以传授职业岗位所需的知识，技能、态度为主要内容。因此，对职业教育模式的探索和研究显得尤为重要。职教集团是职业院校、行业企业以及其他社会力量等既独立自主又相互联系的组合要素，形成院校之间、校企之间互补型的横向联结和人才培养链上的纵向联结。职教集团化办学增强了学生职业能力、服务域经济和社会发展能力的培养，构建以职业能力为本位、学生为主体的工学结合体系，实现“产学研一体”“教、学、做”合一的人才培养新模式。有利于促进职业学校教育教学改革；有利于促进中高职衔接与沟通；有利于提高高等职业学院学生的就业率。

（二）工学结合职教集团化办学人才培养模式

世界合作教育协会对工学结合的解释是：“将课堂上的学习与工作中的学习结合起来，学生将理论知识应用于与之相关的、为真实的雇主效力且通常能获取报酬的工作实际中，然后将工作中遇到的挑战和增长的见识带回课堂，帮助他们在学习中进一步分析与思考。”

这种办学形式以增强学生的实践动手能力为突破口，以提高学生职业素质，缩短学校教育与用人单位需求之间的差距，提高学生的就业竞争力为根本原则，充分体现了“以就业为导向，以能力培养为核心”的职业教育理念，是适应社会发展变化的产物，也是我国职教改革与发展的核心领域。而我国工学结合人才培养模式主要是在某一段时间学生参加工作的“阶段式”结合，主要是以模块式组合为主要形式，其主要目的是提高学生的综合素质，尤其是职业素养，以冠名班、订单式等方式体现。

（三）产教融合职教集团化办学人才培养模式

产教融合是指职业学校根据所设专业，积极开办专业产业，把产业与教学密切结合，相互支持，相互促进，把学校办成集人才培养、科学研究、科技服务为一体的产业性经营实体，形成学校与企业浑然一体的办学模式。

2017 年 12 月 21 日，国务院办公厅发布了《关于深化产教融合的若干意见》，指出了目前人才培养的核心问题，即人才的教育供给和产业需求在结构、质量、水平上还不能完全适应，特别是随着新增劳动年龄人口增速下降，人才供需的结构性矛盾凸显。并将“服务需求、优化结构、教育与产业统筹融合”作为职业教育的发展目标和方向。“产教融合战略”是“校企合作战略”的创新升级，旨在提高产业界和高职院校联合的紧密程度，破除产教各方在各类界面上的壁垒，构建人才培养的“命运共同体”。

四、我国职教集团化办学人才培养模式存在的问题

（一）传统办学人才培养模式的缺陷

在大众的价值观中，职业教育学校依然是家长和学生的无奈之选，职业教育学校的学生的地位不如大学生高。但如果只从就业形势来看，职业教育学校的学生就业率是很高的，而且市场需求很大，很多用人单位招人困难。用人单位需要的是高素质、高技能的毕业生，而职业教育普遍存在着学生社会实践不足的问题，更多的是课堂上理论的学习。这也是无法避免的。实际操作的训练需要经费的投入，并配备相关的教学设备，但许多职业教育学院很难承受这些开支，教育的教学也只能是纸上谈兵。而学校则将更多的精力集中在学生的就业上，把订单式培养作为人才培养的主要方式，培养出来的学生知识结构单一，加之平时和企业沟通较少，很难适应企业瞬息万变的人才需求。

（二）国家出台的政策支持集团化办学人才培养模式的效果不明显

《国家中长期教育改革和发展规划纲要（2010—2020年）》关于职业教育的论述中明确指出："把提高质量作为重点。以服务为宗旨，以就业为导向，推进教育教学改革。实行工学结合、校企合作、顶岗实习的人才培养模式。建立健全职业教育质量评估。调动行业企业的积极性。建立健全政府主导、行业指导、企业参与的办学机制，制定促进校企合作办学法规，推进校企合作制度化。制定优惠政策，鼓励企业加大对职业教育的投入。"《教育部关于推进高等职业教育改革创新引领职业教育科学发展的若干意见》（教职成［2011］12号）就集团化办学进一步提出："创新办学体制，鼓励地方政府和行业（企业）与高等职业学校、中等职业学校组建职业教育集团，发挥各自在产业规划、经费筹措、先进技术应用、兼职教师选聘、实习实训基地建设和学生就业等方面的优势，形成政府、行业、企业、学校等各方合作办学，跨部门、跨地区、跨领域、跨专业协同育人的长效机制。"这些制度的制定无疑给集团化办学指明了方向，但在实际操作中还未形成有效途径。

（三）高职人才培养目标与企业人力资源的需求契合度不高

高等职业教育以培养技术、生产、管理、服务的技术技能型人才为目的，是造就数以千万计专门人才的平台。这类人才的工作内涵是将成熟的技术和管理规范转变为现实的生产和服务，工作场合和岗位是基层第一线。高职院校培养的这类人才正是企业大量需求的。这是一个企业赖以生存和可持续发展的原动力，影响企业核心竞争力的提高。许多工业化国家的实践和研究已充分证实：企业的革新能力、生产发展机会和生产率方面的提高很大程度上得益于一

线员工的贡献力。因此，高职人才培养目标与企业人力资源的需求是相契合的。职业教育是企业人力资源质量和再开发的重要手段。

综上所述，职教集团化办学人才培养模式面临新改革。国务院办公厅《关于深化产教融合的若干意见》提出逐步提高行业企业参与办学的程度，健全多元化办学体制，全面推行校企协同育人，用10年左右时间，教育和产业统筹融合、良性互动的发展格局总体形成，需求导向的人才培养模式健全完善，人才教育供给与产业需求重大结构性矛盾基本解决，职业教育、高等教育对经济发展和产业升级的贡献显著增强。当前，我国正处于从经济大国向经济强国、人力资源大国向人力资源强国迈进的关键时期。加快转变经济发展方式、发展现代产业体系，需要职业教育培养一支规模宏大的高素质才队伍。可以说，职业教育是社会经济发展的强大动力，是现代产业体系建设的支撑力量之一。

职业教育集团化办学的实质就是集团各个实体各种资源重组，各个个体相互协作，取长补短，资源共享，以学校为核心，校企合作、优势互补的集团化办学体制。利用高职院校的优秀师资力量和教学优势。共享优质的教学资源和学习训练基地。建立稳定的校外实习基地，提高人才的就业质量与数量。关注学生的全面成长和个性发展，建构新的职业学校教学模式，注重将知识与技能、过程与方法、情感态度价值观等有机整合，注重学生综合职业能力的培养和在实践活动中的经历、体验和感受。内涵的快速提升，急切呼唤“质”与“量”的协调统一。高等职业院校应该始终坚持“以服务为宗旨，以就业为导向”，以专业建设为纽带，积极推进办学模式的改革调整，变学校单一主体为学校、行业、企业多个主体，进一步推动集团内职业院校与行业企业的深度合作。

参考文献：

[1] 李秀华. 对国外职业教育集团化办学模式的思考 [J]. 北京农业职业技术学院学报，2009，(5).

[2] 刘桂香. 国外职业教育人才培养模式研究 [J]. 中国科技经济新闻数据库，2015，(26).

[3] 周捷. 推进职业教育集团化办学，创新职业教育发展模式 [J]. 文学教育中旬版，2013，(2).

[4] 朱植刚. 高等职业教育中外合作办学的思考与实践 [J]. 湖北经济学院学报，人文社会科学版，2012 (1).

[5] 李裕文. 论高等职业教育中外合作办学的规范和引导 [J]. 淮南职业技术学院学报，2013 (5).

中高职教育衔接体系构建的探讨

李民　韩志刚

【摘要】中高职教育衔接是指按照建设现代职业教育体系的要求，推动中等和高等职业教育协调发展，系统地培养适应经济社会发展需要的技能型特别是高端技能型人才。本文针对中高职衔接问题，结合当前背景，总结了国内外中高职衔接的成功模式，提出了合理构建中高职教育衔接体系的具体建议。

【关键词】中高职；衔接；模式；构建。

中高职教育衔接是指按照建设现代职业教育体系的要求，推动中等和高等职业教育协调发展，系统地培养适应经济社会发展需要的技能型特别是高端技能型人才。《国家中长期教育改革和发展规划纲要（2010—2020年）》中提出"统筹中等职业教育与高等职业教育发展"。中等职业教育与高等职业教育两者之间顺畅地实现贯通与衔接已经成为当前构建协调、可持续发展职业教育体系的关键。

1 中高职教育衔接的背景

《教育部关于推进中等和高等职业教育协调发展的指导意见》提出"培养目标的衔接、专业设置的衔接、课程体系的衔接、教学过程的衔接、教学资源的衔接、招生制度的衔接、成绩评价模式的衔接、教师培养的衔接、行业指导的衔接、集团化校企合作的衔接"，是为了推进中等和高等职业教育衔接，贯通人才培养的通道。但现实中中高职衔接的培养模式运作仍存在很多问题，长期以来形成的不同办学层次之间的隔阂仍有待消除。中高职教育衔接的现实背景主要有以下几个方面：

（1）产业转型升级对技能人才素质结构提出新要求

当前，国内经济发展方式正在发生变化，传统产业已经开始加速向高附加值、低能耗、低污染的集约型发展方式转变，最终将全面实现产业转型升级。伴随着产业结构的转型、经济结构的调整和社会的发展，企业对人才的需求结构发生改变，高端技能型专门人才的需求急速增加，人才缺口不断扩大，我国职业教育面临更大挑战。

（2）中高职教育衔接是构建现代职业教育体系的关键环节

《国家中长期教育改革和发展规划纲要（2010—2020 年）》指出，2020 年我国要基本实现教育现代化，形成学习型社会，进入人力资源强国的行列。要大力发展职业教育，到 2020 年要形成适应发展方式转变和经济结构调整要求、体现终身教育理念、中等和高等职业教育协调发展的现代职业教育体系，统筹中高等职业教育发展，建立健全职业教育质量保障体系，完善职业教育支持政策，建立健全职业教育课程衔接体系，增强职业教育吸引力，满足人民群众接受职业教育的需求，满足经济社会对高素质劳动者和技能型人才的需要。2014 年，国务院总理李克强指出现代职业教育体系内涵的关键要素，一方面是职业教育与其他教育的沟通关系；另一方面是职业教育内部各层次之间的衔接关系。

（3）中高职教育衔接尚处于初步阶段

目前，不论是中职学校还是高职院校，仅根据对职业教育性质的理解去独自规划课程与教学，而没有考虑中职与高职的递进、职业教育的系统性，中高职院校之间的关系基本上是分离的、脱节的。由此导致了中职教育忽视可持续发展而缺乏吸引力，高职教育缺乏有一定技术基础的优质生源而成为无源之水、无本之木，进而导致中高职教育出现了身份危机。中高职教育衔接是解决这一问题的关键，它既关系到教育体系的完善，也关系到中职教育质量与中职学生的发展、高职教育的科学合理性与高职院校的可持续发展，同时也是化解中高职身份危机的关键所在。

2. 国内外中高职教育衔接的现状探讨

纵观国内外职业教育发展历程，国内外都在中高职教育衔接方面形成了很多有效的模式，在此归纳如下。

2.1 发达国家中高职教育衔接的模式

国外中高职教育衔接的模式主要有：国家确认普教与职教文凭等值的衔接模式、经专门补习以学历达标实现衔接的模式、通过课程或大纲直接衔接的模式等三种。具体表现为：

（1）英国模式——单元衔接模式

此衔接模式实质是中高等职业教育的课程衔接。中高等职业教育的课程被分成数以千计的教学单元，相邻的两个教学单元联系比较紧密，保证了课程的逻辑顺序。这些教学单元的设计基于统一的培养标准，由此避免了课程重复及断档现象产生，不仅实现了学生学习的连贯性，也提高了教学效率。英国在发展中高职教育中采取了一些具体有效的方法策略，例如，采用了分为基础、中级、高级三级资格的国家职业资格证书制，让中级国家职业资格与普通教育高级水平考试一样为教育领域和人们所认可，使中等职业教育的学生能够实现均衡流动，有机会进入高校进一步深造。

（2）澳大利亚模式——“培训包”模式

“培训包”已经成为澳大利亚职业教育的代名词。“培训包”是一套国家认可的，用以认定和评价技能的职业标准和资格的体系，它是国家承认的培训、认定和评估技能要素的总和。“培训包”由澳大利亚国家行业咨询委员会研发，分为不同的层级，与资格框架相对应，每个层级的内容与相邻层级间都相互联系。“培训包”的开发与应用使得澳大利亚中高等职业教育中各个层次内部的资格证明框架是相互衔接的，促进了中高等职业教育的衔接和职业教育培训体系的标准化。

（3）美国模式——课程或大纲直接衔接模式

这种模式的主要途径是通过对中等职业教育课程的改革，来实现其与专科层次技术课程的衔接。美国在20世纪90年代大力推进中高职教育的衔接，联邦和各州政府用于职业教育的财政拨款主要任务，一是把高中职业课程（2年）改为高中后技术教育的准备课程，二是实施中高职课程衔接，即“2+2”课程。该模式的特点是中等与专科层次职教大纲或课程呈现一体化，有大纲、课程的衔接，保证这两个层次职业教育的顺利衔接。

（4）日本模式——对口入学模式

此衔接模式的实质是通过在高等专门学校实施五年一贯制来实现中高职衔接，是一种典型的以学制为中心的衔接模式。在这种衔接模式中，学生在高等专门学校学习的五年时间里，前三年主要集中完成中等职业教育的课程，后两年完成高等职业教育的课程。日本的中高职教育对口衔接有以下特点：第一，培养目标明确，培养的是技能型、创新型的人才。第二，突出实践能力的培养。第三，与企业紧密结合。把学校建在企业群的周边，将毕业生送到生产一线实习，与企业保持长期有效的合作关系，真正做到产学结合，为社会培养技术人才。

（5）德国、法国模式——“核心阶梯式课程”模式

该模式的特点是为了使中职的学生达到高中学历，而由职教机构对中职的毕业生进行专门的补习，以此来实现中高等教育的衔接。德国在双元制的基础上，实施学制体系上的螺旋式循环上升，在课程上实行阶梯式的综合性模式。一个在德国经过职业教育培训的学员，毕业后可以选择直接就业，也可以在经历过实践之后，再去接受更高层次的职业教育。法国则创立了课程的分类衔接

法，将中职按职业分类，每一类设置统一的课程标准，高职专业对口中职的某一类课程，按照中职的课程标准设置为基础设计高职课程，实现两者的专业课程衔接。这种模式，提高了中职的专业起点，也有利于高职院校教学质量的提高。

2.2 国内中高职教育衔接的现状与优缺点探讨

我国中高职衔接起步于20世纪80年代，规模较小，招生制度不完善，更多的是学制上的衔接、粗放性的衔接，内涵性衔接还没有得到充分体现。概括起来，我国中高职衔接主要有四种模式。

（1）中高职一体化模式

该模式指贯通培养的中职、高职院校实际上“一套班子、两块牌子”，这样的中高职院校其实已经在一套领导班子管理下运作的许多时间里，形成了中高职联合管理的有效机制，例如广西工业职业技术学院。开展中高职教育贯通培养优势在于：具有良好的中高职一体教学管理经验，形成了较好的体制机制，一套班子可以对中高职资源进行有效调配，师资能同时承担中职课程、高职课程，此类中高职院校校区往往在一起，便于学生管理。此模式的优点是中高职教育结合紧密，实际上是一所学校两个部门的贯通，开展一体化课程设计、教学管理、教学保障等均有便利条件。缺点是此类院校往往局限于学校内部，缺乏思想碰撞、创新意识，难以超越原有的管理模式，很难根据中高职教育贯通培养的需要，进行深入的改革创新。另外，中高职一体化的院校管理模式不尽相同，内部中高职两方面的影响过于分明，高职往往比中职强势，不利于双方平等、融洽地开展课程开发等工作。还有就是中高职一体化的职业院校相对较少，此类模式开展的范围不大。

（2）行业集团化办学模式

该模式以某一行业（职教集团）内的中高职院校，依托行业（职教集团）的凝聚力进行中高职教育贯通培养。当前我国行业主办的职业院校较多，同一行业的中高职院校在专业方面联系紧密，有开展中高职贯通的基础，例如广西工业职教集团。该模式的优势在于能够紧密依托行业，贯通专业可以贴近行业需求，市场调研能充分反映行业企业对于人才的需要，专业定位更为准确，贯通专业往往是中高职院校共同的优势专业，贯通培养中校企合作有较好的基础，可以在周期较长的贯通培养中，根据行业企业的人才需求及时调整培养目标。但缺点在于若是中高职院校之间的联系紧密度不够高，贯通将成为分段培养，难以开展一体化课程设计，容易出现中职校只需负责前三年，高职只需负责后两年，大家各管各块的情况。此类中高职院校在共同管理方面也缺乏经验和基础，由于两校校区之间有距离，内部管理体制有差异等原因，教学管理中师资的调配较难进行，真正意义上中高职教育贯通培养课程肯定会出现有中高职教育内容穿插的情况，势必出现高职老师到中职校任课，中职老师到高职任教的情况，均涉及对方教师的管理、教学费用等新问题，学生管理等方面同样需要统筹协调。解决上述问题的关键在于两所学校能否本着互利共赢、求同存异的态度来对待中高职教育贯通培养，而不是只考虑自己的利益。

（3）区域集团化办学模式

该模式指某一区域内的中高职院校进行合作，开展中高职教育，贯通培养。当前，在职业教育比较发达的地级市乃至区县中均会建有一定数量的中高职院校，这些职业院校具有地域优势，有开展中高职教育贯通培养的条件，诸如各地市的职教园区。该模式的优势在于贯通专业可以立足区域经济发展需要，中高职院校在同一区域内，教学管理、师资调配等方面有一定地域便利，有利于联合管理，同时还能够得到所在地区教育行政等部门的经费、政策支持。该模式的缺点在于同一区域内的中高职院校的专业特色、专业优势未必相同，选择开展贯通培养的专业未必是两所学校的优势专业，这将导致贯通专业基础不均衡，势必影响未来的培养效果。与行业集团化办学模式一致性的问题在于中高职院校之间能否真正打破校际管理的壁垒，实现中高职院校协商共赢、协调贯通的良好形势。

（4）自由组合模式

自由组合模式顾名思义是指任意一所中职学校与一所高职院校开展中高职教育贯通培养。这种模式不受制于集团化办学、一体化办学的限制，是区别于上述三种模式之外的。该模式从字面上理解，可能已经包括了上述三种模式，之所以单独列出，是提供另一种思路给予其他有志于开展中高职教育贯通培养的职业院校。例如广西教育厅大力推进下的中高职教育衔接。该模式的优势在于为中高职教育贯通培养提出了多种可能性，为实现强强联手提供可能，毕竟行业集团化办学的院校可能距离较远，如果区域集团化办学的院校数量较少，可能找不到同类专业的其他院校。自由组合模式可以为不具备上述条件的院校提供机会，如某一省数控技术应用专业非常强的两个中高职院校可以开展贯通培养，而这两所院校可能是没有一体化、集团化办学基础的。该模式的缺点是不确定性较多，院校之间缺乏有机联系的纽带，缺少了中高职一体化模式的内在天然联系，可能缺少了行业集团化办学模式的行业优势，以及区域集团化办学的地域优势。

3. 合理构建中高职教育衔接体系的几点建议

合理构建我国中高职教育衔接体系，其目的是为了适应区域产业需求，明晰人才培养目标；紧贴产业转型升级，优化专业结构布局；深化专业教学改革，创新课程体系和教材；强化学生素质培养，改进教育教学过程；改造提升传统教学，推进信息技术应用；改革招生考试制度，拓宽人才成长途径；坚持以能力为核心，推进评价模式改革；加强师资队伍建设，注重教师培养培训；推进产教合作对接，强化行业指导作用；发挥职教集团作用，促进校企深度合作等。要实现以上目标，笔者认为要做好以下几个方面：

（1）做好课程衔接是实现中高职教育衔接的核心内容

通过上述中高职教育衔接模式的比较可以看出，尽管职业教育的经济发展状况有差别，中高职教育的衔接模式体系也有不同，操作方式和运行机制也各具特色，但是无论如何，中高职教育衔接的最终落脚点是课程的衔接，制定适宜的课程衔接体系是中高职教育衔接的关键问题。首先，应建立科学的职业教育课程开发制度。明确课程开发依据，建立由专家组成的经过利益相关方认可的具有社会公信力的机构负责课程的开发，建立系统的课程开发流程。其次，既要重视课程内容的衔接，也要重视教学过程的衔接。在中高职教育衔接的课程体系的构建上，忽视学生的具体背景和现有能力基础，导致课程教学与学生能力水平不能有效衔接。最后，行业、企业积极参与课程的开发，确保职业教育课程的职业导向性。在职业教育发展的过程中，强调专业设置一定要对接产业，课程设置一定要对接职业资格标准，教学过程一定要对接生产过程。

（2）做好师资队伍建设是中高职教育衔接的基本保证

建设高质量的职业教育师资队伍，是中高职教育衔接的基本保证。目前，我国中高职业教育师资培养的渠道比较单一，文化课教师一般都由普通高等院校或师范院校培养，专业教师主要来自一般高等学校，或在这些学校内设立的可以授予职业教师资格文凭的教育学院，教师的知识结构偏于单一，职业技能普遍有待提高。要大力提升中高职教师的技术能力，制定“双师型”教师的培训制度、教师下企业的培训制度，建立完善的教师培训体系。要大力地引入行业企业一线技术岗位中能力突出、专业技能高超的人才充实职教师资队伍。

（3）构建完善的职业资格标准是中高职教育衔接的前提

中高职职业教育的衔接，实质上就是所对应的工作岗位层次的衔接。对工作岗位进行科学定位的依据就是职业标准，职业标准是对岗位从业人员所需工作能力和水平提出的规范性要求，是根本职业活动的内容确定。

（4）深度校企合作是中高职教育衔接的助推力量

中高职职业教育衔接，不仅是层次上的衔接，更应强调属性上的一致。中高职教育衔接应跳出普通教育的框架，强调企业在中高职职业教育衔接中的有力推动作用。加强中高职职业教育衔接已不再是普通教育衔接模式的复制，分析、探讨中高职职业教育衔接问题及对策时应充分认识、重视企业所发挥的作用。

参考文献：

［1］贾铁钢，韩学军．中高职衔接的现状调查与对策研究［J］．机械职业教育，2014，2.

［2］张卉，王小红．从高职教育角度看中高职衔接的问题研究［J］．湖北经济学院学报，2013，7.

［3］蒋春洋．中高职衔接国外哪些经验值得借鉴［J］．劳动保障世界，2015，3.

［4］陆夫．我国中高职教育贯通培养模式探析［J］．时代经贸，2013，15.

现代学徒制模式下校企合作共育专业人才的研究与实践

——以汽车检测与维修技术专业为例

李盛福　陶权　韩志刚

【摘要】本文以汽车检测与维修技术专业为例，阐述校企合作共育专业人才的意义，通过选择合适的合作企业，设立现代学徒班，校企共同确定培养方案，校企共同评价学生的学业成绩来等阐明现代学徒制模式下校企合作共育专业人才的实施，总结校企合作共育专业人才实施的成效，并提出应注意的问题。

【关键词】现代学徒制；校企合作；实施；成效。

近年来，我校汽车检测与维修技术专业积极探索提高教学质量的途径——开展现代学徒制的研究与实践，与企业合作，努力探索现代学徒制模式下校企合作共育汽车检测与维修技术专业人才。现代学徒制就是校企深入合作，通过学校导师和企业师傅的传帮带，学徒（学生）的“做”和“学”，习得专业知识，掌握技术技能。即以传统学徒的“做”“学”和现代学校教育制度相互结合，由学校导师和企业师傅共同传授专业知识和技术技能本领的一种人才培养模式。通过该模式，学生（学徒）的专业技术技能、适应能力、改造能力、创造能力都得到了很大的发展，很好地为生产第一线培养汽车检测与维修专业人才。

一、现代学徒制模式下校企合作共育专业人才的意义

校企深入合作对学校、学生和企业是“三赢”的，极具现实意义。

第一，有利于学校了解科技发展前沿，及时了解企业技术革新情况、企业岗位和能力需求情况。学校能及时调整教学方案，从而使学校的教学能根据科技发展、企业技术革新的情况及时补充到平时的教学中，避免在专业技术技能教学中的滞后性，能与时俱进地培养与生产一线相适应的专业人才。学校和企业深入合作，能及时了解企业的运营机制和岗位需求的变化情况，企业岗位有什么样的需求、需要有什么样的岗位能力的人才，就是学校人才的培养目标。

第二，有利于企业降低成本。现代企业竞争激烈，谁拥有人才，谁就抢占先机。企业和高校深入合作，根据企业要求，共同培养专业技能人才，高校学

生毕业前就适应了企业的岗位要求，毕业时到企业工作，不再需要经过多次的“适岗”培训，就能上岗工作，降低了企业成本。

第三，有利于学生了解企业岗位要求，规划自身的职业发展。校企深入合作，使学生（特别是学徒班学生）一进校就能详细了解企业的岗位要求和技术、技能的特点。学生能根据企业的这些要求，规划好自己的职业、职位发展，在专业技术、技能的学习和训练中，扬长避短，有效地提高竞争力和就业能力。

二、现代学徒制模式下校企合作共育专业人才的实施

依托我校为理事长单位的广西工业职教集团和贵港市职教集团平台，汽车工程系和集团内的广西广汇机电设备有限公司等五家企业签订合作办学、共育现代学徒协议，成立了汽修现代学徒班。该班人才培养方案由校企双方根据真实的岗位技能需求共同制订，学校汽车维修专业构建了以“校内技能递进培养、校外顶岗轮动提升”为内涵的现代学徒制人才培养模式，并按“操作先行，理论跟进”模式实行模块化教学改革，进行现代学徒制人才培养模式的探索与实践。

（一）寻找合适的合作企业

通过调研南宁市、贵港市等知名汽车企业的规模、企业文化、企业制度等方面情况，选择愿意长期合作的企业结成战略合作关系，这些企业包括贵港市桂商汽车有限公司（旗下包括了北京现代、悦达起亚、上海大众、东风标致、东风雪铁龙、长城汽车、哈弗等多个品牌的4S店），广西华奥汽车制造有限公司等几家维修企业。这些企业和新能源汽车制造厂签订了合作协议，共同开展校企合作，培养专业人才。

（二）设立现代学徒班

校企双方协商招生方案，根据学校实际及合作企业的意愿，确定招生规模，采取发动宣传→自愿报名→学校审核→企业复试的流程，进行双向选择，挑选符合条件的学生进入现代学徒制班。组织企业管理人员对入围学生进行面试，学生、家长与企业的签订定向培养合同。校企双方经过调研分析，根据技能人才成长规律和企业工作岗位的实际需要，共同研究制定了科学、系统且符合学校、企业、学徒实际的人才培养方案。

从2016年到现在，我们设立了3个现代学徒制班级共125人，另一个40人的班级正在组建中。这些学徒班的学生，根据维修企业和制造厂的特点，分散或集中到维修企业和制造厂，广西华奥汽车制造有限公司是新能源汽车制造

厂，成立了60人的“华奥学徒班”，派学生到企业，由企业师傅指导。

同时，为确保各方权利和义务，学校、学生、企业三方的权利和义务，学校与企业每年签订合作办班协议，明确校企双方的权利和义务，同时，学生与企业签订学徒实训协议，明确学生与企业间的权利和义务，特别明确了学生享受企业给予相关待遇的条款，确保学生在企业中享有一定待遇，维护学生的利益。通过学校、企业和学生共同参与，实现“招生就业一体化”。

（三）校企共同制订专业人才培养方案

校企双方组成专家组，根据企业岗位技能需求情况，按“做学”模式，实现先实操后理论的模块化教学改革。课程体系围绕学生岗位职业能力培养和职业素质养成进行构建。同时，将企业对汽车进行检修、维护与保养，汽车制造等工作流程与规范，以及先进的企业文化引入课程教学中，实现“教、学、做”一体化，突出“做中学、学中做”，使学习过程与工作过程融为一体，学习场所和工作场所一体。

（四）校企合作共育专业人才

学生入厂后即是学徒，教师是师傅，校企双主体共育。师徒配置为“一师多徒、一徒多师、一徒一师”的灵活配置。教学管理由学校带队，导师和企业师傅共同管理，教学设备、设施由企业免费提供。实现了学生与学徒一体化、教师与师傅一体化、教室与车间一体化，专业人才培养质量明显提升。

（五）校企双方共同考核评价学生（学徒）学业成绩

校企双方共同协商形成考核评价标准。可采用“自评、小组评、师评”，要体现出“有利于促进行业、企业参与职业教育人才培养全过程，实现专业设置与产业需求对接，课程内容与职业标准对接，教学过程与生产过程对接，毕业证书与职业资格证书对接，职业教育与终身学习对接，提高人才培养质量和针对性”。

三、现代学徒制模式下校企合作共育专业人才的成效

（一）实现了校企跨界职业教育资源的整合

校企建立了良好的合作关系，为培养专业人才提供良好的教育资源，保障了现代学徒班教育教学的顺利开展。校企双方资源联动，为学徒班提供教育资源保障。也有利于学校设置的专业和企业的需求相一致，有利于充实学校的设备设施和实训基地，有利于扩充学校的师资队伍。

（二）促进了校内专业课程改革

我校汽车工程系实施模块化课程改革，将所有专业基础课程、专业核心课

程以及实训周综合为“操作先行 理论跟进”形式的模块课程，与普通的课程加实训的教学有极大区别。着重培养学生的岗位操作技术技能、职业素质以及职业精神，构建了“德技并重、能力递进式”的课程体系。

（三）构建了校企资源共享平台机制

1. 师资共享

学校教师、企业师傅“走出去、请进来”互动交流学习，既可以为学校培养专业人才提供良好的师资，又可以为提高企业师傅专业理论水平提供方便，最终为行业、企业培养一线专业人才做出贡献。

（1）互聘互助，承办社会比赛。我院多次承办农民工职业技能大赛、贵港市专业教师职业技能大赛，聘请企业师傅为大赛做裁判。

（2）互聘互派，提高教学技能。聘请企业师傅到学校授课，派出校内专业技术人员到企业顶岗学习等。

（3）技能训练，获取技能资格等级证书。校内专业技术人员、企业师傅共同培训，补充专业理论知识，提高动手能力，获取技师等级证书。

2. 学生共享

现代学徒班的学生既是学校的学生也是企业的学徒员工。

3. 实训基地共享

企业员工可以到校内实训基地进行培训，提高专业理论水平，校内师生也可以到企业实训基地实习，提高技术技能水平。近三年，利用该共享平台为企业培训或鉴定校外汽修从业人员职业技能资格共500多人次。其中，技师及技师以上职业资格人员培训鉴定50多人次。

（四）校企合作共育专业人才成绩显著

1. 近三年，我校师生参加各级各类职业技能大赛均取得了如下好成绩：

（1）广西高职生汽修技能选拔赛获2次集体第三名；

（2）“全国机械行业职业院校技能大赛——第五届‘中锐杯’全国职业院校汽车（制造服务类）专业技能大赛”，获二等奖；

（3）“全国机械行业职业院校技能大赛——‘北汽新能源杯’纯电动汽车服务技能大赛”，获三等奖。

（4）“北汽新能源杯”全国职业院校新能源汽车服务技能大赛（高职组），获二等奖。

（5）广西区新能源汽车运用与维修技能大赛（高职组），获第四名、二等奖。

（6）指导贵港市选手参加自治区汽修农民工技能比赛，获第二名。

2. 校内10名专业技术人员通过了技师或高级技师考试，技能显著提升

3. 我校汽车检测与维修技术专业获批成立广西示范特色专业及实训基地1 000万元建设项目

四、现代学徒制模式下校企合作，共育专业人才的几个问题

（一）合适的合作企业是成功培养专业人才的基础

由于目前配套政策不完善，我校与贵港市桂商汽车有限公司、广西华奥汽车制造有限公司等几家维修企业和新能源汽车制造厂签订了合作协议，共同开展校企合作培养专业人才。这些企业为我们的学生提供良好的教学设备设施，从而使我们能顺利地开展技术技能教学，为我们成功培养专业人才提供了必要的基础。

（二）专业教材一体化建设的问题

教材是实施校企合作，共育专业人才的基本条件，是开展专业训练的依据，也是实现育人目标的基本保障。现行的教材比较陈旧、过时，没有体现出现代学徒制的特点。我们应加强专业教材一体化建设，使之成为既体现科学思想——“大职教观”、职业技术标准规范，又体现现代职业教育改革的新成果等，以便于更快、更好地培养专业人才。

（三）企业的全程参与

现代学徒制模式下，校企合作共育专业人才的成功与否，关键在于企业的全程参与配合。从招生到制订培养方案，再到人才培养的实施，都离不开企业。

（四）处理好学校、企业、学生三方矛盾

在实施人才培养的过程中，学校、企业、学生对合作培养的思想认识有差异，未能形成共鸣，必然会产生各种矛盾。这就要三方加强协调、沟通，构建行之有效的管理机制，明确各方的责、权、利与义务，为合作共育专业人才提供有力的制度保障。

实践表明，现代学徒制模式下，校企合作共育专业人才，有利于促进学校专业的建设和发展，有利于学生又快又好地适应和熟悉企业，有利于学生获得实践工作经验，有利于提升学生就业的竞争力，有利于发挥企业办学的优势，也为促进企业的技术改造提供切入点。总之，校企合作，能有效地为行业、企业培养专业人才。

参考文献：

[1] 李镇杰. 校企合作培养汽修专业高级人才研究 [J]. 南方职业教育学刊，2017 (1)：80-84.

［2］张广贤，周天一，左晓琴. 校企合作育人机制的缺陷及创新［J］. 教育与职业，2014（5）：22-23.

［3］王鹏，吴书安，李松良. 现代学徒制框架下职业教育人才培养模式建构探讨［J］. 职业技术教育，2015（20）：22-25.

［4］李盛福. 基于“厂中校”的现代学徒制实践探索［J］. 广西教育，2017（11）：36-37.

校企深度合作，开展工业机器人技术专业现代学徒制人才培养模式的探索

杨铨　韩志刚

【摘要】本文以工业机器人技术专业人才培养为例，探索适合专业特点的校企深度合作的人才培养模式，通过招生模式、人才培养方案、校企合作模式等方面开展实践探索，以此得到一套行之有效、可供借鉴的现代学徒制人才培养模式。

【关键词】校企深度合作；现代学徒制；人才培养模式。

2014年，教育部发布了《教育部关于开展现代学徒制试点工作的意见》，随后于2015年，教育部发布了《高等职业教育创新发展行动计划（2015—2018年）》，这些文件对高等职业教育的人才培养提供了方向指引，广西工业职业技术学院作为首批学徒制试点院校，在工业机器人技术专业中积极地开展了现代学徒制人才培养模式改革。经过近三年的建设，结合区域经济和企业的特点，在工业机器人技术专业中逐步形成了校企互惠互利、深度参与的现代学徒制人才培养模式。

一、区域经济的快速发展以及产业的升级为开展现代学徒制提供了便利的条件

智能制造已经成为当今世界技术创新和经济发展的重要推动力，是全球新一轮制造变革的核心，也是主要工业化国家竞争的焦点，中国政府也确定了引领《中国制造2025》的主攻方向。为加强广西制造业统筹规划和前瞻布局，推动广西制造业转型升级和优化发展，加快广西新型工业化步伐，结合广西制造业发展实际，广西壮族自治区人民政府提出了在广西智能制造实施意见中明确大力推进传统产业“二次创业”。工业机器人技术专业是近年来随着中国制造业升级及技术发展而产生的新专业，是“中国制造2025”战略的重要组成

环节，因此，近年来大多数传统工科类的高职院校都相继开设了该专业。由于该专业涉及的技术较为前沿，且大多数企业急需该技术领域的相关人才，因此对符合企业要求的高素质技能型人才有着迫切的需求，也为校企深度开展现代学徒制人才培养模式奠定了基础。

二、开展校企深度合作现代学徒制的主要困难及原因分析

1. 区域产业发展的不平衡为开展现代学徒制带来了困难

工业机器人技术在广西的应用主要集中在汽车产业，如上汽通用五菱、东风柳汽车公司等大型汽车生产企业及其配套零配件供应企业，这些企业主要分布在柳州地区，而我院所处的南宁地区所涵盖的制糖、有色金属、食品加工等行业目前都还没有开始大量使用机器人，区域产业的发展特点并不利于我院工业机器人技术专业与企业深度开展现代学徒制，因此如何找到适应区域产业和企业特点的校企合作模式，成为能否成功开展现代学徒制的关键。

2. 企业的规模及效益给合作带来不确定因素。

现代学徒制是以“招工即招生、入企即入校、企校双师联合培养”为主要内容的校企联合人才培养机制，而往往与区域内规模大、效益好、生产工艺及技术水平高的企业合作更加容易实现现代学徒制的培养。若合作企业规模不大，对于用工的需求自然不多。若效益不好，自然影响合作专业点的招生，企业也不愿意投入相应经费参与现代学徒制人才培养；若企业生产工艺水平不高，自然对该专业的需求量也不大。因此如何挖掘区域内的合作企业，找到具备开展学徒制条件的企业合作成为解决这一难题的关键。

3. 校企双方的管理机制将影响现代学徒制的开展成效

开展现代学徒制人才培养需要校企双方调整现有管理机制，并使校企双方共同参与管委会。此外，学校需针对性地制订招生方案、相应的人才培养方案，制定特定的考核机制和教学组织机制等。企业需制定特定的生产管理机制、师傅带徒弟的管理制度等。这些打破双方原有制度的做法必须由双方的主要领导牵头实施方可推动，因此企业和学校的主要负责人的重视程度是能否有效开展现代学徒制人才培养合作的关键因素。

三、开展现代学徒制人才培养体系的构建

（一）发挥政府相关部门的主导作用，由政府部门牵头，建立政、校、企长效联系机制，为开展现代学徒制奠定了基础

依托我院上级主管部门广西壮族自治区工业和信息化委员会主管广西工业

发展这个优势平台，由自治区工信委牵头促使了我院与广西50强企业南南铝业股份有限公司建立了人才培养的长效联系机制，并将共育广西智能制造高素质人才、校企共建生产性实训基地、员工培训以及科研项目等方面的合作作为双方合作的主要方向，并在自治区工信委的见证下签订了《校企合作框架协议》《校企合作现代学徒制协议》以及《校企合作培训合同》，为与广西南南铝业股份有限公司深入开展校企合作打下了基础。

（二）在工业机器人技术专业中创新人才培养方案，校企双方对接国际标准，共育智能制造人才

（1）引进国际职业教育标准悉，以悉尼协议为范式，以现代学徒制为载体，在专业群形成“OBE导向，柔性共育”的人才培养新模式

依托广西区域经济迫切需要转型和产业升级的大中型企业、以及战略性新兴产业滋生的大批高新企业，以广西南南铝业股份有限公司为合作试点开展“现代学徒制”试点，在专业群中形成“OBE导向，柔性共育”的人才培养新模式，人才培养模式如图6-5所示。

所谓“OBE导向，柔性共育”多元交叉并存的特色人才培养，即：

①“成果导向”，即将《悉尼协议》为范式的专业建设方式引入专业群核心专业中，在专业群众开展成果导向的人才培养模式改革。同时，将部分课程建设体例和方式引入专业群其他专业的核心课程中，同样在其他专业课程中开展成果导向的课程标准制定、课程设计、教学设计、教学资源库建设等。

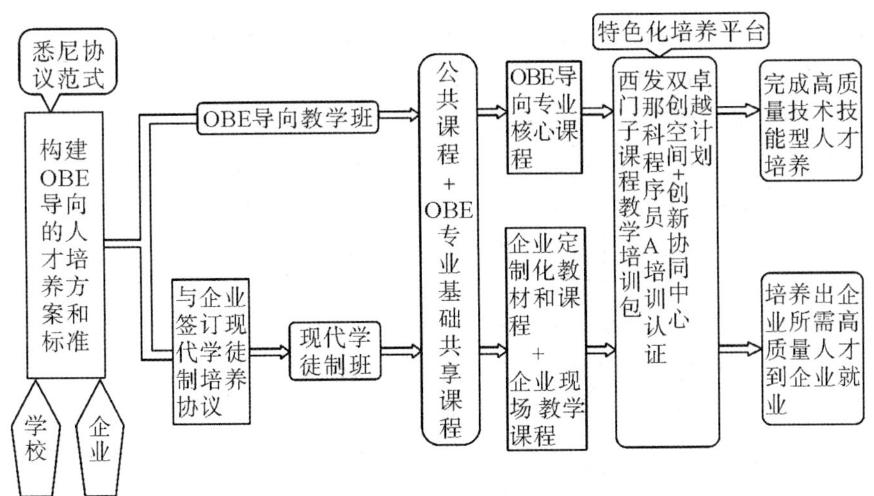

图6-5 “OBE导向，柔性共育”人才培养模式体系

(2) 柔性共育

指企业和学校以现代学徒制为载体共同参与人才的培养。

①招生和管理柔性化

可根据企业每年的用人需求灵活地调整“现代学徒制”班级数量和规模，也可把企业规模较小的“现代学徒制”合成1个班开展教学。

②教学柔性化

专业群与企业建立了深度合作，共建OBE共享课程、工程案例共享课程，可根据用人单位的需求，灵活地选择课程，纳入人才培养方案，也可根据企业的需求，由双方一起定制化地开发课程项目。在教学形式上，可以由双方协商，开设企业课程，部分课程到企业中完成。

③成绩考核柔性化

建立弹性学分制，建立学生到与学校合作的企业进行跟岗实习的学分互换机制，根据企业对于人才的需求，开设针对性的必修课程来与教学计划中的对应课程进行学分互换，以此满足双方培养的要求。

④教学资源柔性化，对于不同企业对于人才培养能力的要求，每年完善专业群平台共享课程，开发工程案例教学共享课程，以此来满足不同企业对于能力培养专项课程的需求。

(三) 课程建设对接合作企业，对接国际标准，服务“一带一路”倡议

对照当今智能装备技术领域人才需求能力的要求，对照工业机器人技术专业学生的毕业要求、能力标准、岗位标准，依托具备国际标准的全生命周期智能装备技术实训基地，按照悉尼协议范式，结合人才培养目标构建课程体系，设计教学内容。在课程体系中，采用“工程项目引领、工作任务驱动、课程壁垒打通、能力分层递进”的课程体系教学改革，依托合作企业，建设18个企业工程项目共享课程，可根据不同企业的需求选择相应的教学项目。

(四) 校企共建由双方人员共同组成的混编教学团队

在工业机器人技术专业中，实施校企“双带头人”制，由校企双方共同参与现代学徒制班的人才培养方案制订和课程标准制定，在界定学校课程和企业课程后，由双方各自承担相应课程的教学和成绩评定，学生通过企业课程的学习，由专门的师傅教授技艺，能够很快地掌握企业相应岗位的技术技能，通过学校课程的学习掌握了相应的专业基础知识，从而极大地满足了企业对于所需人才的相应能力的培养。

四、结论

与企业开展深度合作的人才培养，需根据区域经济的特点，与企业建立长

效联系机制，找准双方的利益共同点，才能成功开展合作。我院充分发挥政府的主导作用，与南南铝业股份有限公司建立了长期联系及合作机制，并通过人才培养模式改革、师资队伍建设、课程建设等方面的深度共同参与，从而实现了在工业机器人技术专业中开展现代学徒制模式的人才培养合作。

参考文献：

[1] 张启富. 高职院校试行现代学徒制：困境与实践策略 [J]. 教育发展研究，2015（3）：78-79.

[2] 王映红，李传伟. 现代学徒制试点专业人才培养方案的研究与制订 [J]. 湖北工业职业技术学院学报，2016（2）.

[3] 伍百军，郭盛晖. 现代学徒制对我国高职教育人才培养模式的启示 [J]. 南方职业教育学刊，2014（3）：56-57.

[4] 王志文，刘迪. 机电行业现代学徒制人才培养方案设计 [J]. 山东工业技术，2015（8）.

参考文献

[1] 金长义. 高职院校校企多元化合作机制的研究 [M]. 北京：化学工业出版社，2008

[2] 郭湛，王洪波. 改革、发展、稳定、和谐的动力机制 [J]. 天津社会科学，2008（5）：44-47.

[3] 郝英奇. 管理系统动力机制研究 [D]. 天津：天津大学，2006.

[4] 张培茵，王玉. 旅游高等教育校企合作人才培养模式的构建 [J]. 黑龙江高教研究，2009（10）：163-165.

[5] 赵昕，职教集团发展的制度困境与对策 [J]. 职教论坛，2013（1）.

[6] 许笑平. 中高职衔接研究综述 [J]. 深圳职业技术学院学报，2015（4）：80-88.

[7] 史豪慧，吴志清. 广州市中高职教育的衔接研究 [J]. 教育教学论坛，2018（30）：254-255.

[8] 方绪军，王敦，周旺. 多元治理结构视域下中高职衔接的利益主体与路径框架 [J]. 职业技术教育，2018（39）：34-37.

[9] 吴少华. 现代职教体系背景下的中高职衔接研究 [J]. 教育与职业，2018（7）：40-43.

[10] 孟源北. 中高职衔接关键问题分析与对策研究 [J]. 中国高教研究，2013（4）.

[11] 姚晓艳. 现代职教体系构建背景下中高职课程衔接研究 [J]. 黑龙江教育学院学报，2015（6）.

[12] 王东梅. 职教集团视域下的中高职衔接体系构建 [J]. 机械职业教育，2016（6）.

[13] 李喜梅. 现代职教体系视阈下中高职衔接探析 [J]. 常州信息职业技术学院学报，2014（10）.

[14] 陈玉峰. 适应现代职教趋势构建中高职衔接的有效途径 [J]. 石家

庄职业技术学院学报，2015（6）.

［15］邵元君. 中高职衔接中的问题与对策研究——以上海市为例［J］. 职教论坛，2013（9）.

［16］周峻岭. 现代职教体系下中高职课程衔接研究［J］. 教育理论与实践，2015（10）.

［17］吴少华. 现代职教体系背景下的中高职衔接研究［J］. 教育与职业，2018（7）.

［18］宋春林. 中高职一体化教育模式的构建［J］. 教育与职业，2017（20）.

［19］堵有进. 中高职衔接的现实问题与破解对策［J］. 教育与职业，2017（13）.

［20］林润惠. 高职院校校企合作——方法、策略与实践［M］. 北京：清华大学出版社，2012：98-112.

［21］李海东，杜怡萍. 中高职衔接标准建设新视野：从需求到供给［M］. 广州：广东高等教育出版社，2014：143-149.

［22］贺耀敏，丁建石. 职业教育十大热点问题［M］. 北京：中国人民大学出版社，2015：100-150.

［23］李秀华. 对国外职业教育集团化办学模式的思考［J］. 北京农业职业技术学院学报，2009（5）.

［24］刘桂香. 国外职业教育人才培养模式研究［J］. 中国科技经济新闻数据库，2015（26）.

［25］周捷. 推进职业教育集团化办学，创新职业教育发展模式［J］. 文学教育中旬版，2013（2）.

［26］朱植刚. 高等职业教育中外合作办学的思考与实践［J］. 湖北经济学院学报，人文社会科学版，2012（1）.

［27］李裕文. 论高等职业教育中外合作办学的规范和引导［J］. 淮南职业技术学院学报，2013（5）.

［28］贾铁钢，韩学军. 中高职衔接的现状调查与对策研究［J］. 机械职业教育，2014，2.

［29］张卉，王小红. 从高职教育角度看中高职衔接的问题研究［J］. 湖北经济学院学报，2013，7.

［30］蒋春洋. 中高职衔接国外哪些经验值得借鉴［J］. 劳动保障世界，2015，3.

[31] 陆夫. 我国中高职教育贯通培养模式探析 [J]. 时代经贸，2013，15.

[32] 李镇杰. 校企合作培养汽修专业高级人才研究 [J]. 南方职业教育学刊，2017（1）：80-84.

[33] 张广贤，周天一，左晓琴. 校企合作育人机制的缺陷及创新 [J]. 教育与职业，2014（5）：22-23.

[34] 王鹏，吴书安，李松良. 现代学徒制框架下职业教育人才培养模式建构探讨 [J]. 职业技术教育，2015（20）：22-25.

[35] 李盛福. 基于“厂中校”的现代学徒制实践探索 [J]. 广西教育，2017（11）：36-37.

[36] 张启富. 高职院校试行现代学徒制：困境与实践策略 [J]. 教育发展研究，2015（3）：78-79.

[37] 王映红，李传伟. 现代学徒制试点专业人才培养方案的研究与制定 [J]. 湖北工业职业技术学院学报，2016（2）.

[38] 伍百军，郭盛晖. 现代学徒制对我国高职教育人才培养模式的启示. 南方职业教育学刊，2014（3）：56-57.

[39] 王志文，刘迪. 机电行业现代学徒制人才培养方案设计 [J]. 山东工业技术，2015（8）.

[40] 吴树山. 试论我校企合作的发展态势及其对策 [J]. 科学进步与对策，1997（6）.

[41] 刘登梅. 几种国外职业技术教育模式给我们的启示 [J]. 天津职业技术师范学院，2001（5）.

[42] 刘力. 产学研合作的历史考察及本质探讨 [J]. 浙江大学学报（人文社会科学版），2007（2）.

[43] 赵久香. 校企合作发展历程及研究现状概述 [J]. 齐齐哈尔工程学院学报，2011（6）.

[44] 高耀明，魏志春. 论我国教育集团发展的现状趋势 [J]. 高等教育研究，2001（11）.

[45] 米靖. 职业教育集团化办学的若干关系问题 [J]. 教育发展研究，2008（3）.

[46] 郭苏华. 职业教育集团发展的政策问题研究 [J]. 职业技术教育，2007（10）.

[47] 匡瑛. 职业教育集团化办学模式的国际比较研究 [J]. 外国教育研

究，2008（6）.

[48] 张荣华，李建国. 校企合作——“双师型”教师培养的主渠道 [J]. 黑龙江教育（高教研究与评估），2006.

[49] 周楠楠. 我国校企无缝对接的研究现状分析 [J]. 商情，2011（10）.

[50] 杨瑜. 当前国内外校企合作研究现状综述 [J]. 科技研究，2014（14）.

[51] 周长春，童洪志，梁艺濒. 中高职课程衔接研究综述 [J]. 教育与职业，2013（20）.

[52] 高原. 我国中高职衔接研究综述 [J]. 中国职业技术教育，2004（5）.

[53] 李全奎. 中高职衔接问题的研究 [J]. 天津职业院校联合学报，2011（3）.